Europa

Asien

5642
Elbrus
5204
Dychtau

8611
K2

8848
Mount Everest

Afrika

5199
Mount Kenia
5895
Kilimandscharo

Puncak Trikora

N

0   4.000 km

Antarktis

Hans Kammerlander
mit Walther Lücker

SEVEN SECOND SUMMITS

Über Berge um die Welt

Mit 77 farbigen Abbildungen
und einer Karte

MALIK

Mehr über unsere Autoren und Bücher:
www.malik.de

Von Hans Kammerlander liegen bei Malik und Piper
außerdem vor:

Bergsüchtig
Abstieg zum Erfolg
Unten und oben – Berggeschichten
Am seidenen Faden – K2 und andere Grenzerfahrungen
Zurück nach Morgen – Augenblicke an den 14 Achttausendern

MIX
Papier aus verantwor-
tungsvollen Quellen
FSC   FSC® C006701
www.fsc.org

ISBN 978-3-89029-427-8
© Piper Verlag GmbH, München 2012
Fotos: Hans Kammerlander
Karte: Eckehard Radehose, Schliersee
Satz: Kösel, Krugzell
Druck und Bindung: CPI – Ebner & Spiegel, Ulm
Printed in Germany

Inhalt

Prolog

Das Abenteuer beginnt zwei Meter abseits der ausgetrampelten Pfade

Vor rund sechzig Millionen Jahren zerfiel unsere Erdkruste. Urgewaltige Kräfte verschoben die Landmassen, und es entstanden sieben Kontinente. Diese Kontinente liegen wie riesige Schollen auf dem flüssigen Gestein des Erdmantels und sind bis heute in Bewegung. Überall wo sich das Gestein aufwirft, wo sich Gebirge mit grandiosen Ausmaßen gebildet haben, befindet sich heute die faszinierende Welt der Bergsteiger und Alpinisten.

Es gibt Lebenswege, die führen offenbar immer steil bergauf. Hans Kammerlander wurde als sechstes Kind einer Bergbauernfamilie in Ahornach an einem steilen Hang in den Südtiroler Bergen geboren. Das Leben war hart dort oben und entbehrungsreich. Und doch blieb immer ein wenig Zeit, um die wundersame Bergwelt zu entdecken. Schon als Achtjähriger bestieg Hans Kammerlander seinen ersten Gipfel.

Niemand konnte ahnen, dass an diesem Tag eine außergewöhnliche Karriere begann. Hans Kammerlander machte später sein Hobby zum Beruf und wurde Bergführer. An der Seite von Reinhold Messner bestieg er sieben der vierzehn Achttausender. Sechs weitere schaffte er allein oder mit anderen Partnern. Dabei gelangen ihm spektakuläre

Höhepunkte wie die ersten Skiabfahrten vom Mount Everest und vom Nanga Parbat.

Als Kammerlander den K2 – den zweithöchsten Gipfel der Erde, den schwierigsten Achttausender, den »Berg der Berge« – bestieg, reifte dort oben in ihm bereits ein neuer Plan. Er beschloss, auf allen sieben Kontinenten die jeweils zweithöchsten Gipfel zu besteigen.

Doch warum kommt jemand, dem es nie steil und nie hoch genug sein konnte, auf die Idee, sich nunmehr die jeweils zweithöchsten Berge zum Ziel zu setzen?

Die Erklärung ist einfach. Fast 300 Bergsteiger haben inzwischen die Seven Summits bestiegen, also die sieben höchsten Berge auf allen sieben Kontinenten. Der US-Amerikaner Dick Bass, ein umtriebiger Unternehmer aus Oklahoma, war im April 1985 der erste Mensch, der das ehrgeizige siebenteilige Projekt auf dem Gipfel des Mount Everest abschloss. Doch er löste damit einen wahren Run auf den Kilimandscharo, den Aconcagua, die Carstensz-Pyramide, den Everest und die anderen Erdteilspitzen aus. Viele andere Bergsteiger wollten ihm nun nacheifern. Die sieben höchsten Erhebungen der Kontinente wurden bald zur Katalogware, die gebucht werden konnte.

Noch nie aber ist es einem Alpinisten gelungen, die sieben zweithöchsten Gipfel aller Erdteile zu besteigen. Dabei liegt darin ganz offenkundig eine viel größere Herausforderung – logistisch wie alpinistisch gesehen. Denn in den meisten Fällen sind die jeweils zweithöchsten Berge umständlicher zu erreichen und schwerer zu besteigen als ihre oft nur unwesentlich höheren Nachbarn.

Das Projekt der »Seven Second Summits« ist für Hans Kammerlander so zu einem neuen Abenteuer und zu einer ernst zu nehmenden Herausforderung geworden.

Das ist der Vorspanntext aus meinem Vortrag über die »Seven Second Summits«. Wir haben ihn schon im Frühjahr 2011 verfasst, als ich noch in dem Projekt steckte und auch noch nicht alle sieben Gipfel bestiegen hatte. Doch mit dem bereits vorhandenen Bild- und Filmmaterial sowie diesem Text konnte man allemal damit beginnen, an einem Vortrag zu basteln. Ich hatte zu diesem Zeitpunkt längst erkannt, dass jede einzelne dieser Expeditionsreisen eine Fülle von guten und erzählenswerten Episoden in sich barg.

Die ganze Geschichte aber hatte bereits zehn Jahre zuvor begonnen.

Während ich 2001 vom Gipfel des K2 herunterstieg, unendlich müde und innerlich aufgewühlt, fühlte ich bereits da sehr deutlich, dass ich nun an einem Scheideweg angekommen war. Ich war bergsteigerisch an meine Grenzen gestoßen, denn ich hatte auf dem Gipfel des K2 praktisch alles erreicht, was zu diesem Zeitpunkt und für mich ganz persönlich zu erreichen war. Ich hätte meine Leistungen allenfalls mit erhöhten Schwierigkeiten, noch mehr Risiko oder mit der Erfindung merkwürdiger Superlative vorantreiben können. Doch dafür fehlte mir die Motivation. Man kann sich auch als sogenannter Extrembergsteiger leicht zum Clown machen. Mit einiger Skepsis beobachtete ich schon damals die Auswüchse des Alpinismus, immer neue Varianten durchspielen zu wollen. Ich wartete schon darauf, dass jemand versuchte, rückwärts auf den Mount Everest zu steigen. Vor allem die Modeberge stellen beliebte Plätze für spektakuläre Aktionen dar, die mir sinnlos erscheinen, aber ein gefundenes Fressen für die Medien sind, die Sensationen verkaufen wollen und nicht nach dem alpinistischen Wert fragen.

Ich hatte zu diesem Zeitpunkt zwölf der vierzehn Achttausender bestiegen. Am Manaslu hatte sich eine Tragödie ereignet, bei der zwei meiner Freunde – die Südtiroler Friedl Mutschlechner und Karl Großrubatscher – ums Leben kamen. Deshalb habe ich dort keinen zweiten Versuch mehr unternommen. Und an der Shisha Pangma, dem kleinsten der Achttausender, war ich vom Mittelgipfel nicht mehr die paar Schritte bis auf den Hauptgipfel hinübergegangen, weil ich schon viel zu sehr mit meiner bevorstehenden Besteigung des Mount Everest beschäftigt war. Deshalb fehlen mir die Gipfel dieser beiden Achttausender. Der Rucksack meiner Erlebnisse war damals mit rund 2500 Klettertouren gefüllt, darunter etwa fünfzig Erstbegehungen und fast sechzig Alleinbegehungen großen Alpenwände im VI. Schwierigkeitsgrad. Die Nordwände von Eiger, Matterhorn und Grandes Jorasses, in den Dolomiten – neben vielen anderen – auch die bekannten Wände der Drei Zinnen, die Südwand der Marmolada, die Civetta-Nordwestwand, die gelben Felsen der Heiligkreuzkofelwand und die Routen am Langkofel. Ich war mit Reinhold Messner auf den Grenzen unseres Landes rund um Südtirol gewandert, über tausend Kilometer weit, mit mehr als 100000 Höhenmetern und über 300 Gipfeln, die wir unterwegs bestiegen. Zusammen mit dem Sterzinger Bergführer Hanspeter Eisendle war ich binnen 24 Stunden durch die Nordwände des Ortler und der Großen Zinne gestiegen. Die 246 Kilometer, die zwischen den beiden sehr anspruchsvollen Routen liegen, überwanden wir auf dem Rennrad. Gemeinsam mit dem Schweizer Bergführer Diego Wellig kletterte ich 1991 alle vier Grate des Matterhorns sowohl im Auf- als auch im Abstieg.

10

Das alles erzähle ich hier weniger um des Beifalls willen, sondern vor allem, um zu erklären, was es bedeuten kann, wenn man keine Antwort mehr auf die Frage findet: Und was nun? Ich sage es ganz ehrlich, das ist ernüchternd. Genau das empfand ich damals am Tag meines Abstiegs vom K2 und auch danach. Zum ersten Mal sah ich die guten Zeiten zur Neige gehen, die mir vieles, wenn nicht alles in meinem Leben ermöglicht hatten. Nicht, dass mein Mut schwand oder mein Antrieb geringer wurde. Aber ich tat mich auf einmal schwerer damit, neue Ziele zu definieren. Ein bisschen war das, als würde ich auf die Pensionierung zusteuern, ohne zu wissen, was ich danach tun wollte. Der Nuptse East, ein gewaltiges Bergmassiv gegenüber dem Mount Everest und zum damaligen Zeitpunkt der höchste noch unbestiegene Berg der Erde, spukte mir im Kopf herum. Ich setzte dort zweimal an, dann kam mir der Russe Valery Babanov zuvor. Am Jasemba, einem unglaublich schönen Berg ebenfalls in der Nähe des Everest, scheiterten wir schon beim ersten Anlauf zu einer Erstbesteigung. Der zweite Versuch endete in einer Katastrophe, als mein Bergführerkollege Luis Brugger tödlich abstürzte. Ich kehrte dennoch 2007 zum Jasemba zurück und bestieg ihn schließlich zusammen mit Karl Unterkircher. Bei dieser Expedition sprachen wir viel über neue Ziele und interessante Aufgaben. Doch dann verunglückte Karl Unterkircher 2008 tödlich am Nanga Parbat. Auf der Suche nach Orientierung war ich wieder allein.

Man hat nicht wirklich viel Zeit zum Nachdenken, wenn man – meist mit dem Gesicht zur Wand und sehr, sehr steil – über die Česen-Route vom K2 absteigt. Aber in den lichten Momenten, die etwas mehr als die volle Konzentration auf den nächsten Schritt zuließen, schoss mir ein paarmal der Gedanke durch den Kopf, dass der K2 wirklich sehr viel schwerer zu bewältigen ist als der Mount Everest. Ich hatte das natürlich schon vorher gewusst, es war ja auch überall nachzulesen. Aber nach der eigenen Erfahrung wiegt die Wahrheit meist noch ein paar Pfunde mehr. Der zweithöchste Gipfel der Erde war also viel anspruchsvoller zu besteigen als der höchste. Und wie wäre das denn bei den Zweithöchsten anderer Kontinente und Länder? Ich konnte mir denken, dass in Afrika der Batian im Mount-Kenia-Massiv sicherlich schwerer ist als der Kibo im Kilimandscharo-Massiv. Und wahrscheinlich auch viel einsamer. Aber wie präsentiert sich der zweithöchste Berg Südamerikas im Vergleich zum Aconcagua? Wie heißt der zweithöchste Berg Südamerikas überhaupt? Und was ist in der Antarktis los und was in Nordamerika? Welcher Berg ist dort die Nummer zwei nach dem Mount McKinley, an dem ich schon unterwegs gewesen war? Ich schmunzelte: Das Abenteuer beginnt bekanntlich zwei Schritte abseits der ausgetrampelten Pfade. Ehe ich mich versah, war ich mit meinen Fragen und mit meiner Neugier auf Neues schon mittendrin im neuen Projekt.

Eines war von vornherein klar: Die Seven Summits kamen für mich nicht infrage. Ich hegte keinerlei Interesse an Zielen, die man fast alle bei einem Reiseveranstalter und als geführte Bergtour buchen kann. Ich hatte den Rummel um diese Modeberge am Mount McKinley deutlich gespürt. Wir scheiterten damals, 1997, wegen des gewaltigen Steinschlags bei dem Versuch einer Erstbegehung am Moose's Tooth. Aber wir sahen sehr wohl die Kolonnen, die sich von dem bekannten Medizincamp aus in Richtung Gipfel bewegten. Vom Kilimandscharo oder vom Aconcagua hatte ich nichts Besseres gehört. Ich wollte nicht einfach nur den Weg wiederholen, den schon so viele vor mir begangen hatten. Natürlich sind für die allermeisten Bergsteiger die höchsten Berge aller sieben Kontinente nach wie vor eine große Herausforderung und sicherlich etwas ganz Besonderes in ihrem Leben. Ich will die Leistung an den Seven Summits gewiss nicht schmälern. Doch die Erkenntnis, dass allein schon der K2 im Vergleich zum Everest einem Bergsteiger um so viel mehr abverlangt, war mir genug, um mich nicht mehr für die Höchsten, sondern viel mehr für die Zweithöchsten auf allen Kontinenten zu interessieren.

Bei einem Vortrag Anfang 2009 über unsere Erstbesteigung am Jasemba wurde ich wie so oft nach meinen nächsten Zielen gefragt. Plötzlich platzte es aus mir heraus, ich hob das Mikrofon und sagte munter: »Ich werde als Nächstes versuchen, auf allen Kontinenten nicht die höchsten, sondern die zweithöchsten Gipfel zu besteigen.« Viele Menschen im Saal brachen in schallendes Gelächter aus. Die wenigsten glaubten im ersten Moment, dass da einer ernsthaft vorhatte, zweithöchste Gipfel zu erreichen. Doch genau diese Reaktion, diese Ungläubigkeit im Publikum, die Überraschung meiner Zuhörer, nährten meine Überzeugung von der Richtigkeit dieses Plans. Diese Sache war interessant, weil neu, ungewöhnlich und noch nie gemacht. Das war keine Clownerie, sondern ein alpinistisches Ziel mit hohem Anspruch. Prompt rührten sich ein paar Tage später die Medien. Journalisten stellten mir Fragen, die ich selbst noch nicht beantworten konnte, und sie löcherten mich, wann es denn losgehen würde mit meiner Reise um die Welt. Mit einem Schlag war ich mittendrin in den Seven Second Summits.

Ich hatte keine Ahnung, was mich dabei erwarten und was da alles an »Nebengeräuschen« auf mich zukommen würde. Am Ende machte ich die Erfahrung, dass dieses Projekt mir mehr Publizität einbrachte als meine Skiabfahrt vom Mount Everest 1996.

Das Erste, was mir auffiel, waren die Widersprüche und Diskussionen über die höchsten Berge aller Kontinente, also die Seven Summits. Da gibt es zwei Besteigungslisten. Die eine basiert auf der Idee von Dick Bass, dem bis heute als Erstem der Erfolg auf den sieben höchsten Erdteilgipfeln zugeschrieben wird. Richard »Dick« Bass wurde 1929 in Tulsa im US-Bundesstaat Oklahoma geboren. Drei Jahre später zogen seine Eltern mit ihm nach Dallas/Texas. Der Absolvent der berühmten Yale-Universität machte sein Geld im Ölgeschäft und verfiel Ende der 1960er-Jahre der faszinierenden Welt der Berge. Zunächst im Winter. Und weil ihn die weiße Pracht so sehr faszinierte, eröffnete er kurzerhand ein ganzes Skigebiet in Utah. Zu Bass' besten Freunden zählte Frank Wells. Wells wurde 1932 in Coronado/Kalifornien geboren, studierte in Oxford und war von 1984 bis 1994 der sechste Präsident der Walt Disney Company. Dick Bass und Frank Wells teilten nicht nur ihre Freude am Management, sondern vor allem auch ihre Freizeit in den Bergen. Beide waren nicht unbedingt überragende, aber begeisterte Alpinisten. Sie kamen auf immer verrücktere Einfälle und verbreiteten in ihren Familien bisweilen Angst und Schrecken. Bass und Wells ersannen schließlich 1980 die Idee der Seven Summits. Der eine jenseits, der andere knapp vor den fünfzig. Ein kühner Plan, dem beide anfangs weder bergsteigerisch noch konditionell und technisch wirklich gewachsen waren. Aber offenkundig wuchsen Bass und Wells an ihrer Aufgabe. Nach ein paar Fehlversuchen, unter anderem am Elbrus im Kaukasus, knackten sie 1983 eine Nuss nach der anderen. Innerhalb von nur einem Jahr bestiegen sie sechs der sieben anvisierten Gipfel. Gegen den Mount Everest jedoch rannten sie auf der Zielgeraden dann dreimal vergebens an. Frank Wells kündigte seinem Freund Dick Bass daraufhin die Gefolgschaft auf. Nicht ganz freiwillig, Wells' Frau soll maßgeblichen Einfluss auf diese Entscheidung genommen haben. Und so erreichte Dick Bass am 30. April 1985 den höchsten Punkt des asiatischen Kontinents ohne seinen Freund Frank, jedoch an der Seite des bekannten Höhenbergsteigers David Breashears. Mit inzwischen 55 Jahren war Bass damals der älteste Bergsteiger, der den Everest-Gipfel geschafft hatte. Und mit diesem Erfolg schmückten ihn endlich auch die Seven Summits. Dick Bass, mittlerweile über achtzig und immer noch putzmunter, betreibt nach wie vor sein Skigebiet »Snowbird« in Utah und tauchte 2010 überraschend in Kathmandu auf, um im Hotel »Yak und Yeti« das 25. Jubiläum seiner Everest-Besteigung zu feiern. Frank Wells kam 1994 bei einem Hubschrauberabsturz in den Bergen von Nevada ums Leben. Der Disney-Zeichentrickfilm »König der Löwen« ist ihm gewidmet und auch die berühmte Matterhorn-Attraktion in Disneyland in Anaheim/Kalifornien.

Die Seven-Summits-Liste von Dick Bass und Frank Wells erscheint auf den ersten Blick hin durchaus logisch. Aber eben nur auf den ersten Blick. Sie umfasst folgende höchste Gipfel aller sieben Kontinente:

■ Elbrus (5642 m), Russland, Europa
■ Aconcagua (6962 m), Argentinien, Südamerika
■ Mount McKinley (6194 m), Alaska, Nordamerika

- Kibo/Kilimandscharo (5895 m), Tansania, Afrika
- Mount Vinson (4892 m), Antarktis
- Mount Kosciuszko (2228 m), New South Wales, Australien
- Mount Everest (8848 m), Nepal/Tibet, Asien

Über diese Liste kann man durchaus kritisch nachdenken. Sogar Fachleute sind unterschiedlicher Meinung, welche Gipfel nun die höchsten der Kontinente sind. Probleme gab und gibt es in bestimmten Regionen der Erde auch nach wie vor mit den Höhenangaben. Und schließlich ist manch einer nicht einmal ganz sicher, wie viele Kontinente es überhaupt gibt. Dabei fußt das meiste inzwischen auf wissenschaftlichen Erkenntnissen. Ich war selbst lange davon überzeugt, dass der Mont Blanc mit seinen 4810 Metern und nicht der Elbrus in Russland der höchste Berg Europas sei. Dem ist aber nur dann so, wenn man das Kaukasus-Gebirge auf der Eurasischen Wasserscheide nicht Europa, sondern Asien zurechnet. Selbst Geologen sind sich da offenbar nicht immer ganz einig, wo Europa beginnt und Asien aufhört. Und immerhin wird in einigen Büchern noch heute die Auffassung vertreten, dass es überhaupt nur fünf Kontinente gibt, wenn man Nord- und Südamerika zu Amerika und Europa und Asien zu Eurasien zusammenfasst. Dick Bass hat 1985 »seine« sieben höchsten Gipfel bestiegen und damit ein schönes Kapitel des Alpinismus geschrieben. Bass und Wells, wohl in gutem Glauben bei ihrer Gipfelauswahl, sahen Australien als Kontinent. Und vergaßen dabei ganz offensichtlich, dass Ozeanien Teil dieses Kontinents ist. Und dass dort viel höhere Berge stehen als »ihr« Mount Kosciuszko.

1985 war das Jahr, in dem Reinhold Messner und ich die Gipfel der Annapurna und des Dhaulagiri erreichten. Ein Jahr später folgten der Makalu und der Lhotse. Reinhold hatte damit als erster Bergsteiger der Welt alle vierzehn Achttausender bestiegen. Das war ein einzigartiger, grandioser Erfolg, ein Rekord für die Ewigkeit. Mehr kann ein Alpinist kaum erreichen. Und dennoch, ich kann mich erinnern, dass wir zu dieser Zeit auch manchmal über die Seven Summits und die Liste von Dick Bass sprachen. Reinhold Messner, dieser unruhige Geist, war anderer Meinung als Dick Bass. Er vertrat die Ansicht, dass nicht der Mount Kosciuszko in Australien mit seinen 2228 Metern, sondern vielmehr die Carstensz-Pyramide (4884 m) im Sudirman-Gebirge Indonesiens der höchste Gipfel des Kontinents von Australien und Ozeanien sei. Womit er ganz sicher recht hatte. Mit seiner Meinung hielt sich Reinhold auch nicht zurück. Und weil damals so ziemlich alles, was er sagte, sofort zu einer publizierten Nachricht wurde, entwickelte sich daraus schließlich ein Kuriosum. Patrick Allan Morrow, ein 1952 in British Columbia geborener Kanadier, bekam Wind von Messners neuer Seven-Summits-Liste, die ja der von Dick Bass an einem entscheidenden Punkt widersprach. Am 5. August 1985, knapp vier Monate vor Reinhold Messner, bestieg Morrow den Puncak Jaya und damit den höchsten Punkt im Massiv der Carstensz-Pyramide in der Provinz Papua auf Indonesien. Nun gab es auf einmal zwei Seven-Summits-Listen. Die von Dick Bass und die von Reinhold Messner. Letztere hat sich mittlerweile durchgesetzt, und mehr als 300 Bergsteiger aus aller Herren Länder haben ihre Häkchen hinter die sieben Gipfel gemacht. Nun werden auch sie ein bisschen wie Katalogware angepriesen.

Im Rückblick gesehen hätte ich eigentlich schon damals, als ich begann, mein Unternehmen der sieben zweithöchsten Gipfel der Kontinente zu planen, ahnen können, dass dies alles womöglich nicht ganz reibungslos verlaufen würde. Dass vermutlich auch bei meinem Plan Unstimmigkeiten zu erwarten wären, wenn es sie sogar schon an den höchsten Gipfeln gegeben hatte. Aber ich war da eher arglos. Mich interessierten diese Berge und mehr noch die neuen Herausforderungen, neue Länder und Kulturen. Ich dachte nicht an Streit und Missgunst, nicht an Zweifel und Zweifler. Ich wollte einfach nur etwas Schönes und Interessantes erleben.

Fast zwei Jahrzehnte, zwischen 1983 bei meiner ersten Achttausender-Besteigung an der Seite von Reinhold Messner und meinem Erfolg am K2 im Jahr 2001, befand ich mich in einer Art Wettlauf des Höhenbergsteigens. Gipfel und Wände bestimmten mein Leben. Mit jedem neuen Erfolg finanzierte ich die nächste Expedition. Ich liebte die Einsamkeit in den höchsten Bergregionen der Erde und nutzte andererseits die Publicity, um den Drang nach neuer Einsamkeit ökonomisch zu realisieren. Ein Bergprofi macht nicht mit Begehungen in versteckten Schluchten auf sich aufmerksam. Der ganze Ablauf meines Lebens und die komplette Termingestaltung waren darauf abgestimmt, zur möglichst besten Zeit am richtigen Ort zu sein. Im Frühjahr war ich wochen-, manchmal monatelang im Himalaja oder dem Karakorum unterwegs, im Sommer arbeitete ich als Bergführer und leitete meine Alpinschule Südtirol. Im Oktober und November ging ich auf Vortragstournee. Im Winter kletterte ich im Eis, war mit Gästen auf Skitouren und begab mich im März wieder auf Tournee. Ich war in dieser Zeit auf Asien fixiert und nur selten anderswo unterwegs. Ich kannte Patagonien in Südamerika und den McKinley in Nordamerika, natürlich die Alpen, aber nicht viel mehr. Und so wie mich als Kind brennend interessierte, ob es wohl noch Berge hinter dem Peitlerkofel gebe, den ich von unserem Bauernhof aus sehen konnte, so begann ich mich nach dem K2 auf einmal mit dem Gedanken zu beschäftigen, was mir der Erdball auf anderen Kontinenten noch alles bieten könnte.

Ich mag Computer und kompliziertes technisches Gerät nicht besonders. Vielleicht sollte ich mich mehr damit beschäftigen, denn ich bin immer wieder erstaunt über die Ergebnisse, wenn einer meiner Freunde auf der Tastatur herumhämmert. Das Internet mag ja bisweilen ein Fluch sein, in meinem Fall erwies es sich in der Vorbereitung auf dieses große Projekt als echte Erleichterung. Ich ließ mir stoßweise immer neue Fotos ausdrucken, sammelte Informationen und war bald vollkommen fasziniert von dem, was ich auf mich zukommen sah. Ich kannte natürlich den Elbrus im Kaukasus, auch wenn ich seinen Gipfel nicht bestiegen hatte. Doch wie spricht man bitte »Dychtau« aus? Und wo genau liegt der »Ojos del Salado«? Ich fand Höhenangaben und Wege zu Bergen, die mir bei näherer Betrachtung immer besser gefielen. Ich dachte über mögliche Partner nach, die mich zu den Gipfeln begleiten könnten. Und ich freute mich darüber, dass ich zu fast allen diesen Zielen aufbrechen konnte, wann immer es mir gefiel. Ich war nicht mehr zwingend auf das Frühjahr und die Saison im Himalaja und Karakorum festgelegt. Zu manch einem der Seven Second Summits würde ich direkt nach einer Vortragstournee oder sogar noch kurz davor gehen können, weil ich natürlich für einen Fünftausender nicht mehr wochenlang trainieren musste und auch die Höhenanpassung viel leichter wäre. In mir breitete sich große Gelassenheit aus, als ich sah, dass alle meine Ideen zwar mit einem beträchtlichen Kostenaufwand, logistisch jedoch gut zu realisieren waren. Gleichzeitig entwickelte sich eine positive Spannung, denn das Faszinierende an diesem Projekt waren weniger die technischen Schwierigkeiten bei den einzelnen Besteigungen als vielmehr die oft komplizierten Anmarschwege. Aber genau dem fieberte ich inzwischen entgegen, denn ich wusste, da würde ich Menschen begegnen und die Länder kennenlernen. Die Berge schreckten mich nicht. Wenn ich erst einmal unter einer Wand stehe, ein Massiv betrachte oder Einblick in eine Flanke gewinne, kann ich einen Berg fast lesen wie ein Buch. Die jahrzehntelange Erfahrung lässt mich recht leicht und schnell die Schwachstellen erkennen, die eine Besteigung ermöglichen. Kein fixer Plan steuert mich dann, aber ich verfolge meine Idee mit Konsequenz.

Es standen bei diesem gesamten Plan also nicht unbedingt die bergsteigerischen Herausforderungen an allererster Stelle. Meine Ziele an den Achttausendern in den Jahren zuvor waren im Vergleich viel riskanter und aufreibender gewesen. Es war mir bewusst, dass viele dieser sechs Gipfel – den K2 als zweifelsfrei schwersten Brocken hatte ich ja bereits bestiegen – mich technisch und konditionell nicht in die Nähe meiner Leistungsgrenze bringen würden. Und dennoch wollte ich jedem einzelnen Berg natürlich mit dem notwendigen Ernst begegnen. Viel mehr erhoffte ich mir, das Umland der Berge zu erleben. Das vor allem war Motivation und Antrieb für mich, diese Zweithöchsten zu besteigen. Ich war bis dahin noch nie in der Wüste und auch noch nie im Urwald gewesen, ich kannte Afrika nicht und auch nicht Ozeanien, ich freute mich auf die enorme Eisweite der Antarktis. Dieses Projekt bot so unendlich viel Raum für Erlebnisse und so ziemlich alles, was sich ein Alpinist als interessierter Reisender überhaupt nur wünschen kann: von der dünnen Luft am K2 bis zum Spaziergang durch die staubtrockene Atacamawüste und das Kriechen im Urwald von Papua. Der Schlafsack, der auch bei minus fünfzig Grad noch warm hält, würde genauso wichtig werden wie ein paar grundsolide Gummistiefel. Bis dahin hatte ich mich immer nur auf ein Ziel konzentriert, eine Wand, einen Achttausender, eine Route. Nun umfasste die Idee sieben Etappen, und jede einzelne erst würde mich dem Ganzen näher bringen. Es schien mir wichtig, diese Projekte dennoch klar zu trennen, damit ich mental frei war, jedes einzelne Ziel intensiv zu erleben. Ich wollte nicht einfach nur alles nacheinander abhaken. Dass sich die Teile dann zusammenfügten, würde sich gegen Ende hin wie von allein ergeben. Mit diesen Gedanken habe ich mich auf den weitesten Weg meines Lebens gemacht – sehenden Auges und mit dem Blick für das Neue und die Grenzenlosigkeit.

Als ich schließlich aufbrach, präsentierte sich mir die Welt in faszinierender Schönheit und in grandiosen Farbspielen. Es zeigten sich mir eindrucksvolle Bilder, ganz gleich wo ich hinkam. Es war das Staunen meiner Kindheit auf unserem kleinen Südtiroler Bergbauernhof in Ahornach im Tauferer Ahrntal, wo ich als jüngstes von sechs Kindern aufwuchs, mit dem ich jetzt die Größe unserer Erde in allen ihren Dimensionen entdeckte. Damals waren es zuerst die Berge meiner näheren Umgebung gewesen, dann die Dolomiten und die Alpen, bis ich schließlich begann, den Himalaja zu entdecken. Jetzt ging

ich auf eine ganz neue, abwechslungsreiche und unterhalt-
same Reise. Doch vieles, was ich nun sah, stimmte mich
auch sehr nachdenklich. Der Himalaja gehört trotz seiner
schroffen und wuchtigen, manchmal so abweisenden Wirkung zu den sensibelsten und zerbrechlichsten Regionen
der Erde. Kaum anderswo ist die Gefahr der Erosion so
groß wie in diesem jüngsten Gebirge der Welt, und das
Abholzen seiner Wälder nimmt immer dramatischere Ausmaße an. Am Dach der Welt schmelzen die Gletscher noch
schneller ab als an den Polen, und die Verschmutzung der
Luft ist in den höchsten Regionen der Achttausender
genauso groß wie im chinesischen Chongqing, der am
schnellsten wachsenden Stadt der Welt. Das gesamte Öko-
system des Himalaja gerät in Gefahr. Die insgesamt drei
Jahrzehnte, in denen ich immer wieder in Nepal, Pakistan
und Tibet unterwegs gewesen bin, haben meinen Blick
geschärft. Es ist wohl nicht zulässig, einen Kontinent, ein
Land und eine Gegend jeweils nur auf die Bergwelt zu
reduzieren. Aber jetzt, auf meinen Reisen in aller Welt,
erkannte ich rasch, dass Mutter Erde auch anderswo, nicht
nur in den Gebirgen, tiefe Wunden zeigt, die ihr die Zivilisation zugefügt hat.

Ein Bilderbuchberg

Auf dem Gipfel mischte sich Wehmut in die Freude, und ein neues Ziel nahm Gestalt an

- Asien
- Pakistan/China
- Karakorum-Gebirge
- K2
- 8611 m
- Erstbesteigung am 31. Juli 1954 durch Achille Compagnoni und Lino Lacedelli (beide Italien)

Der asiatische Kontinent ist in vielerlei Hinsicht der Superkontinent auf der Erdkruste. Er nimmt 8,7 Prozent der Erdoberfläche ein und ist mit 44,5 Millionen Quadratkilometern so groß wie kein anderer Kontinent. In Asien leben über vier Milliarden Menschen. Das sind rund sechzig Prozent der Weltbevölkerung und damit fast achtmal so viele Menschen wie in Nordamerika. In Asien liegen auch die höchsten Erhebungen unserer Erde, darunter alle vierzehn Achttausender. Der Mount Everest ist mit 8848 Metern die höchste Erhebung. Zweithöchster Berg ist der im Karakorum gelegene K2, der auch als der Berg der Berge bezeichnet wird und sicher die größte Herausforderung für einen Alpinisten darstellt.

Wohin treibt es einen Bergsteiger und Alpinisten, wenn er glaubt, in den europäischen Alpen bereits alles erlebt zu haben? Was soll er machen, wenn die schönsten Dolomitenwände durchklettert, die prächtigsten Westalpengipfel bestiegen und die Nordwand-Klassiker »erledigt« sind? Was kommt nach Eiger, Matterhorn und Grandes Jorasses? Was nach den Drei Zinnen, Langkofel und Heiligkreuzkofel? Nach Mont Blanc, Monte Rosa und Ortler? Wohin geht der suchende Bergsüchtige dann? Natürlich, er reist in die Anden, in die Rocky Mountains, in den Kaukasus oder eben zu den ganz hohen Bergen in den Himalaja. Im Lauf von drei Jahrzehnten habe ich die Bergwelt Asiens intensiv kennengelernt. Ich war mehr als dreißig Mal in Nepal, Pakistan und Tibet. Unterwegs auf großen Expeditionen und wunderbaren Trekkingtouren, die mir auf besondere Weise die Länder, die Landschaften und ihre Menschen nähergebracht haben. Viele diese Unternehmungen haben mich auf die höchsten Berge der Welt geführt. Und da diese ausnahmslos in Asien liegen, könnte man mich durchaus als ein wenig asienlastig bezeichnen. Die paar wenigen Abstecher nach Patagonien oder nach Nordamerika machten mich zwar neugierig, aber vorerst glaubte ich, im Himalaja und im Karakorum noch so viel erledigen zu müssen.

Als ich dann schließlich auf die Gipfel der Achttausender Cho Oyu, Gasherbrum I und II, Annapurna und Dhaulagiri, Makalu und Lhotse, Nanga Parbat und Broad Peak, Mount Everest und Kangchendzönga sowie auf den Mittelgipfel der Shisha Pangma und am Manaslu bis auf den Gipfelgrat gestiegen war, lag ganz am Ende dieser vierzehnteiligen Reise zu den Riesen der Berge nur noch dieser eine, allerdings ganz gewaltige Brocken des K2 vor mir. Die edelste und schönste aller Perlen an dieser Gipfelschnur. Der schwerste und der anspruchsvollste Gipfel zugleich. Wer überall sonst auf den ganz hohen Bergen gewesen ist, aber nicht auf dem K2, der wird sich wahrscheinlich für den Rest seines Lebens irgendwie unzufrieden, unausgefüllt und nicht wirklich am Ziel angekommen fühlen. Jedenfalls empfand ich das so. Und je öfter ich vergebens versuchte, auf den K2 hinaufzukommen, umso schlimmer wurde die Sehnsucht danach und die fast schon an Verzweiflung grenzende Ohnmacht, weil es einfach nicht gelingen wollte.

Der K2 hat viel von jenem Stoff zu bieten, der Bergsteiger anzieht. Und mindestens genauso viel von all dem, was Bergsteiger abschreckt. Er ist der Stoff, aus dem Träume gemacht werden. Der K2 ist hoch. Und er ist gefährlich. Dort kann man nicht gehen, man muss mit Händen und Füßen klettern. Und zwar fast die gesamte Zeit des Aufstiegs und auch wieder während des Abstiegs. Die Schwierigkeiten übersteigen zwar nicht den vierten Grad der inzwischen elfteiligen internationalen Kletterskala, halten sich also eher im unteren Niveau dessen, was heute möglich ist. Aber die Höhe, die Steilheit, die Ausgesetztheit, die Einsamkeit, dazu Kälte, Wind, Sturm, Schneeverfrachtungen, Eis, Fels, Séracs, Lawinen, Steinschlag, Absturzgefahr, pikante Einzelpassagen und schwierige Biwaknächte lassen den K2 zu einer wirklich großen Aufgabe werden. All das und dazu die üblichen Probleme und Gefahren des Bergsteigens an einem Achttausender machen diesen Berg zu etwas ganz Besonderem.

Wohl an keinem der anderen Erdteilgipfel lassen sich die wenigen Gemeinsamkeiten und die vielen Unterschiede zwischen dem höchsten und dem zweithöchsten Berg eines Kontinents so anschaulich vergegenwärtigen wie am Mount Everest und am K2. Es ist unübersehbar: Unter den Alpinisten aus der ganzen Welt haben gerade diese beiden Berge schon immer gleichermaßen große Begehrlichkeiten geweckt. Sie wurden schließlich auch fast innerhalb eines Jahres zum ersten Mal bestiegen. Das verdeutlicht ein wenig die prestigeträchtige Ausgangssituation und den Ansporn, der die Bergsteiger in den frühen Fünfzigerjahren des vergangenen Jahrhunderts immer stärker umtrieb. Sie wollten mit allen gebotenen Mitteln auf die Achttausender. Denn sie wussten, Ruhm und Ehre würden danach groß sein. Und je häufiger Expeditionen bei diesem Vorhaben scheiterten, umso größer wurde der Reiz, es wieder und wieder zu versuchen. Die Franzosen Louis Lachenal und Maurice Herzog hatten bereits 1950 an der Annapurna bewiesen, dass es möglich ist, unbeschadet in große Höhen vorzudringen und vor allem auch wieder ins Tal zurückzukehren. Am 29. Mai 1953 schafften es schließlich der Neuseeländer Edmund Hillary und der nepalische Sherpa Tenzing Norgay auf den Gipfel des Everest. Rund sechs Wochen später knackte der Tiroler Hermann Buhl den Nanga Parbat. Und am 31. Juli 1954, nur vierzehn Monate nach der Erstbesteigung des Everest, gelang den Italienern Achille Compagnoni und Lino Lacedelli der so viel steilere K2. Die Vergleichbarkeit dieser Leistungen war damals natürlich noch viel schwieriger als heute, wo man über die beiden höchsten Berge der Welt längst so gut wie alles weiß. Nur eines war schon damals vollkommen klar: Die Besteigung des K2 war ganz sicher die weit größere bergsteigerische Leistung. Und sie ist es bis heute geblieben.

Am Everest tummeln sich die Massen. Tausend Menschen im Basislager auf der nepalischen Seite des Berges sind in der Hochsaison mittlerweile keine Seltenheit mehr. Am K2 ist es hingegen auch fast sechzig Jahre nach der Erstbesteigung immer noch recht einsam. Wenn sich dort dreißig, vierzig ernst zu nehmende Anwärter mit ihren Teams versammeln, sind es viele. Hundert sind schon eher die Ausnahme. Am Everest, auf den beiden Normalanstiegen von Nepal und von Tibet aus, lauern viele Bergtouristen auf ihre kleine Chance in einem ebenso kleinen Zeitfenster, das die Wettersituation zwischen Mitte und Ende Mai bietet. Sie können ihren Ausflug in die dünne Luft nahe der Stratosphäre praktisch im Katalog buchen. Bergführer und einheimische Sherpa geleiten sie dann so weit hinauf, wie es eben geht. Mit kilometerlangen Fixseilen wird der Everest praktisch in Ketten gelegt. Dort klinkt man sich ein, und der gesicherte Aufstieg beginnt. Dennoch endet längst nicht jeder Versuch am Gipfel. Die Zahl derer, die an ihrem eigenen Ehrgeiz, zu geringem Können und folglich auch am Everest scheitern, übersteigt noch immer bei Weitem die Quote der Erfolgreichen. Der Mount Everest ist zwar 237 Meter höher als der K2, was jenseits von 8000 Metern über dem Meeresspiegel enorm viel ist. Doch die vielen Seile und Aluminiumleitern, vor allem aber der Flaschensauerstoff, den weit über neunzig Prozent aller Aspiranten verwenden, machen den Everest »kleiner«, als er in Wirklichkeit ist. Die Verwendung von zusätzlichem Sauerstoff aus der Flasche erhöht die Leistungsfähigkeit des Körpers, die enorme Kälte wird nicht mehr ganz so extrem empfunden, und die Bergsteiger sind sich – obwohl man bei intensiver Beobachtung oft nicht unbedingt den Eindruck hat – ihrer selbst wohl eher bewusst. Offenbar ist es möglich, mit einer höheren Sauerstoffsättigung des Blutes die eigene Wahrnehmung zu stärken und die Befindlichkeit besser einzuschätzen. Natürlich ist die Besteigung des höchsten Punktes der Erde kein Spaziergang, aber mit all den Hilfsmitteln wird sie deutlich einfacher als ohne.

Der K2 hingegen ist ein Berg für Bergsteiger. Dort kommt man nicht sehr weit, wenn man nicht wirklich ganz genau weiß, was man tut. Und auch, was man besser lässt. Wer in großen Höhen nicht klettern kann, hebt dort kaum vom Boden ab. Vom Basislager in etwa 5200 Meter Höhe aus sind über 3400 schwere Aufstiegsmeter zu bewältigen. Flaschensauerstoff ist am K2 inzwischen eher verpönt, auch wenn er immer wieder von den Bergsteigern verwendet wird. Das Verlegen von Fixseilen beschränkt sich auf die Passagen, in denen es wirklich Sinn macht und notwendig erscheint. Es hat Zeiten gegeben, wie beispielsweise zwischen 1997 und 2000, da wurde der K2 fast 36 Monate lang nicht ein einziges Mal bestiegen. Am Everest dagegen sind 300 und mehr Besteigungen in einem Frühling durchaus normal. Es gab sogar Jahre, da standen binnen weniger Tage einer Vormonsun-Saison doppelt so viele Bergsteiger auf dem Gipfel des Everest, wie der K2 für seine gesamte Besteigungsgeschichte verzeichnet. Allein im Frühjahr 2007 waren mehr als 600 Menschen auf dem Everest-Gipfel. Nur ein paar mehr als 300 Bergsteiger waren indes bis heute auf dem kleinen Plateau der eindrucksvollen K2-Pyramide. Die Everest-Statistik weist hingegen weit über 15 000 Besteigungsversuche und mehr als 5000 Bergsteiger aus, die den Gipfel schließlich erreicht haben. Sie alle hatten im Vergleich zu einer Besteigung des K2 einen unschätzbaren Vorteil. Am Everest konnten sie immer wieder längere und lange Passagen in einem gleichmäßigen und damit viel weniger kraftraubenden Rhythmus gehen. Am K2 gibt es praktisch keine eintönigen Passagen, nicht viel Gehgelände, in dem man in eine monotone Schrittfolge und damit in einen gewissen Rhythmus kommen könnte. Das macht eine K2-Besteigung zwar auf eindrucksvolle Weise abwechslungsreich, aber auch überaus kraftraubend.

Meine ganz persönliche Geschichte am K2 begann 1994 und dauerte acht Jahre. Bevor ich zum letzten Mal den Rucksack packte und schließlich den Gipfel zu einem Zeitpunkt erreichte, da ich eigentlich am wenigsten damit rechnete, erlebte ich an diesem Berg erstaunliche, ernüchternde, tragische und kuriose Begebenheiten. So gesehen war es vielleicht ganz gut, dass es so lange dauerte, bis ich endlich oben stand. Denn mit jedem Jahr, das mich der K2 länger beschäftigte, wuchsen meine Spannung, mein Interesse und natürlich auch mein Wissen um den Berg der Berge. Zu den Kuriositäten gehörte, dass ich 1994 und auch 1998 bereits eine Genehmigung für die Besteigung hatte und in beiden Jahren dennoch nicht einmal auch nur in die Nähe des K2 gelangte. 1994 hatten mir die pakistanischen Behörden die Genehmigung kurzfristig wieder entzogen, weil sie herausfanden, dass ihre Vorschriften es nicht erlaubten, dass ein Bergsteiger innerhalb einer Saison an zwei verschiedenen Achttausendern von einer Expeditionsgruppe in eine andere wechselt. Ich hatte vorgehabt, zum Akklimatisieren den Broad Peak zu besteigen und dann an den benachbarten K2 zu wechseln. Vom Gipfel des Broad Peak blickte ich dann jedoch sehnsüchtig hinüber zum K2-Gipfel. Nur durch den Godwin-Austen-Gletscher getrennt und kaum vier Kilometer Luftlinie entfernt, lag mein viel größeres und wichtigeres Ziel zum Greifen nah und doch unerreichbar weit. Es war eine bittere Erfahrung, den einen Punkt erreicht zu haben und zum nächsten nicht hinzukönnen. Die bürokratische Hürde der Behörden in Islamabad erwies sich als so unüberwindlich wie ein Fluss für einen Nichtschwimmer.

Vier Jahre später, 1998, hatte ich wieder eine Genehmigung für den K2 in der Tasche. Doch bevor ich Mitte Juni dorthin reisen wollte, bestieg ich zunächst zusammen mit meinem Südtiroler Bergführerkollegen Konrad Auer den Kangchendzönga, einen riesigen Eisberg im Osten Nepals und mit 8586 Metern der dritthöchste der vierzehn Achttausender. Dummheit, Unachtsamkeit, ein Missgeschick – man mag es nennen, wie man will, jedenfalls hatte ich im letzten Hochlager nachts die Schuhe ausgezogen. Den Reißverschluss des Zelteingangs mussten wir trotz grimmiger Kälte und eisigem Wind ein Stück offen lassen, damit wir ausreichend frischen Sauerstoff erhielten. Doch in der Nacht rutschten meine Innenschuhe aus dem Schlafsack, und feiner Schneestaub wurde in sie hineingeweht. Diesen Schnee brachte ich vor unserem Aufbruch in Richtung Gipfel nicht vollständig aus den Schuhen heraus. Den gesamten folgenden Tag hatte ich ständig kalte Füße. Ich schob das zunächst auf einen vielleicht zu leichten, vielleicht aber auch zu fest geschlossenen Plastiküberschuh, den ich für eine geplante Skiabfahrt benötigte, und maß meinen kalten Füßen anfangs keine allzu große Bedeutung bei. Erst als ich ins Basislager zurückgekehrt war, wurde mir klar, dass ich Erfrierungen an den Zehen erlitten hatte, weil wegen meiner Nachlässigkeit die Blutzirkulation über Stunden eingeschränkt gewesen war. Statt am K2 landete ich im Krankenhaus und konnte ein paar Wochen später von Glück sagen, dass ich nicht ein paar meiner Zehen verloren hatte.

Es dauerte fast genau ein Jahr, bis ich mich traute, meine langsam heilenden Füße wieder voll zu belasten und in einen festen, steigeisentauglichen Bergschuh zu schlüpfen. Als ich schließlich im Frühsommer 1999 wieder zum asiatischen Kontinent aufbrach, war die Haut über den Erfrierungen noch immer eher dünn und besonders bei Witterungsumschwüngen recht empfindlich. Der Muztagh Ata, ein 7509 Meter hoher, mäßig steiler Berg auf der chinesischen Seite des Pamir-Gebirges, bot mir die Möglichkeit für einen Härtetest. Dort stieg ich mit den Mitgliedern einer Skiexpedition, die ich über meine Alpinschule organisiert hatte, auf den Gipfel und fuhr auf den Brettern wieder in Richtung Basislager zurück. Ich konnte sowohl die Kälte als auch die Belastung der Zehen gut aushalten und reiste voller Zuversicht weiter nach Pakistan. Dort hatten, während ich am Muztagh Ata unterwegs gewesen war, mein bewährter Partner Konrad Auer, unser Kameramann Hartmann Seeber, mein Koautor Walther Lücker und der TV-Journalist Bernd Welz am Fuß des K2 auf dem Godwin-Austen-Gletscher ein Basislager errichtet. Kurz bevor ich zu den Freunden stieß, hatten sie den Weg durch einen wild zerklüfteten Gletscherbruch bis zu einem vorgeschobenen Depot am Fuß des Abruzzengrates erkundet, über den der sogenannte Normalweg in Richtung Gipfel führt. Doch was ist am K2 schon normal? Eigentlich nichts. Wir waren noch nicht sehr lange am Fuß des Berges und hatten dennoch bereits ein paar vielversprechende Akklimatisierungsaufstiege absolviert, als der rumänische Bergsteiger Michai Cioroianu am 10. Juli 1999 bei einer Rast im Aufstieg am Abruzzensporn von einem Stein schwer am Rücken getroffen wurde und kaum drei Stunden später an der Unfallstelle seinen schweren inneren Verletzungen

erlag. Konrad Auer und ich befanden uns zu diesem Zeitpunkt oberhalb von Lager II in etwa 7000 Metern, als wir
von dieser Tragödie erfuhren. Wir waren zu weit weg, um
noch etwas tun zu können. Doch als wir über Funk aus
dem Basislager vom Tod des Rumänen erfuhren, stellten
wir sogleich all unsere Versuche, noch weiter nach oben
vorzudringen, ein und begannen rasch mit dem Abstieg.
Auf dem Weg nach unten holten wir ein Bergungsteam
ein, in dem sich neben meinen italienischen Bergführerkollegen Oskar Piazza und Angelo Giovanetti auch der
Arzt und Expeditionsleiter Manuel Lugli sowie der Bergsteiger Jay Sieger aus Alaska befanden. Gemeinsam trugen wir nun den Leichnam Cioroianus hinunter bis zu dem
vorgeschobenen Depotplatz am Fuß der Einstiegsflanke
am Abruzzensporn. Dort wurde der Rumäne in einem stei-
nernen Grab beigesetzt. In den Tagen danach breitete sich
eine düstere, alles lähmende Stimmung über dem Basislager aus. Die internationale Expedition beschloss, keinen weiteren Besteigungsversuch mehr zu unternehmen.
Rat- und tatenlos saßen die Mitglieder im Basislager,
verständlicherweise überwältigt von ihrer Trauer. Wir
warteten ein paar Tage, und weil uns allen bewusst war,
dass es niemandem half, wenn wir weiter am Fuß des Berges herumsaßen, begannen wir wieder hinaufzusteigen.
Das war keineswegs pietätlos oder geringschätzig, sondern ist oft die einzige Möglichkeit, nicht vollends in
Tristesse zu versinken. Ich habe im Laufe der Jahre gelernt,
dass es das Beste ist, weiterzugehen und so über den Verlust selbst von sehr engen Kletterpartnern hinwegzukom-
men. Michai Cioroianu hatte ich zwar kaum gekannt, aber
er war ein interessanter und sympathischer Mann, dessen
Tod uns alle stark berührte. Und als wir am K2 unsere

K2

Trubel auf den Straßen und in den Gassen: *In Rawalpindi beginnen viele Expeditionen, die zu den höchsten Bergen im Karakorum-Gebirge führen.*

Symmetrie in Holz: *Über diese Brücke rumpeln die Jeeps und kleinen Lastwagen mit dem Expeditionsgepäck immer tiefer in die Wildnis.*

◀ **K2:** *Der zweithöchste Berg Asiens ist zugleich der zweithöchste Berg der Erde.*

Schlaglochpiste: *Der Karakorum-Highway führt durch Flüsse und entlang steiler Felswände, denn nur so kommt man dem K2 überhaupt näher.*

Zurück: *Mit Sack und Pack erreiche ich 2001 wieder das Basislager, nachdem ich auf dem K2-Gipfel einen langen Weg beendet habe.*

Steile Angelegenheit: *Bei Neuschnee kommt man am K2, wie hier in der Česen-Route, noch langsamer voran als ohnehin.*

Gefahrenzone: *Tonnenschwer und bedrohlich lasten die fragilen Eismassen über dem berüchtigten Flaschenhals am K2.*

◄ **Blechkarawane:** *Balti-Träger mit Expeditionsgepäck auf dem Baltoro-Gletscher*

Morgendämmerung: *Der Concordia-Platz liegt noch im Schatten, nur auf den Gipfeln des Karakorum scheint bereits die Sonne.*

Gipfel-Klick: *Mit dem französischen Spitzenbergsteiger Jean-Christophe Lafaille erreiche ich 2001 endlich den Gipfel des zweithöchsten Achttausenders.*

Dem Gipfel entgegen: *Dem K2 gegenüber liegt der Broad Peak.* ▶

Bemühungen fortsetzten, taten wir es ein bisschen auch für ihn.

Konrad Auer und ich gelangten schließlich über den Abruzzengrat und die Linie der Erstbesteiger Compagnoni und Lacedelli bis auf die Schulter. Das ist ein sehr markanter Punkt in etwa 7800 Meter Höhe. Dort bietet sich den Bergsteigern, die von der Südseite des Berges über die verschiedenen Routen kommen, ein recht komfortabler Biwakplatz für die letzte Nacht vor dem Gipfelversuch. Von der K2-Schulter aus stiegen wir tags darauf noch weiter nach oben, überwanden den wegen des ständig drohenden Eisschlags berüchtigten Flaschenhals, querten dann nach links hinaus und immer weiter hinauf. Dort war Endstation. Nur rund 170 Höhenmeter unter dem Gipfel versanken wir bis zu den Hüften im Triebschnee. Es war, als würden wir durch ein weißes Meer waten, grundlos tief und ohne Chance auf ein Weiterkommen, dafür aber mit hochgradiger Lawinengefahr. Mit dem Rest an Vernunft, der uns noch geblieben war, kehrten wir um und stiegen zurück auf die Schulter. Es war vorbei. Das spürten wir beide spätestens, als wir bei unserem Zelt ankamen. Wir packten also zusammen und kletterten den weiten Weg hinunter ins Basislager. Die Enttäuschung lag schwer auf unseren müden Schultern, aber es war schon zu diesem frühen Zeitpunkt klar, dass wir wiederkommen und es erneut versuchen würden.

Zu dieser Zeit, nach fast zwanzig Jahren Höhenbergsteigen und so vielen Expeditionen, waren natürlich die Gipfel für mich noch immer das Wichtigste, der Höhepunkt eben. Doch die Zeit davor, die oft langen Zustiege zu den Bergen durch phantastische Landschaften, die vielen Menschen, die ich in den Dörfern der Täler unter den Achttausendern kennenlernte, hatten zunehmend an Beachtung und Bedeutung für mich gewonnen. Manchmal kam es mir beinahe so vor, als würde mir die Reise zum Berg fast mehr bedeuten als so manches der eisigen Ziele selbst. Ich freute mich jedes Mal aufs Neue auf die bunte und offene Kultur Nepals. Aber auch auf das eher Geheimnisvolle in Pakistan, wo ich einiges nicht verstand, wohl auch weil die Menschen dort sehr viel verschlossener sind. Ich mag die nepalische Hauptstadt Kathmandu sehr, wegen ihrer Einzigartigkeit, wegen der schönen alten Gassen und der wunderbaren Bauten. Islamabad und Rawalpindi, das Hauptstadtterritorium Pakistans, hingegen waren mir immer ein wenig suspekt. Dort leben fast 3,5 Millionen Menschen, und der riesige Moloch scheint niemals Pause zu machen. Die politisch instabile Situation und die Wut auf den »Feind« Indien sind deutlich spürbar. Die Militärpräsenz ist enorm, große Hotels oder bekannte Restaurants werden aus Angst vor Anschlägen teilweise hermetisch abgeschirmt. So etwas wirkt auf mich immer eher bedrückend. Allerdings ändert sich dieses Bild schlagartig, wenn man aus der Stadt heraus und mit dem Jeep – nicht immer ganz ungefährlich – auf den staubigen Straßen durch den zauberhaften Norden des Landes dem Karakorum entgegenfährt. Abenteuerlich und doch irgendwie genussreich unterwegs sein, reisen und bergsteigen als Kombination, Neues entdecken und Gewohntes wiederfinden, frei sein trotz einer zielorientierten Planung – so erkundete ich die Bergregionen Nepals und Pakistans. Und gleichzeitig wurde in den vielen Jahren das Verlangen immer stärker, auch noch andere Kontinente, andere Länder, neue Kulturen und andere Menschen kennenzulernen.

Man mag es kaum für möglich halten, mit welch unglaublichen Kapriolen das Wetter Bergsteiger an den höchsten Bergen der Welt aufhalten kann. Ein Jahr später machte ich selbst die Erfahrung. Bei strahlend blauem Himmel und anhaltendem Hochdruck über mehr als zwei Wochen gelang uns in unmittelbarer Nähe des K2 die Erstbesteigung eines formschönen Sechstausenders. Eine Gruppe meiner Alpinschule war daran beteiligt, und alles sah nach einer Traumsaison im Karakorum aus. Doch als Konrad Auer und ich dann zum K2 hinüberwechselten, war es mit der Zuversicht bald vorbei. Zwar gelang uns noch ein Akklimatisierungsaufstieg bis in eine große Höhe. Dabei konnten wir immerhin einen sehr großen Teil der sogenannten Česen-Route am Südsporn erkunden. Dort schien mir die Linie einen schnelleren Aufstieg zu ermöglichen als am Abruzzengrat und auch für die von mir geplante Skiabfahrt besser geeignet. Doch als wir zur Erholung ins Basislager zurückkehrten, schlug auf einmal das Wetter um. Es mag unglaublich klingen, aber es schneite nun an fast jedem der folgenden 22 Tage. Mal mehr, mal weniger, mal ein paar Stunden gar nicht, danach umso heftiger. Tagelang bekamen wir die steilen Flanken des K2, der direkt vor unserer Nase stand, überhaupt nicht mehr zu sehen. Nach drei Wochen gaben wir entnervt auf. Es wollte einfach nicht besser werden. Wir packten missmutig unsere Sachen zusammen und stürmten zum Tal hinaus. Am Concordia-Platz warfen wir einen Blick zurück auf den K2, und ich überlegte einen Moment lang ernsthaft, ob ich überhaupt noch einmal zurückkommen sollte. Als ich bald nach unserer Rückkehr erfuhr, dass schon wenige Tage nach unserer Flucht zahlreiche Bergsteiger bei bestem Wetter aufgebrochen waren und einige sogar den Gipfel erreicht hatten, setzte das dem Ganzen schließlich die Krone auf.

2001 kam ich dann allein zum Fuß des K2. In den drei Wochen davor hatte ich gemeinsam mit dem Südtiroler Bergführer Luis Brugger vergebens versucht, den Ogre zu besteigen, einen 7285 Meter hohen Granitberg, der wie der K2 in der pakistanischen Region Kaschmir liegt. Dort kommt es immer wieder zu militärischen Zusammenstößen, weil auch Indien und die Volksrepublik China in Kaschmir Gebietsansprüche geltend machen. Bergsteiger bleiben davon aber meist unbehelligt, außer gelegentlichen Kontrollen und einem strikten Fotografierverbot in der Nähe der Militärcamps. Der Ogre, dessen Name übersetzt »Menschenfresser« bedeutet, war seit 1977 nicht mehr bestiegen worden. Zumindest hatte nach den berühmten britischen Bergsteigern Chris Bonington und Doug Scott niemand mehr den Gipfel erreicht. Insgesamt zwanzig Expeditionen hatten sich bis 2001 am Ogre die Zähne ausgebissen. Wir waren die 21., der es so erging. Das lag wohl auch daran, dass wir uns zu wenig Zeit nahmen und nicht in der Route klettern konnten, die ich eigentlich begehen wollte. Genau dort gelang dann in diesem Sommer dem Berchtesgadener Thomas Huber zusammen mit zwei anderen Kletterern die zweite Besteigung des Menschenfressers. Mein Freund Luis Brugger flog nach unseren vergeblichen Versuchen nach Hause, und ich wanderte allein, nur begleitet von zwei einheimischen Trägern, hinauf zum Concordia-Platz. Als ich dort den K2 sah, hatte ich gar kein gutes Gefühl. Ich war schlecht akklimatisiert, hatte mir aber diesmal vorgenommen, es zu riskieren, den Berg allein zu besteigen, obwohl es mir an der notwendigen Motivation fehlte. Noch nie schienen meine Chan-

36

cen so gering wie in diesem Jahr. Am liebsten wäre ich schon am Concordia-Platz umgekehrt. Zudem herrschte im Basislager keine allzu gute Stimmung. Der überwiegende Teil der anwesenden Bergsteiger war auf der Normalroute am Abruzzengrat unterwegs und kam dort offenbar nur mühsam voran. Ich war Mitglied einer internationalen Expeditionsgruppe unter der Leitung des Allgäuers Peter Guggemos, die inzwischen vom Abruzzengrat in die Česen-Route gewechselt war. Dort stieg ich, nach ein paar Tagen Eingewöhnung im Basislager, in zwei Etappen bis auf 7200 Meter hinauf. Es ging mir dabei nicht wesentlich schlechter als bei anderen Akklimatisierungsaufstiegen in den Jahren zuvor. Das stimmte mich ein wenig zuversichtlicher. Doch meine Laune sank sofort wieder, als ich dort oben eine Nacht, einen Tag und eine weitere Nacht im Zelt eingeschneit war und meine Lage zunehmend bedrohlicher wurde. Als sich das Wetter dann kurzfristig etwas besserte, trat ich umgehend den recht heiklen Rückzug an – fest entschlossen, im Basislager zu packen und nach Hause zu fliegen.

Am Abend dieses Tages lernte ich den französischen Spitzenbergsteiger Jean-Christophe Lafaille näher kennen. Er stand auf einmal vor meinem Zelt und beobachtete mich still, während ich meine Sachen in einen Seesack stopfte. Wie ich hatte auch er ursprünglich vorgehabt, den K2 allein und obendrein über eine teilweise neue Route zu besteigen. Aber auch er war inzwischen in die Česen-Route gewechselt, weil ihm die Aussichten auf eine Erstbegehung kaum mehr realistisch erschienen. Jean-Christophe Lafaille, ein kleiner, hagerer Mann mit dunklen Locken und wachsamen Augen, war ein ganz besonderer Bergsteiger. 1965 im südfranzösischen Gap geboren, stieg er zwischen

1993 und 2004 rasant in die Elite der Höhenbergsteiger auf. Die gesamte Szene beobachtete damals mit wachsender Begeisterung und größter Hochachtung seine Leistungen an den Achttausendern. Er bestieg sie anscheinend nach Belieben, oft auf spektakulären Routen, meist allein. Als er jedoch 2007 die erste Winterbesteigung am Makalu, dem vierthöchsten Berg der Welt, versuchte, kehrte er von dort nicht mehr zurück und gilt seither als vermisst. Zu diesem Zeitpunkt fehlten ihm neben dem Makalu noch der Kangchendzönga und der Mount Everest, um die Vierzehner-Sammlung zu komplettieren.

Als ich Lafaille 2001 traf, war er mir auf Anhieb sympathisch. Ruhig, zurückhaltend, oft sehr ernst, manchmal ein wenig verschmitzt und mit einer unglaublichen Kondition und Willensstärke gesegnet. Wir taten uns ein wenig schwer mit der Verständigung, denn er sprach Französisch und nur ein wenig Englisch. Ich kann Italienisch, Deutsch, Südtirolerisch und einigermaßen gut Englisch sprechen. Das Kauderwelsch unserer Unterhaltungen muss sich sicher köstlich angehört haben. Und trotzdem wusste ich gleich, was er wollte, als er an diesem kalten Abend vor meinem Zelt auftauchte. Er machte mir das Angebot, dass wir uns doch zusammentun und gemeinsam den Aufstieg versuchen könnten. Peter Guggemos und sein Partner Christian Trommsdorff hatten mir ein paar Stunden zuvor schon die gleiche Möglichkeit eröffnet. Doch erst Jean-Christophe Lafaille vermochte mich umzustimmen. Zu viert hätten wir vielleicht eine Chance, denn in den Flanken des K2 wartete schwere Spurarbeit im tiefen Neuschnee auf uns. Ich weiß noch ganz genau, wie wir damals vor meinem Zelt in der Abenddämmerung nebeneinanderstanden, beide die Hände tief in den Hosentaschen vergraben und die Blicke in die Südwand des K2 gewandt. Das Knistern war förmlich zu spüren, und auf einmal bekam ich wieder Zuversicht und auch jenen Mut, den es am K2 unbedingt braucht. Wir sahen einander an, und schließlich nickte ich. Wir trafen eine stille Übereinkunft. Dann gingen wir, um die anderen zu informieren.

Vier Tage später brachen Peter Guggemos und Christian Trommsdorff im Basislager auf. Sie stiegen bis auf etwa 6000 Meter hinauf und übernachteten im Lager I. Jean-Christophe und ich warteten noch einen Tag länger. Genau wie ich mochte auch er die Hochlager nicht, mit ihren endlosen Nächten ohne Schlaf und ohne Erholung, in denen die Angst zusammen mit der Kälte in den Schlafsack kriecht und sich dort breitmacht. Wenn man sich dann am kraftlosesten fühlt, reißt einen der Wecker hoch. So piepste der Wecker für uns noch einmal im Basislager – um 3 Uhr in der Früh. Es war stockdunkel, in den Bechern dampfte bald der Kaffee, und wir dachten noch einmal darüber nach, ob wir alles an Ausrüstung im Rucksack hatten. Dann tappten wir los. Über das Moränengestein auf dem Godwin-Austen-Gletscher unter dem K2 hatten sich in dieser Nacht ein unangenehm glatter Raureif und teilweise eine dünne Eisschicht gelegt. Wir stolperten herum wie zwei Anfänger und beschlossen schon nach ein paar Minuten, zurückzukehren und zu warten, bis es etwas heller wäre und wir zumindest besser sehen könnten.

Noch einmal tranken wir Kaffee, starrten in die Nacht und hingen unseren Gedanken nach. Am Wandfuß hatten wir ein Depot eingerichtet, dort lagen unsere Klettergurte, Helme, Pickel, die Steigeisen, Eisschrauben, Haken und Seile. Etwa 200 Höhenmeter mussten wir bis dorthin aufsteigen. Doch wir kamen gar nicht so weit. Wir waren im

Morgengrauen erst ein paar Minuten von den Zelten entfernt, als wir wegen eines auffälligen und unnatürlichen Rauschens stehen blieben. Das war kein Wind oder ein Höhensturm, den man oft bis ins Basislager wummern hören kann. Aber wir konnten auch nicht erkennen, was es war. Sehr schnell schwoll das Rauschen zu einem bedrohlich wirkenden Grollen, Donnern und Krachen an. Ich weiß nicht, was mich ritt, aber ich riss meine kleine Kamera heraus und filmte geradewegs in eine Lawine hinein, die direkt auf uns zuzustürzen schien. Wir standen zunächst wie angewurzelt. Die Schneemassen kamen von ganz weit oben, sie schossen über die Schulter in fast 8000 Meter Höhe hinaus, genau über den Südsporn und die Česen-Route herunter. Jean-Christophe packte mich vor Schreck am Arm. Dann drehten wir um und liefen so schnell es ging in Richtung unserer Zelte. Doch einer solchen Monsterlawine entkommt man nicht. Man kann vor ihr nicht davonrennen. Wir hielten wieder an und starrten entgeistert den Berg hinauf. Wir hatten nicht den Hauch einer Chance. Jetzt schlugen die ersten Schneebrocken mit lautem Getöse am Wandfuß auf. Es schien nur eine Frage ganz kurzer Zeit, bis uns entweder eine Druckwelle oder sogar die Schnee- und Eismassen wegfegen würden. Instinktiv warfen wir uns beide auf den Boden, standen aber gleich danach wieder auf. Wir spürten den Wind, fühlten den Schneestaub, der auf uns zukam. Ich war unfähig, mich zu bewegen. Es wurde zuerst dunkler und bald wieder heller. Die Lawine hatte es nicht bis zu uns geschafft. Es war zwar um uns herum alles weiß, und wir waren einigermaßen schockiert, aber uns war nichts geschehen. Als sich der Schneenebel lichtete, blickten wir bange die Wand hinauf. Wie sollte da oben jemand überlebt haben? Ich schaltete unser kleines Funkgerät ein und rief das Lager I. Von dort meldete sich zu unserer freudigen Überraschung Peter Guggemos. Alles in Ordnung, die Lawine hatte sie nicht erwischt, es war kein Schaden entstanden. Zumindest dort nicht.

Zum dritten Mal stapften wir nun in Richtung unseres Depots. Jetzt konnte unserem Aufstieg nichts mehr im Weg stehen. Vermutlich war der fragile Teil des berüchtigten Séracs über dem Flaschenhals, eine der ganz gefährlichen Schlüsselstellen am K2, abgebrochen und als Eislawine bis zum Wandfuß gestürzt. Es mussten Hunderte Tonnen gewesen sein, die da heruntergekommen waren. Das machte die Route insgesamt für ein paar Tage objektiv sicher. Zumindest so lange, bis die Eismassen unter dem Gipfel wieder nachschoben und der Sérac erneut kalbte. Wo wir unser Depot wähnten, fanden wir indessen nichts mehr. Die Lawine hatte unsere gesamte zurückgelassene Ausrüstung irgendwohin verfrachtet. Doch ohne ging es natürlich nicht. Also mussten wir wieder zurück ins Basislager, um uns neu auszustatten. Ich hatte aber gar nicht für alles Ersatz dabei und musste mich anderweitig bedienen. Bis wir alles beieinander hatten, war die Sonne aufgegangen. Genau dieser starken Einstrahlung hatten wir eigentlich mit einem frühen Aufbruch entgehen wollen. Nun konnten wir zwar endlich unseren Aufstieg beginnen, doch er führte uns direkt in die sengende Hitze, die lähmend in der Südwand hing. Es ist schier unglaublich, wie sich die Flanken eines derart eisigen Berges in der Sonne aufheizen können. Wir schwitzten in den warmen Daunenanzügen jedenfalls ordentlich und erreichten erst am späten Nachmittag das Lager II in etwa 7200 Meter Höhe, wo inzwischen auch Peter Guggemos und Christian

Trommsdorff angekommen waren. Zumindest so weit waren wir schon mal. Aber ich traute der Angelegenheit nicht, denn dafür hatte ich am K2 einfach schon zu viel erlebt. Dort verändern sich die Situationen und Verhältnisse blitzschnell.

Die Česen-Route, die am Südsüdostgrat hinaufzieht, ist eine anspruchsvolle Kletterlinie. Bereits 1983 hatten dort die Briten Doug Scott und Andy Parkin zusammen mit dem genialen Franzosen Jean Afanassieff ein Zeichen gesetzt. Dieses Trio war außergewöhnlich. Doug Scott, 1941 in Nottingham geboren, gehörte in diesen Jahren zu den besten Alpinisten der Welt. Die Liste seiner Erstbegehungen ist atemberaubend. Andy Parkin, ein ebenso leidenschaftlicher Kletterer wie Künstler, wurde in Sheffield geboren, lebte aber seit 1983 im französischen Alpinisten-Mekka Chamonix. Auch Jean Afanassieff, 1953 in Paris geboren, damals ein waghalsiger Alleingänger in den ganz großen Wänden der Westalpen und heute ein bekannter Filmemacher, lebte zu der Zeit schon am Fuß des Mont Blanc. Sehr alpin, ohne einen Meter Fixseil anzubringen und ohne fremde Unterstützung gelangten die drei Ausnahmebergsteiger bis fast auf die Schulter hinauf. Ihr möglicher Erfolg wurde nur von einer dramatischen Entwicklung verhindert. Denn als Parkin schon fast auf der Schulter angelangt war, signalisierte Afanassieff unter ihm, dass er dringend Hilfe benötige. Er klagte über die üblichen Kopfschmerzen, aber auch, dass er nicht mehr richtig sehen könne und seine rechte Gesichtshälfte sich anfühle, als sei sie eingeschlafen. Bei Scott und Parkin, aber auch bei Afanassieff selbst schrillten alle Alarmglocken. Allen war bewusst, dass sich ein Hirnödem zu bilden begann. Kaum hundert Meter unter der Schulter begannen sie einen dramatischen und fast zwei Tage dauernden Rückzug an den Fuß des Berges, wo sich der Franzose rasch erholte. Drei Jahre später kam dann Tomo Česen zum K2. Die Höhenkarriere des 1959 in Kranj geborenen Slowenen verlief zwischen 1985 und 1990 ebenso kometenhaft wie undurchsichtig. Denn nicht immer konnte er seine Leistungen entsprechend belegen, was ihm, vielleicht zu Unrecht, einen eher zweifelhaften Ruf einbrachte. Nach einem Alleingang am Broad Peak stieg er in die K2-Route von Doug Scott, Andy Parkin und Jean Afanassieff ein. Er vollendete die letzten hundert Meter bis auf die Schulter. Von dort aus musste er dann allerdings wegen des schlechten Wetters über den Abruzzensporn wieder absteigen. Doch diese hundert Meter verhalfen der eigentlich britisch-französischen Route zu Česens Namen.

Die Route beginnt, wie alle anderen Routen auf die Achttausender auch, erst dort, wo die Berge der europäischen Alpen längst ihre größte Höhe erreicht haben. Wo die Luft immer dünner wird, wo der menschliche Organismus viel anfälliger ist und wo die Kräfte viel schneller schwinden als irgendwo anders auf der Welt. Klettern – ich spreche nicht von Gehen – oberhalb von 5000 Metern ist sehr viel anstrengender und kräftezehrender als an einem drei- oder viertausend Meter hohen Berg. Steile Eis- und Schneeflanken und Felskletterstellen im vierten Schwierigkeitsgrad lassen Bergsteiger deshalb in der Česen-Route am K2 kaum zum Verschnaufen kommen. Die objektiven Gefahren wie Eis- und Steinschlag oder Lawinen sorgen für eine ständige Anspannung. Es faszinierte mich in jenen Tagen 2001, mit welcher Sicherheit und Souveränität sich Jean-Christophe Lafaille mal vor, mal hinter mir in diesem großen kombinierten Gelände bewegte. Ich war froh, dass wir

Partner geworden waren. Und schon früh hatte ich den Eindruck, dass dies alles weit über eine reine Zweckgemeinschaft hinaus zusammenwuchs. Man braucht eiserne Nerven, um sich in diesen riesig erscheinenden Fluchten der Südwand zurechtzufinden. Erst wenn man mittendrin steht, erkennt man die wahrhaft wuchtigen Ausmaße des K2. Die Route an diesem Südsüdostgrat schlängelt sich nicht immer logisch hinauf in Richtung Schulter. Das liegt auch daran, dass der Grat teilweise eher wenig stark ausgeprägt ist. Man muss gut darin sein, die Schwachstellen zu erkennen, die der Berg gerade bietet, und sie geschickt ausnutzen. Wer die Augen nicht offen hält, macht sich den K2 noch viel schwerer, als er ohnehin schon ist. Es ist extrem wichtig, gut auszuwählen, wo man die nächsten paar Meter hinaufsteigt, um nicht unnötig viel Kraft zu vergeuden. So vergehen die Minuten und Stunden und werden geprägt von ständig neuen Entscheidungen, die man treffen muss. Oft sind sie richtig, manchmal falsch. Kein Zweifel: Der K2 verdient den Titel »Berg der Berge«. Er hat ihn nicht umsonst bekommen.

Am zweiten Tag unseres Aufstiegs mussten wir nicht ganz so weit hinauf. Fast 800 Höhenmeter immerhin, aber wir hatten dafür ausreichend Zeit zur Verfügung und konnten sehr langsam aufsteigen. Fast schon übertrieben intensiv sog ich die immer sauerstoffärmer werdende Luft ein, um möglichst viel Sauerstoff in mein Blut gelangen zu lassen. Ich hegte da noch die vage Hoffnung, dass ich auf diese Weise meinen körperlich eher miserablen Zustand etwas verbessern könnte. Es ging mir zwar nicht wirklich schlecht, aber am schwersten aller Achttausender auch nicht so gut wie an anderen hohen Bergen in den Jahren zuvor. Vollkommen zu Recht stellte ich mir die bange Frage, wie das wohl weiter oben werden sollte. Mit Höhenerfahrung allein war es sicher nicht getan. So knapp unter 8000 Metern bekam uns die Sonne nun richtig gut. Und auf der Schulter selbst machte ich eine erstaunliche Entdeckung. Da stand noch unser Zelt vom Vorjahr. Zusammengedrückt von den Höhenstürmen, die Zeltstangen gebrochen und wie eine Presswurst gefüllt mit Schnee. Diese Behausung war natürlich zu nichts mehr zu gebrauchen. Doch direkt daneben ragten aus einer Wehe die Spitzen meiner Ski. Ich hätte gar kein neues Paar mit herauftragen müssen. Jetzt hatte ich sogar zwei Paar. Das Wetter war phantastisch gut, die Sonne sank rasch, und in ihrem letzten Licht strahlte schließlich über uns nur noch der mehr als 600 Meter hohe Gipfelaufbau des K2, während die gesamte Welt um uns herum bereits im kalten Schatten lag.

In dieser Nacht fielen die Temperaturen auf unter minus vierzig Grad. Ich schlief fast überhaupt nicht und versuchte mit Massagen meine nach wie vor empfindlichen Zehen einigermaßen warm zu halten. Auch Jean-Christophe, Peter und Christian taten fast kein Auge zu, und alle waren wir froh, als wir endlich wieder aufstehen konnten. Es nahte der Tag der Entscheidung. Wir sahen unsere Chance gekommen, den Gipfel zu erreichen. Es war noch weit bis dorthin, und es würde sehr anstrengend werden, aber es schien uns möglich. Als wir nach all den anstrengenden Vorbereitungen das Zelt endlich verließen und in Richtung des Flaschenhalses im mäßig ansteigenden Gelände langsam an Höhe gewannen, dauerte es nicht lange, bis Peter und Christian signalisierten, dass sie umkehren und absteigen würden. Das war bedauerlich und schmälerte natürlich auch in gewisser Weise unsere eigenen Möglichkeiten. Denn es war zu erwarten, dass wir nach der Traverse oberhalb des Flaschenhalses wieder in tiefen Schnee geraten würden und schwere Spurarbeit leisten müssten. Wir schauten den beiden nach, wie sie langsam zu den Zelten zurückgingen. Ich habe es immer als bitter empfunden, wenn man sich so etwas gemeinsam ausgedacht und begonnen hat, dann aber nicht alle miteinander am Ziel ankommen. Wir wandten uns schließlich wieder dem Berg zu und stiegen, immer noch nicht recht munter, weiter auf. Dieses Weggehen vom Zelt am frühen Morgen hat etwas vom Starten eines kalten Dieselmotors. Es dauert, bis man richtig auf Touren kommt und voll belastbar ist. Jean-Christophe blieb von all den äußeren Einflüssen praktisch unbeeindruckt. Er setzte mit der Präzision eines Schweizer Uhrwerks einen Fuß vor den anderen.

Auf der Schulter treffen die Route der Erstbesteiger am Abruzzensporn und die Česen-Route zusammen. Dort anzukommen ist wie ein wichtiger Etappensieg. Auf dem leicht geneigten Plateau waren tags zuvor mit uns noch andere Bergsteiger einer koreanischen und einer spanischen Expedition eingetroffen. An diesem Morgen waren sie bereits geraume Zeit vor uns aufgebrochen. Wir konnten sie nun sehen, wie sie sich am Ende des Flaschenhalses, direkt unter dem riesigen Sérac, extrem langsam weiter nach oben bewegten. Aus der Entfernung wirkten ihre Bemühungen wie in Zeitlupe. Jenseits der 8000-Meter-Marke werden die Bewegungen tatsächlich immer anstrengender und wirken deshalb auch schwerfälliger. Zudem schienen die Verhältnisse schwierig zu sein. Dabei wäre in dieser gefährlichen Zone Schnelligkeit das oberste Gebot. Aber das funktioniert nicht. Niemand kann dort wirklich schnell sein, denn im Flaschenhals, auf dem abschüssigen Granit, der von den vielen Eislawinen teilweise so glatt geschliffen ist wie eine Rutschbahn und auf dem passagenweise festgefrorener Schnee zusätzliche Aufmerksamkeit fordert, ist ein rasches Fortkommen praktisch unmöglich. Die koreanischen Bergsteiger verlegten zudem ein Fixseil, um die Zone zu entschärfen. Das kostete sie erheblichen Aufwand und Zeit. Fast zwei Stunden bewegt man sich praktisch direkt unter dem bedrohlich wirkenden Sérac, der sicher sechzig Meter hoch ist und ungefähr zehn Meter überhängt. Wir konnten nun auch den frischen Abbruch sehen, der zwei Tage zuvor die unglaubliche Eislawine ausgelöst hatte. Dieser Sérac ist ein wahres Monster. Niemand vermag zu sagen, ob er heute oder erst wieder in zwei Wochen abbricht. Sicher ist nur, dass es irgendwann wieder geschehen wird. Das macht ihn zu einem unkalkulierbaren Restrisiko und einer Gefahr für jeden Bergsteiger, ganz gleich ob er über viel oder wenig Erfahrung und Können verfügt. Bevor man am Ende des Flaschenhalses nach links hinausquert, um direkt unter dem Sérac zu traversieren, ist es am gefährlichsten. Dort schlossen wir zu den Koreanern und auch zu den Spaniern auf. Sie wurden von ein paar Sherpa unterstützt, die sich nach Kräften bemühten, allen zu helfen. Es war schwer auszumachen, wer da wer war, denn außer den Spaniern trugen die anderen Bergsteiger, auch die Sherpa, Sauerstoffmasken vor ihren Gesichtern. Sie alle waren inzwischen seit fünf Tagen unterwegs, und bei vielen war der Akku fast vollständig leer.

Wir kamen in einer Art Schleife um den Sérac herum und stiegen in einem Bogen nun praktisch auf ihn drauf. Fast schlagartig wurde es im tiefen Schnee wieder sehr viel mühsamer. Wir mussten nun tatsächlich in harter Arbeit eine Spur machen. Die Spanier Carlos Pauner und

Pepe Garcés halfen uns dabei und auch ihre beiden Sherpa, die sie zur Unterstützung dabeihatten. Am Ende jedoch waren Jean-Christophe und ich auf uns allein gestellt. Weiterzukommen war jetzt nur noch eine Kopfsache. Mein Körper signalisierte schon länger, dass er nicht mehr weiterwollte. Doch das kannte ich auch von anderen Achttausenderbesteigungen. Die Abstände, in denen sich bleiern die Resignation und die Müdigkeit über den gerade noch verbliebenen Rest an Willen ausbreiten möchten, werden da oben immer kürzer. Es war jedoch beruhigend, dass wir über ausreichende Zeitreserven verfügten. Die letzten knapp 200 Höhenmeter führen über 45 bis 55 Grad steiles Gelände in eine Flanke hinein, die auf einen Rücken mündet, auf dem man schließlich zum Gipfel gelangt. Man hat zu diesem Zeitpunkt eigentlich bereits das Gefühl, der höchste Punkt liege zum Greifen nahe. Doch für diese Strecke benötigten wir fast vier zermürbende Stunden. Mit den Händen schob ich vor mir den Schnee weg, presste mit dem Knie einen Tritt fest an und setzte den Schuh in diese Mulde. Aus dieser Haltung versuchte ich dann mit dem ganzen Körpergewicht zu belasten. Manchmal hielt die Stufe, meist aber nicht. Dann sank ich wieder bis zum letzten Tritt zurück in den Schnee, und die Arbeit begann von Neuem. Jean-Christophe machte jedes Mal das gleiche Drama mit, wenn er die Führung übernahm. Es war schrecklich. Bei all dem darf man nicht nach vorn schauen, käme man doch sonst nur immer und immer wieder zu der bitteren Erkenntnis, dass der Gipfel kaum einen Meter näher gekommen ist. Es zählen nur die nächsten Schritte. Mehr als zwei, drei Versuche für einen dieser Schritte schafft man kaum, denn dann muss man pausieren. Wir wechselten uns immer wieder ab. Als dann jedoch auch die

Spanier und gleich darauf die beiden Sherpa zurückblieben, überstieg diese Wühlerei fast unsere Kräfte. Ich wusste, wie es dort oben ist und wie schnell man da an seine Grenzen stößt. Aber die Situation war etwas besser als zwei Jahre zuvor, als ich mit Konrad Auer dort umgekehrt war. Es lag zwar viel Neuschnee, aber er war einigermaßen stabil, und es herrschte nicht so eine enorme Lawinengefahr wie damals. Wenn wir rasteten, mussten wir jedes Mal warten, bis sich unser Puls wieder ein wenig beruhigte. Diese Belastung ist wie ein extremes Intervalltraining. Fast bis zum Erbrechen und überhaupt nicht lustig. Das Gelände war noch immer steil genug, als wir endlich auf den Rücken gelangten. So weit war ich noch nie hinaufgekommen. Der Schnee trug uns nun besser. Wir brachen nicht mehr so tief ein, und der Abstand zwischen uns vergrößerte sich. Jean-Christophe – ich glaube, er war an diesem Tag mit der Kraft eines Büffels ausgestattet – blieb auf einmal stehen. Er drehte sich zu mir um. Weit entfernt war er nicht, vielleicht zwanzig, möglicherweise auch dreißig Schritte. Nun wartete er auf mich. Der Wind streifte eiskalt mein Gesicht. Stärker als gerade eben noch. Gipfelwind! Endlich. Ich hielt tapfer auf den gelben Anzug des kleinen Franzosen zu. Er war ja nur 1,60 Meter groß. Aber an dem Tag war er wie ein Riese. Er lächelte, als ich zu ihm aufschloss. Es war fast ein freches Grinsen. Das Grinsen eines Siegers. Er wusste genau, dass uns der Erfolg nun nicht mehr zu nehmen war. Und ich wusste es ebenfalls.

Eine sehr weite Reise endete in diesen Momenten. Sie hatte mich über fast alle Achttausender hierhergeführt, zum schönsten, schwierigsten und aufregendsten von allen. Was für ein Gefühl. Welch ein Triumph. Ja, es war ein Triumph, obwohl ich das Wort sonst nicht besonders mag. Wir gingen die letzten Schritte gemeinsam, und es war, als würden wir uns seit Jahrzehnten kennen. Wäre Jean-Christophe Lafaille nicht gewesen, hätte ich wahrscheinlich zu diesem Zeitpunkt schon im Flugzeug gesessen, zumindest aber hätte ich mich auf dem Weg nach Hause befunden. Doch nun standen wir nebeneinander am zweithöchsten Punkt der Erde und schauten hinaus über dieses unendliche Meer an Gipfeln. Er gab mir die Hand. Wir krächzten mit unseren heiseren, entzündeten Stimmbändern ein paar Worte. Ich weiß nicht mehr, was er gesagt hat. Ich war wohl zu aufgewühlt, um es zu verstehen und mir zu merken. Wir fotografierten und filmten bereits, als sich nach und nach die anderen Bergsteiger uns näherten. Einer der Koreaner bestieg an diesem Tag seinen vierzehnten Achttausender.

Merkwürdig, wie ausführlich man einen Aufstieg schildern kann. Und wie wenige Worte dann für den Gipfel bleiben.

Aus der geplanten Skiabfahrt wurde nichts. Ich gab mein Vorhaben schon nach wenigen Höhenmetern auf, noch während ich auf dem Schneerücken in Richtung des Séracs hinunterrutschte. Das Licht war zu diffus, und das machte dieses Abenteuer zu einem unkalkulierbaren Risiko. Ich würde auf Steigeisen abklettern und überwiegend mit dem Gesicht zum Berg hin den Erfolg ins Tal hinunterbringen. Ich weiß nicht, was anstrengender ist, aber mit Ski wäre ich auf jeden Fall schneller unten gewesen. Ich war aber deswegen nicht allzu sehr enttäuscht. Die Freude, endlich dort angekommen zu sein, wo ich immer hingewollt hatte, überwog deutlich.

Und doch, noch während ich auf dem Gipfel stand und immer mehr Bergsteiger dort ankamen, beschlichen mich ganz merkwürdige Gefühle. Ich dachte plötzlich ernsthaft darüber nach, was ich künftig machen sollte. In diese Fülle schöner Emotionen mischte sich auf einmal Wehmut. Fast wie bei einem Abschied. Ich hatte den höchsten, den zweithöchsten, den dritthöchsten, den vierhöchsten, ich hatte fast alle der vierzehn höchsten Berge im Himalaja bestiegen. Und jetzt? Was käme jetzt? Ich wusste es beim besten Willen nicht. Mitten hinein in diese Ratlosigkeit dachte ich – für einen ganz kurzen Moment nur – daran, um wie viel schwerer auf dem asiatischen Kontinent doch der K2 als zweithöchster Gipfel im Vergleich zum Mount Everest ist. Und da entstand, ganz klein und noch sehr vage, die Idee, mir vielleicht auf den anderen Kontinenten der Erde die zweithöchsten Berge auch einmal etwas näher anzuschauen. Am K2 hatte ich deutlich erkannt, welch unstillbaren Reiz ein Berg ausüben kann, der ja eigentlich »nur« der zweithöchste ist …

Wüstensand und ein Kraterloch

In der Atacama erklärte mir ein Freund, dass man Bilder nicht unbedingt in einem Album aufbewahren muss

- Südamerika
- Chile/Argentinien
- Atacamawüste
- Ojos del Salado
- 6893 m
- Erstbesteigung am 26. Februar 1937 durch Justyn Wojsznis und Jan Szczepański (beide Polen)

Südamerika ist der viertgrößte Kontinent der Erde. Auf einer Fläche von fast achtzehn Millionen Quadratkilometern leben nahezu 400 Millionen Menschen. Die Anden sind mit über 7500 Kilometern das längste Gebirge der Welt. Dort liegt, genau auf der Grenze zwischen Chile und Argentinien, der Aconcagua, mit 6962 Metern der höchste Gipfel Südamerikas und die höchste Erhebung außerhalb Asiens. Auch der Ojos del Salado am Rande der Atacamawüste liegt auf der Grenze zwischen Chile und Argentinien. Der höchste, aber längst erloschene Vulkan der Erde gilt ebenso wie der Aconcagua als technisch nicht sehr anspruchsvoll. Es ist allein seine Höhe, die ihn zu einem besonderen Berg macht.

»Die schönsten Bilder kann man nicht fotografieren«, sagt Toni Mutschlechner, »die trägt man im Kopf oder im Herzen.« Das ist eine schöne Einstellung. Und vor allem stimmt sie.

Toni Mutschlechner ist ein jüngerer Bruder von Friedl Mutschlechner, meinem großen Vorbild in den Siebzigerjahren. Friedl war mein alpiner Lehrmeister, mein Freund und ein Mensch, dem ich sehr viel zu verdanken habe. Nachdem er im Mai 1991 in einem Gewitterinferno am Manaslu ums Leben kam, wurden mir seine Brüder Toni und Hans zu Vertrauten und zu ebenfalls guten Freunden. Bald verband uns viel mehr noch als der tragische Verlust eines wichtigen Menschen. Mit beiden habe ich später in den Bergen unserer Südtiroler Heimat, aber auch in anderen Ländern auf unterschiedliche Weise vieles erlebt. Toni ist das neunte von zehn Kindern der Familie Mutschlechner und wurde 1952 in Bruneck geboren. Hans ist der jüngste, und Friedl war der achte Spross in dieser illustren Schar von Kindern. Wir kannten uns also schon sehr lange, als ich Toni Mutschlechner an einem Tag im Februar 2009 eher zufällig und ganz auf die Schnelle in einem Café in Sand in Taufers traf.

Jetzt muss ich natürlich erklären, dass die Caféhauskultur in Südtirol und in Italien eine ganz andere ist als die in Deutschland oder etwa in Wien, wo der Besuch in einem Café ja durchaus auch mal eine Sache von Stunden sein kann. In Südtirol und noch mehr in Italien gehört der mehrmalige Blitzbesuch in einer Bar zum Kaffee fest zum Tagesablauf. Zwischen Bestellung und Verlassen der Bar liegen oft nur wenige Minuten, in denen man gern mit seinen Thekennachbarn einen kurzen Plausch hält, dann aber in aller Regel sofort wieder enteilt und sich erneut der

Arbeit oder den Geschäften widmet. Das hat Kultur bei uns und durchaus auch Stil.

Ich traf Toni Mutschlechner also auf einen »Schwarzen«, einen Espresso, so dunkel wie die Nacht, und ein Glas Wasser. Als wir schon gezahlt hatten und jeder eigentlich seiner Wege gehen wollte, sagte ich kurz entschlossen zu Toni: »Komm kurz mit rauf ins Büro, dann buchen wir zwei Flüge nach Südamerika und besteigen zusammen einen Berg.« Er schaute mich vollkommen entgeistert an und sagte: »Halt, halt, halt! Darf ich mir vielleicht bitte zuerst mal den Berg anschauen?« Von diesem Moment waren es nur noch ein paar Schritte bis zu meinem Schreibtisch und eine ganz kurze Zeit bis zu einer Entscheidung. Ich zeigte Toni ein Foto von einem Berg mit dem Namen Ojos del Salado. Als er diese eher sanft wirkende Pyramide betrachtete und auch die Landschaft, die diese zweithöchste Erhebung Südamerikas umgab, sagte er ohne weiteres Zögern zu. Nur eine halbe Stunde später buchte meine unverzichtbare Büromitarbeiterin Birgit Reifer zwei Flugtickets nach Chile. Abgemacht.

Acht Jahre nach meiner Besteigung des K2 hatte ich mich entschieden, die Idee von den »Seven Second Summits« zu realisieren. Noch nie zuvor war es einem Bergsteiger gelungen, auf allen sieben Kontinenten den jeweils zweithöchsten Berg zu besteigen. Ich wollte das jetzt versuchen. Es kam mir dabei zugute und war beruhigend zu wissen, dass ich den K2 als schwierigsten Brocken dieses Vorhabens bereits »im Sack« hatte. Nun freute ich mich auf eine ganz neue Herausforderung, bei der nicht unbedingt nur die Gipfel allein im Vordergrund stehen würden, sondern auch vollkommen ungewohnte Landschaften und mir gänzlich unbekannte Kulturen und Menschen, deren Begegnung ich mit Spannung erwartete. Ich wusste, dass es sehr starke Erlebnisse sind, wenn man einen Berg erst suchen muss, wenn allein das schon zu einem Abenteuer wird. Abenteuer, wie sie die ersten Pioniere vor hundert Jahren erlebt haben, als sie sich den Achttausendern näherten. Und die Gipfel, die ich zu besteigen gedachte, lagen fast alle fernab der Zivilisation und noch weiter weg von ausgetrampelten Pfaden Hunderter Vorgänger. Ich war darauf aus, Dinge zu erleben und zu sehen, die mir bis dahin fremd und verborgen geblieben waren. Ich wollte etwas Neues betrachten und Bilder machen. Natürlich auch mit einer Kamera. Aber ich wollte sie vor allem zuerst einmal im Kopf bewahren. Und im Herzen. Dieser Satz hatte mich beeindruckt.

Ich lernte Toni Mutschlechner vor mehr als dreißig Jahren auf der Hintergrathütte am Ortler, hoch über den Dächern von Sulden, kennen. Er besuchte dort seinen Bruder Friedl, mit dem zusammen ich in der Alpinschule von Reinhold Messner als Bergführer arbeitete. Friedl leitete in dieser Woche einen Eiskurs am Ortler, und ich sollte ihm an diesem Tag zur Seite stehen, weil für einen Bergführer allein zu viele Teilnehmer angemeldet waren. Wenn Toni von diesem Tag erzählt, muss ich heute noch schmunzeln. Am frühen Morgen sei Friedl auf der Hintergrathütte offenbar zusehends nervös geworden und habe sogar begonnen, sich darüber zu ärgern, dass ich nicht pünktlich zum vereinbarten Zeitpunkt auf der Hütte angekommen war. Ich sei dann aber nicht wirklich sehr viel zu spät eingetrudelt. Jedenfalls behauptet Toni bis heute, dass ich wohl ziemlich verquollene Augen gehabt und irgendetwas von einem

Verkehrsstau erzählt habe. Dabei sei beiden, Friedl und seinem Bruder Toni, natürlich sofort klar gewesen, dass mein Stau sich mit Sicherheit bereits am Abend zuvor und in einer Kneipe im Kreis guter Kletterkollegen gebildet haben musste.

Toni Mutschlechner blickt auf einen interessanten Lebenslauf zurück. Er ist in Südtirol zur Schule gegangen, arbeitete dann aber viele Jahre in Köln als Speditionskaufmann. Dort hat sich auch die Gelegenheit ergeben, in seinem Beruf Spanisch zu lernen. Davon profitiert er bis heute. Schließlich kam er zurück nach Südtirol und war dann elf Jahre in der Filiale einer Bank in meinem Heimatort Sand in Taufers tätig, bevor er die erste sich bietende Gelegenheit nutzte, um in Pension zu gehen, obwohl seine Vorgesetzten ihn drängten, doch noch zu bleiben. Dass er dennoch ging, hatte seinerseits allerdings nichts mit Verdruss zu tun oder mit fehlender Motivation als vielmehr mit dem Drang, noch andere, spannendere Seiten des Lebens vor allem fernab eines Schreibtischs zu erleben. Wenn er heute von seiner Zeit als Banker spricht, ist ihm ein Detail besonders wichtig: Voller Stolz erzählt er dann nämlich, dass er nicht an einem einzigen Arbeitstag eine Krawatte getragen habe und ihn auch kein Vorgesetzter dazu habe bringen können. Erst an seinem letzten Tag schockte er seine Kollegen, als er mit dem »Kulturstrick« um den Hals zur Verabschiedung erschien. Heute führt Toni Mutschlechner großartige Wanderwochen in Südtirol, auf Sizilien, Korsika und Sardinien, auf den Kanaren und in anderen naturschönen Gebieten. Seine Kinder sind erwachsen, und er genießt das Leben wie kaum ein anderer, den ich kenne. Er begleitet mich oft auf meinen Vortragsreisen und gehört bei meinen Bergwochen oder den 24- und

36-Stunden-Wanderungen in Südtirol zu den Stamm-Wanderführern.

Am 1. April 2009 gegen Mittag warteten wir am Münchner Flughafen »Franz Josef Strauß« auf den Abflug. Es war noch etwas Zeit, als Toni mich zu einem Würstlstand zog. »Jetzt werden wir erst mal gemütlich eine Münchner Weißwurst essen und ein Hefeweizen trinken«, sagte er lachend, »wer weiß, wann wir in der Wüste wieder was zu futtern finden werden.«

Die Atacamawüste liegt im Norden Chiles. Ein Blick in den Atlas verschaffte mir den Überblick: im Westen der Pazifik, im Norden Peru und im Osten Bolivien und Argentinien. Die Atacamawüste gilt als einer der trockensten Plätze der Erde. Dort gibt es meteorologische Messstationen, an denen noch niemals ein Tropfen Niederschlag gemessen wurde. Das hat natürlich etwas mit den klimatischen Gegebenheiten zu tun, denn die Atacama liegt im Schutz der Anden. Die Winde aus dem Osten aber sind extrem trocken und bringen so gut wie keinen Niederschlag. Da ist es auch kaum verwunderlich, dass diese Wüste im Grunde unbewohnt ist. Nur durchschnittlich drei Menschen leben dort auf einem Quadratkilometer. In der etwa 700 Kilometer Luftlinie entfernten chilenischen Hauptstadt Santiago leben hingegen rund 5,3 Millionen Menschen und fast 8500 auf einem Quadratkilometer. In der Atacama schwanken die Temperaturen zwischen dreißig Grad tagsüber und minus fünfzehn Grad in der Nacht. Es gibt nur sehr wenige Oasen, das wenige Wasser ist meist ungenießbar, und selbst die Vertreter der wenig artenreichen Tierwelt sind Spezialisten des Überlebens unter schwierigsten Bedingungen.

Bis dahin hatte ich mich nicht sonderlich für die Wüsten dieser Welt interessiert und auch nicht begeistern können. Die Fotografien in den Büchern des Wüsten-Abenteurers Michael Martin haben mich allerdings sofort fasziniert. Asien, Australien, Amerika, Afrika – er kennt sämtliche Trockenzonen der Erde und versteht es wie kein anderer, die einzigartigen Lichtspiele dieser besonderen Landschaften ins Bild zu setzen. Und obwohl ich Michael Martins Begeisterung deutlich spüren konnte, als wir uns bei einer Vortragsveranstaltung kennenlernten, zog es mich nicht unbedingt dahin. Doch jetzt war eine Wüste Teil der Seven Second Summits und der Ojos del Salado am Nordostrand der Atacama mein Ziel.

In mir baute sich eine angenehme Spannung auf, als wir nach der Weißwurst in das Flugzeug stiegen. Am Nachmittag erreichten wir Madrid, am nächsten Morgen Santiago de Chile, und nach drei Stunden Aufenthalt flogen wir weiter in den Norden des Landes, nach Copiapó. Die Stadt am gleichnamigen Fluss ist zwar nicht unbedingt ein Ort für bleibende Erinnerungen, doch inmitten der Wüstenlandschaft und umgeben von kahlen Bergregionen ist sie eine recht grüne Oase. Gold, Silber, Kupfer – es waren und sind noch heute die Minen und Schürfgründe, die Copiapó zu ein wenig Glanz verhelfen. Weltberühmt aber wurde die 130 000-Einwohner-Stadt im August 2010, als bei einem Grubenunglück rund fünfzig Kilometer nördlich von Copiapó 33 Bergleute in fast 700 Meter Tiefe eingeschlossen wurden und erst nach über zwei Monaten in einer spektakulären Rettungsaktion befreit werden konnten. Die Szenen der Bergung konnten damals live und unter atemloser Spannung in der ganzen Welt empfangen werden. Durch ein Bohrloch holte man die Männer einzeln mithilfe einer Rettungskapsel ans Tageslicht zurück. Ich glaube, vielen Menschen sind diese sehr emotionalen Bilder noch in guter Erinnerung, als die Bergleute, einer nach dem anderen, binnen 24 Stunden mit ihren dunklen Sonnenbrillen nach oben kamen und von ihren überglücklichen Familien empfangen wurden. Das alles geschah sechzehn Monate nach unserer Ankunft in Copiapó.

Am 3. April 2009 trafen wir einen gut gelaunten und sympathischen jungen Mann, der sich uns als Ismael vorstellte. Er war 27 Jahre alt, arbeitete für »Atacama Trek«, einen Spezialanbieter für Wüstenunternehmungen, und schien ein wahres Multitalent zu sein. Denn in den kommenden Tagen sollte er unser Fahrer, Guide und Koch in einer Person sein. Strahlend erzählte er uns gleich zu Anfang, dass er den Ojos del Salado bereits mehrfach bestiegen habe und sich bestens auskenne. Immerhin, in seiner Lebensplanung stand der Wunsch, Bergführer zu werden, an erster Stelle. Toni und ich waren noch viel mehr beeindruckt, als er begann, den allradgetriebenen Jeep zu beladen. Wenigstens fünfzig Kanister Wasser mit einem Fassungsvermögen von entweder zwanzig oder fünf Litern wuchtete er auf die Ladefläche und dazu Unmengen an Lebensmitteln, die in großen Plastikkisten verstaut waren. Natürlich auch Küchenutensilien, Brennstoff und schließlich unsere Ausrüstung, die allerdings für diese Reise nicht sehr umfangreich war. Bald schon überragte die Ladung das Dach des Pick-ups. Ismael warf eine blaue Plane darüber, legte ein Ersatzrad obendrauf und zurrte das Ganze mit bunten Haltebändern fest. Als er schließlich fertig war, befürchtete ich ernsthaft, dass die Stoßdämpfer es nicht überleben würden, wenn nun auch noch wir in den restlos überladenen

Jeep einstiegen. Doch wir fuhren. Und weil man auf Wüstenstraßen nicht sehr schnell vorankommt, hielt auch unser Auto auf wundersame Weise den enormen Belastungen stand.

Nun rumpelten wir gemütlich dahin, mitten hinein in eine wirklich phantastische Landschaft. Am Anfang rollten wir noch auf Asphalt, später dann auf Schotter und schließlich auf Wüstensand. Das Ganze wurde jedoch zusehends zu einer äußerst staubigen Angelegenheit. Bald knirschte der feine Sand zwischen meinen Zähnen, und wir drei waren über und über mit Staub bedeckt, der durch jede Ritze drang. Wenn uns ein anderes Fahrzeug entgegenkam, sahen wir es wegen der meterhohen Staubwolke, die aufgewirbelt wurde, schon in weiter Entfernung am Horizont. Immer mal wieder musste der Motor unseres Jeeps laut aufheulend gegen eine Sandwehe ankämpfen, die der Wind mitten auf den meist kerzengerade verlaufenden Highway geblasen hatte. Manchmal hielten wir unterwegs auch an, um uns ein wenig die Beine zu vertreten oder einfach nur, um die Gegend anzuschauen. Wir klopften uns dann den Sand von den Kleidern, tranken viel und wunderten uns darüber, wo wir überall eingestaubt waren. Je länger wir fuhren, umso häufiger baten wir Ismael um einen Stopp, denn die Wüste wurde mit jedem gefahrenen Kilometer atemberaubender. Schon da zogen mich das Spiel der Farben und all diese wunderbar erdigen Töne in ihren Bann. Dazu kam die herrliche Hügel- und Gebirgslandschaft. Toni meinte, dass er viele Bergsteiger nicht verstehen könne, die nur ihren Berg im Blick hätten, alles andere drum herum aber gar nicht sehen würden. Erst die Kultur eines Landes, seine Menschen und die landschaftlichen Eindrücke würden eine Reise wirklich wertvoll machen. Er wusste genau, wovon er sprach, denn er hatte in Mexiko den Popocatepetl und den Pico de Orizaba bestiegen, hatte Trekkingtouren in Nepal unternommen und Skitouren in den Bergen Kanadas. Und überall hatte er sich erfolgreich auf die Suche nach dem Gesamterlebnis gemacht.

Toni Mutschlechner spricht selten von einem Gipfel, aber häufig vom Weg dorthin. Den höchsten Punkt am Ojos del Salado sah er sicher als Tüpfelchen auf dem i an. Aber das war ihm ganz bestimmt nicht das Wichtigste. Er hätte es auch leicht weggesteckt, wenn er nicht bis ganz hinauf gekommen wäre. Jetzt stand er mit mir in der Wüste und schien ganz in sich selbst zu ruhen. Einzig unser guter Ismael konnte ihn noch aus der Fassung bringen. Er war ein leidlich guter Fahrer, wobei man ihm allerdings zugutehalten musste, dass es bei diesen Verhältnissen auch nicht ganz einfach war. Die Küche allerdings war überhaupt nicht Ismaels bevorzugter Arbeitsplatz. Vielleicht hatte er ja auch selbst nie Hunger. Jedenfalls mussten wir ihn oft mit sanftem Druck ermuntern und darauf hinweisen, dass es langsam an der Zeit wäre, mal wieder etwas zu essen. Was er dann aus den unglaublichen Mengen an Vorräten auf die Teller zauberte, war durchaus essbar. Aber es fehlte die Abwechslung. Meist gab es Nudeln mit verschiedenen Saucen, und ich bin nach wie vor davon überzeugt, dass wir das allermeiste von dem, was er mitgenommen hatte, nie zu Gesicht, geschweige denn aufgetischt bekamen. Er schien einfach nicht besonders gern zu kochen. Das kannten wir von Nepal natürlich ganz anders. Dort ist es für die Köche und das Küchenteam eine helle Freude, ihre Expeditions- oder Trekkinggruppen nach allen Regeln der Kunst zu verwöhnen. Sie kochen in den

Basislagern praktisch von früh bis spät und kommen ständig mit etwas anderem dahergerannt.

Was Toni allerdings überhaupt nicht ertragen konnte, waren die ständige Unordnung und die mangelnde Sauberkeit. Oft spülte Ismael erst am nächsten Tag das Geschirr ab. Zuerst dachte ich, dass er das kostbare Wasser sparen wollte, doch dann begriff ich schnell, dass er es einfach nicht gern machte. Wenn es dann gar nicht mehr anders ging, mühte er sich mit den inzwischen verkrusteten Tellern, dem Besteck und den Töpfen ab, als würde er das zum ersten Mal tun. Toni brachte das fast aus der Fassung, denn er schätzt eine gewisse Grundordnung sehr, und vor allem muss bei ihm alles sauber und aufgeräumt sein. Ich beobachtete ihn einige Male, wie er kopfschüttelnd dastand und beobachtete, was unser guter Ismael anrichtete. Schließlich griff er selbst zu Wasser und Spülmittel und ließ Ismael ein wenig auf seiner Flöte spielen.

Copiapó liegt nicht einmal 400 Meter über dem Meeresspiegel. Bis zum Ende unseres ersten Tages in der Wüste fuhren wir rund 180 Kilometer weit in Richtung Osten und erreichten gegen Abend die Laguna Santa Rosa – in 3762 Meter Höhe. Das war ein gewaltiger Sprung und durchaus gewagt. Ich kenne das von Tibet, von den Anreisen zur Nordseite des Mount Everest oder zur Shisha Pangma. Auch dort kann man mit dem Jeep bis weit hinauf fahren, was zwar durchaus bequem sein mag, für die Akklimatisierung, also die Gewöhnung des Körpers an die Höhe, jedoch das reine Gift ist. Wenn man dann aus dem Jeep aussteigt, haut es selbst den gesündesten Menschen fast aus den Schuhen. Wir mussten also ein wenig aufpassen und durften uns nicht zu viel zumuten. Es ist eigentlich bedauerlich, dass der menschliche Körper nicht in der Lage ist, sich dauerhaft an die Höhe anzupassen. Selbst wenn man sich perfekt akklimatisiert hat, lässt der Zustand, in dem auch in großen Höhen bis 7000 Meter der Ruhepuls fast Normalwerte aufweist, sodass eine Ausdauerleistung möglich ist und man sowohl in Ruhe als auch unter Belastung tief ein- und ausatmen kann, nach ungefähr vier Wochen in tieferen Lagen nach. Will man dann wieder in die Höhe, muss man sich auch erneut anpassen.

Die Laguna Santa Rosa ist ein großer Salzsee ohne natürlichen Abfluss. Dieser See zählt zu den schönsten und beliebtesten Zielen der gesamten Atacama-Region. Auch wir waren beeindruckt. In dem türkisfarbenen Wasser spiegelten sich die schneebedeckten Gipfel der Nevado Tres Cruces, drei recht eindrucksvolle Berge im gleichnamigen Nationalpark direkt an der argentinischen Grenze. An den vom Salz verkrusteten Ufern stolzierten zahllose Flamingos im seichten Wasser umher und siebten mit ihren Schnäbeln geschickt Nahrung aus dem für Menschen ungenießbaren Nass. Ich konnte natürlich nicht widerstehen und musste das Wasser probieren, indem ich einen Finger hineinsteckte und ihn ableckte. Es schmeckte noch viel salziger, als ich erwartet hatte, und es schüttelte mich, bis ich den Geschmack endlich wieder aus dem Mund bekam. Ganz in unserer Nähe spazierten sogar einige Vikunjas mit ihren Jungen vorbei. Die Vikunjas gehören zur Familie der Kamele und sind etwas kleiner als Lamas. Für uns war das ein Glücksfall, denn ich hatte gelesen, dass man sie nur sehr selten sieht, weil sie durch die Jagd fast ausgerottet wurden. Inzwischen hat sich ihr Bestand aber wieder etwas erholt. Die Vikunjas müssen erstaunliche Überlebenskünstler sein, denn außer den gelben, strohtrockenen Grasbüscheln gibt es für sie praktisch nichts zu fressen. Allerdings lassen die wenigen Niederschläge in der Atacamawüste sofort alles grün werden und sogar spärlich erblühen. Von den Schneebergen kommen immer wieder Wasserläufe dahergeflossen. Das sieht von Weitem aus, als würde eine breiige, grün-gelbe Masse ins Tal fließen. Dabei ist es eine üppige Pflanzenpracht, die an den Ufern dieser Bäche gedeiht und an der sich die Tierwelt das Überleben sichert. Nicht weit vom Ufer der Laguna Santa Rosa steht eine kleine, schicke Holzhütte auf einem solide gemauerten Natursteinfundament. Dort parkten wir den Jeep und bauten neben der Hütte unsere Zelte auf. Dass wir dabei recht leicht außer Atem gerieten, zeigte uns, wie hoch wir bereits waren. Wir wollten jedoch unbedingt im Freien schlafen. Das erschien uns viel angenehmer, als in der stickigen Wärme der Hütte zu übernachten. Deshalb nahmen wir den Aufwand mit den Zelten gern auf uns. Nach dem Essen machten wir noch einen kleinen Spaziergang und genossen einen nahezu unbeschreiblich schönen Sonnenuntergang, der die drei Gipfel der Nevado Tres Cruces in ein fast schon kitschiges Abendrot tauchte.

Am nächsten Morgen stand ich sehr früh auf. Ich hatte mir den Wecker schon zum Morgengrauen gestellt, denn ich wollte unbedingt wieder hinaus in dieses herrliche, sanfte Licht, um die unvorstellbare, ganz besondere Farbenpracht zu sehen. Es war ganz still, und kein Lüftchen regte sich, als ich ein Stück einen Hügel hinaufstieg. Von dort beobachtete ich ein paar Guanakos, die ebenfalls mit dem Lama verwandt sind. Unbeeindruckt von meiner Anwesenheit rupften sie das trockene Gras von den gelben Büscheln ab und zermalmten es zwischen den Zäh-

Ojos del Salado

Wüsten-Highway: *Auch auf staubigen Straßen kann die Anreise zu einem hohen Berg durchaus ihre Reize haben.*

Aufgepackt: *Kisten mit Lebensmitteln und Unmengen an Wasser- kanistern bringen unseren Jeep fast an den Rand des Zusammenbruchs.*

◀ **Ojos del Salado:** *Der höchste erloschene Vulkan der Erde ist der zweithöchste Berg Südamerikas.*

Partner am Wüstenberg: *Eine langjährige Freundschaft mit Toni Mutschlechner bereicherte diese etwas andere Expedition.*

Spielplatz der Natur: *Ein Felsbrocken in der Wüste dient zum Klettern und dann als Ausguck in eine schier endlose Weite.*

Tierische Begegnung: *ein Wüstenfuchs auf Schnupperkurs in den frühen Morgenstunden unweit des Ojos del Salado*

Beschildert: *Weder Mensch noch Tier schert dieser Hinweis, allenfalls die Höhe ist hier noch von Belang.*

◀ **Gespiegelt:** *Die Berge der Atacamawüste spiegeln sich in einem Salzsee.*

Kostbares Nass: *rauschende Bäche und üppiger Bewuchs in der ansonsten so extrem trockenen Atacamawüste*

Wegweiser: *Toni Mutschlechner deutet an, wo es langgeht – immer gleichmäßig den Vulkanhang hinauf.*

Höher geht's kaum: *Toni Mutschlechner (links) und Hans Kammerlander auf dem zweithöchsten Punkt Südamerikas.* ▶

nen. Am See waren auch schon wieder die Flamingos mit ihren langen Hälsen und den krummen Schnäbeln unterwegs. Ein bisschen fühlte ich mich wie dieser Welt entrückt. In mir machte sich eine bislang so intensiv nicht gekannte Ruhe breit. Der Ojos del Salado bereitete mir überhaupt kein Kopfzerbrechen. Ich verschwendete zu diesem Zeitpunkt nicht einmal einen Gedanken an ihn, sondern genoss einzig diese ganz und gar andere Art von Expedition. So stressfrei, so ausgeglichen, so beruhigend hatte ich lange nichts mehr erlebt. Ich machte ein paar Fotos und filmte mit einer kleinen, aber leistungsstarken Kamera. Ich dachte ein wenig darüber nach, was man vielleicht in einem Vortrag zu diesen Bildern erzählen könnte, und nahm mir vor, sie schweigend für sich sprechen zu lassen.

Langsam stieg ich wieder den Hügel hinunter und ging zurück in Richtung unserer Zelte. Auf einmal jaulte es hinter mir ganz leise. Verdutzt drehte ich mich um, und keine fünf Meter entfernt sah ich einen Wüstenfuchs, der mich mit wachsam zusammengekniffenen Augen anschaute und Schritt für Schritt näher kam. Dabei beobachtete er jede meiner Bewegungen. Die Ohren waren eigentlich viel zu groß im Vergleich zu seinem Kopf, und der Schwanz war fast so lang wie der gesamte Körper. Wenn der kleine Fuchs sich bewegte, wirkte das elegant und doch irgendwie spielerisch. Zwei Meter von mir entfernt machte er halt und schaute mich neugierig an. Wüstenfüchse suchen manchmal die Nähe des Menschen, vor allem wenn sie auf Nahrungssuche sind und auf ein paar Abfälle hoffen können. Ich glaube, dieser Bursche hätte mir sogar aus der Hand gefressen, wenn ich ihm etwas hingehalten hätte. Aber das schien mir dann doch etwas zu riskant.

Inzwischen war auch Toni aufgestanden und fotografierte von den Zelten aus den Fuchs und mich, wie wir einander vollkommen angstfrei und aufmerksam gegenüberstanden. Ich habe zwar eine ausgeprägte Abscheu vor Schlangen und anderen Reptilien, bin aber ansonsten ein großer Tierliebhaber und -bewunderer. Ich war froh, dass es in dieser Wüste praktisch keine giftigen Tiere gab außer Skorpionen – wir sahen in der ganzen Zeit keinen – und einer bestimmten Wanzenart, die wohl ähnlich wie unsere Zecken eine Entzündungskrankheit mit heftigem Verlauf übertragen können. Aber auch diesen Wanzen begegneten wir glücklicherweise nicht. Der Fuchs trabte nach einer Weile davon und ließ mich verwundert über so viel Zutraulichkeit zurück.

Nach dem Frühstück fuhren wir mit dem Jeep ein Stück weit von der Laguna weg und unternahmen dann eine ausgedehnte Wanderung in die endlose Weite der Atacamawüste. Es ist eine bizarre Schönheit, die den Betrachter vereinnahmt, unwirklich fast und wie auf einem anderen Planeten. Am Horizont bereits die hohen Gipfel. Davor sandige, dunkelgraue, fast schwarze, manchmal aber auch ockerfarbene Ebenen und immer wieder Hügel und kleinere Berge, die mit hellen Gesteinsbrocken übersät sind. Wir brauchten fast zwei Stunden, bis wir an den Fuß einer dieser Erhöhungen gelangten, und stiegen schließlich hinauf bis auf eine Höhe von etwa 4400 Metern zu einer Hütte. Ganz langsam und darauf bedacht, uns nicht zu überanstrengen. Am Nachmittag kehrten wir gemütlich wieder zurück und genossen noch einmal die Abendstimmung an der Laguna Santa Rosa. Mich wunderte, dass ich überhaupt nicht ungeduldig wurde, denn tags darauf verbummelten wir auf unserer Jeepfahrt erneut über sechs Stunden. Immer wieder hielten wir an, stiegen aus, filmten, fotografierten und unternahmen kleine Spaziergänge. Am späten Nachmittag erreichten wir die Laguna Verde und eine Höhe von 4281 Metern. Ich hätte eigentlich nicht geglaubt, dass der Vortag noch wesentlich zu steigern sein würde, doch nun wurde ich eines Besseren belehrt. Hier waren die Farben noch kräftiger, der Himmel blauer, die Lagune türkiser und die Schneeflecken auf den Bergen noch ein bisschen weißer. Auch hier gab es eine kleine Hütte, bei der wir unser Camp aufbauten. Auf der Holzterrasse richtete Ismael wieder seine opulente Küche mit den kargen Ergebnissen ein. Toni und ich gingen zu den heißen Thermalquellen ganz in der Nähe. Sie waren in einer Art Wanne ein wenig eingefasst, und so schnell konnte ich gar nicht schauen, wie Toni auch schon im Wasser saß. Wir nahmen trotz des intensiven Schwefelgestanks ein ausgiebiges Bad, befreiten uns endlich einmal von dem vielen Staub und genossen aus unserer Wanne heraus die grandiose Aussicht auf den Ojos del Salado. Nicht weit von unserem Camp entfernt erhob sich der Cerro Mulas Muertas, ein 5897 Meter hoher, kegelförmiger Berg mit ausladenden Flanken und einem einladenden Vorgipfel. Wir beschlossen, den »toten Mulis« einen Besuch abzustatten. Am nächsten Morgen stiegen wir langsam hinauf bis auf 5500 Meter und genossen von dort oben eine große Aussicht auf die Nevado Tres Cruces und auch auf den Ojos del Salado, dessen Aufstiegsroute wir nun bereits mit bloßem Auge erkennen konnten. Natürlich gönnten wir uns später an diesem Tag noch einmal ein ausgiebiges Bad in den heißen Quellen, denn am nächsten Tag würden wir das »Refúgio Universidad de Atacama« in 5260 Metern erreichen, und dann gäbe es keinen derartigen Luxus mehr.

Das Refúgio markiert quasi den Basislagerplatz des Ojos del Salado. Eine nicht unbedingt sehr einladend wirkende Bude, die lediglich ein in Rostfarben gestrichener Überseecontainer aus Stahl ist, wie man sie von der Handelsschifffahrt kennt. Der helle Schriftzug über der windschiefen Tür war von der Sonne schon ganz ausgebleicht und die Scharniere zigmal repariert. Die Wände waren vollgekritzelt von Menschen, die sich offenbar immer und überall verewigen müssen. Um die Hütte herum lagen allerlei Müll und Unrat, vor allem Blechteile, Holz und alte Geräte. Aber immerhin, es ist eine Notunterkunft für den Fall, dass Bergsteiger oder Wüstenbesucher in einen Sandsturm geraten. Natürlich bevorzugten wir auch hier unsere Zelte und eine Küche im Freien. Gegen Abend fand ich ganz in der Nähe einen recht steilen Felsen, an dem ich ein wenig herumklettern konnte. Ein netter Spielplatz für Erwachsene, die gern noch mal Kind sein wollen. Als die Sonne hinter den Bergen der Atacamawüste verschwand, wurde es wie jeden Tag schlagartig kälter. Die Gipfel im Osten waren in ein leuchtendes Rot getaucht, und der Himmel darüber präsentierte sich in einem tiefen, fast schon unwirklich erscheinenden Blau. Im Westen hingegen schien es in der tieferen Region bereits Nacht zu sein, während sich der Himmel über den bereits düsteren Bergen in allen Orange- und Gelbtönen verfärbte.

Wir waren noch immer nicht wirklich gut akklimatisiert. Mit dem Jeep und auf der Sandpiste waren wir zu schnell in die Höhe gekommen. Steige hoch, schlafe tief – mit dieser einfachen Formel funktioniert die Höhenanpassung am besten. Am fünften Tag unseres Wüstenaufenthalts stiegen wir deshalb bei einer weiteren Wanderung von der Atacama-Hütte ein gutes Stück den Ojos del Salado hinauf in

Richtung des auf 5830 Meter Höhe gelegenen »Refúgio Tejos«. Auch dort waren an einem ebenen Platz zwei orangefarbene Container über Eck aufgestellt. Mehr nicht. Sie dienen häufig Wissenschaftlern als Unterschlupf, werden aber auch von Bergsteigern als Hochlager genutzt. Eigentlich sind diese Riesendosen nur ein Schandfleck in der ansonsten so makellosen Natur. Aber im Notfall werden die stählernen Baracken sicher gute Dienste leisten. Ein breiter, von Reifenspuren übersäter Weg wies uns die Richtung, denn bis zum Tejos-Camp kann man auch mit dem Jeep fahren. Es gibt am Ojos del Salado sogar einen Höhenrekord mit einem Spezialfahrzeug, bei dem ein Chilene bis auf den Kraterrand des Vulkans gefahren ist. Am Nachmittag kehrten wir zum Basislager zurück und begannen uns in aller Ruhe auf die Gipfelbesteigung vorzubereiten. Viel brauchten wir dabei nicht zu tun. Wir packten einen ganz leichten Rucksack mit ein paar warmen Kleidungsstücken, unseren Kameras, einer Kleinigkeit zu essen und einer großen Trinkflasche. Wir beschlossen, noch einen Ruhetag einzulegen, an dem wir uns nur wenig bewegten. Wenn uns langweilig wurde, gingen wir ein paar Hundert Meter von der Atacama-Hütte weg, um uns die Beine zu vertreten. Ansonsten taten wir nichts, und genau das steigerte meine Vorfreude auf den Gipfelgang im richtigen Maß.

Am Tag darauf, es war inzwischen der 8. April, verließen wir unser Basislager in 5280 Meter Höhe schon um 5 Uhr. Wir fuhren mit dem Jeep noch ein kurzes Stück über das Tejos-Camp hinaus. Unterwegs mussten wir fast alles abladen, was sich noch auf dem Wagen befand. Er war einfach zu schwer, und die Räder versanken im weichen Sand, sodass wir nicht weiterkamen. Erst mit weniger Ballast ging es besser. Aber diese Aktion kostete uns viel Zeit. Wir befanden uns auf etwa 5800 Metern, und noch immer trennten uns rund 1100 Höhenmeter vom Gipfel. Das ist in dieser Höhe ein durchaus beträchtliches und anspruchsvolles Pensum. Wir begannen den eigentlichen Aufstieg gegen 7 Uhr.

Der Nevado Ojos del Salado am Rande der Atacamawüste ist der höchste Vulkan der Erde. An seiner höchsten Stelle misst er 6893 Meter. Der Vulkan ist zwar schon lange erloschen, doch noch immer werden kleine Aktivitäten gemessen, vor allem der Austritt von Gasen. Am 26. Februar 1937 wurde der Gipfel des Ojos von den beiden Polen Justyn Wojsznis und Jan Szczepański zum ersten Mal bestiegen. Ihre Route ist bis heute die Standardroute geblieben. Technisch unschwierig, aber durch die besondere Lage am Rand der Wüste und auf der Grenze zwischen Chile und Argentinien ist es doch ein spannender Berg. Eigentlich ideal und fast wie geschaffen für Bergsteiger, die sich zum ersten Mal überhaupt in größere Höhe wagen wollen, denen aber eine komplizierte Lagerkette und eine überbordende Expeditionslogistik einfach zu aufwendig erscheinen. Ich glaube, mit weniger Aufwand und besseren Erfolgsaussichten kommt man kaum anderswo auf der Erde in eine so große Höhe. Man braucht für diesen Berg eine gute und robuste Gesundheit, man muss die Höhe vertragen, eine sehr gute Kondition haben und im Gipfelbereich im Blockgelände trittsicher sein. Im oberen Teil unter dem Kraterrand ist ein großes Schneefeld zu überqueren, auf dem wir teilweise bis an die Knie versanken und einige Passagen recht anstrengend spuren mussten. An manchen Stellen trifft man auf Büßereis, das jedoch am Ojos del Salado keine besondere Höhe erreicht. Büßereis entsteht, wenn Schnee ungleichmäßig abschmilzt und dabei, vor allem in den Regionen des Himalaja, manchmal mehr als zwanzig Meter hohe, bizarr wirkende Türme stehen bleiben. Überall dort, wo sich Büßereis bildet, ist es fast unmöglich zu gehen, und man muss großräumig ausweichen. Das blieb uns am Ojos glücklicherweise erspart. Es gab keine Passagen, an denen wir mit einem Seil sichern mussten, obwohl Ismael im Basislager hartnäckig darauf gedrängt hatte, doch besser ein Seil mitzunehmen. Erst später verstand ich, warum. Da wir uns frei, also ungesichert bewegen konnten, war es für jeden von uns sehr angenehm, einen eigenen Rhythmus gehen zu können. Toni Mutschlechner bewegte sich nun ganz so, wie ich es von unzähligen gemeinsamen Touren gewohnt war – mit der Präzision eines Schweizer Uhrwerks. Er ist in der Lage, in seinem gemütlich wirkenden Tempo sehr, sehr weite Strecken in guter Zeit zurückzulegen. Ganz dem tibetischen Motto folgend: Wer schnell auf einen Berg will, muss langsam gehen. Ismael blieb mir am Anfang noch dicht auf den Fersen und eilte manchmal sogar ein gutes Stück voraus. Für mein Empfinden ging er zu schnell, gerade am Anfang. Doch dann wurde er langsamer, ließ sich weit zurückfallen und ging schließlich hinter Toni her. Kurz nach 10 Uhr erreichte ich den Kraterrand, der sich etwa 150 Höhenmeter unter dem Hauptgipfel befindet. Ich schaute dort in ein riesiges Loch, aus dem der Ojos einst seine glühende Lava gespuckt hatte. Die Umgebung wirkte nun längst winterlich. Auch der Boden des Kraters war mit Schnee bedeckt, den der Wind dort hineingetrieben hatte. In der frischen und kalten Luft war ich froh, dass ich meine warme Daunenjacke angezogen hatte. Ich schaute zurück und sah unter mir gemächlichen Schrittes Toni und Ismael nachkommen. Über uns dehnte sich weit der blaue Himmel, wir verfügten über ausreichend Zeitreserven, und bis zum Hauptgipfel hinüber war es nun nicht mehr sehr weit.

Etwa eine Stunde später stand ich unter dem Gipfelgrat. Dort fand ich ein Stück altes Fixseil, das offenbar dabei helfen sollte, die leichten Kletterstellen im zweiten Schwierigkeitsgrad in dem Blockgelände sicherer zu überwinden. Etwa um 11.30 Uhr erreichte ich den Gipfel. Eine Viertelstunde danach kam unser Fahrer-Guide-Koch Ismael daher. Er schien müde zu sein und wirkte unter dem Gipfel in den Kletterstellen etwas verunsichert auf mich. Vielleicht machte ihm aber an diesem Tag auch nur die Höhe zu schaffen. Allerdings verstand ich nun, warum es ihm lieber gewesen wäre, am Seil gehen zu können. Als er den höchsten Punkt erreichte, war seine Freude sichtlich erkennbar. Kaum eine Viertelstunde später kam auch Toni herauf. Er grinste über das ganze Gesicht, als er neben mir stehen blieb. Ich hatte fast das Gefühl, dass er nicht immer und wirklich überzeugt daran geglaubt hatte, dass er bis ganz auf den Ojos del Salado hinaufkommen würde. Nun genoss er es umso ausgiebiger. Bis heute kann er sich an Einzelheiten und ganz kleine Details erinnern, die ich entweder gar nicht wahrgenommen oder längst wieder vergessen habe. Als er mir auf dem Gipfel kurz auf die Schulter schlug, wirkte er vollkommen entspannt. Ich hatte den Eindruck, als sei er ganz gemütlich mal eben auf den zweithöchsten Berg Südamerikas spaziert.

Wir standen nebeneinander, und vor uns breitete sich eine einzigartige Landschaft aus. Hunderte und Aberhunderte kleine Hügel, Berge und Gipfel fügten sich zu einer schier grenzlos wirkenden Weite und dennoch zu einem großen Ganzen zusammen. Wir setzten uns hin und tranken. Mich faszinierten erneut die Farben. Da war nichts Grelles, nicht Unharmonisches, einfach nichts Störendes zu erkennen. Die Landschaft um uns herum war ein einziger Rausch in pastellfarbenen Erdtönen. Unaufdringlich und wie von der Künstlerhand eines Malers gemischt. Ich habe weder jemals zuvor noch danach solch eine unaufdringliche Komposition der Natur gesehen. Dunkles Braun, bis fast ins Schwarze gehend, fügte sich mit Karamell- und Ockertönen zusammen. Rötliches färbte sich in allen Schattierungen bis in helles Gelb. Toni saugte neben mir tief die Luft in seine Lungen. Ich glaube, er hat diese Eindrücke gleich mit aufgesogen. So entstehen offenbar seine Bilder, die er am liebsten im Kopf und im Herzen bewahrt. Vor ein paar Jahren bekam er eine kleine Digitalkamera geschenkt. Er hat mir erzählt, dass er damit keine hundert Fotos gemacht und auch die nicht einmal angeschaut habe. Seit 1968 besitzt er eine sehr gute Voigtländer-Kamera, die damals sündhaft teuer war und heute ein begehrtes Sammlerstück ist. Mit ihr hat er nur zwei Filme fotografiert. Was auf den Bildern drauf ist, weiß er nicht mehr genau. Ich freute mich über so viel knorrigen Eigensinn.

Toni war für diese Tour ganz genau der ideale Partner. Meine anderen Kollegen, mit denen ich zu Expeditionen aufgebrochen bin, sind meist Bergführer wie ich. Sie haben alle nicht sehr viel freie Zeit für solche Unternehmungen. Und wenn sie dann auf Expedition gehen, müssen es vor allem alpinistisch anspruchsvolle Ziele sein. Für einen Berg wie den Ojos del Salado wären sie sicher nur schwer zu motivieren. Toni Mutschlechner aber war sofort von dieser Reise begeistert gewesen und von diesem stressfreien Gipfel. Jetzt war er ganz oben angelangt. Er schaute mich wieder an, atmete ganz tief und grinste über das ganze Gesicht. So sehen wohl Menschen aus, die in sich selbst ruhen.

Nun schossen wir doch noch ein paar Fotos und filmten auch ein wenig. Dann machten wir uns zusammen mit Ismael wieder auf den Weg nach unten. Ein paar Stunden später erreichten wir den Jeep und bald darauf das Atacama-Camp. Wir begannen unsere Sachen zu packen. Toni wäre gern noch ein paar Tage länger geblieben und hätte am liebsten noch weitere Berge bestiegen. Das wäre sicher ein Leichtes gewesen, nachdem wir nun gut akklimatisiert waren, aber ich musste zurück, denn daheim warteten verschiedene Verpflichtungen auf mich.

Am Abend sah ich weit draußen im Wüstensand eine steil aufragende Staubwolke, die sich stetig und vor allem sehr schnell in unsere Richtung bewegte. Autos waren das nicht. Als die Männer uns mit ihren Motorrädern erreichten, Helme und Beduinenschals ablegten, erkannte ich, dass es sich bei einem von ihnen um den Chef von »Atacama Trek« handelte, der unseren Wüstentrip organisiert hatte. Er kam in Begleitung von zwei Freunden. Sie waren mit ihren Enduro-Maschinen in nur einem Tag von Copiapó zum Basislager gefahren und hatten wirklich gute Sachen dabei. Salami, Käse, Brot und besten chilenischen Rotwein. Mit einem Schlag waren Ismaels höchst zweifelhafte Kochkünste vergessen. Toni sah die Unordnung nicht mehr und auch nicht das verdreckte Geschirr. Wir freuten uns, dass wir auf so angenehme Weise überrascht wurden, und genossen diesen netten Ausklang ausgiebig. Schon am nächsten Tag fuhren wir in einem gewaltigen Ritt zurück nach Copiapó und von dort aus noch eine halbe Stunde weiter nach Bahía Inglesa, einem kleinen Strandresort mit feinem Sand und warmem Wasser in der Nähe des Hafens von Caldera am Pazifischen Ozean. Dort verbrachten wir noch zwei Tage am Meer, bevor unser Flug nach Hause ging.

Ich bin auf dieser Reise nie enttäuscht, aber oft überrascht worden. Es gab während dieser Zeit nicht sehr viele Höhepunkte, doch das störte mich nicht im Geringsten. Ich genoss die Ruhe und die unaufgeregten Tage. Der Berg war einfach nur da, und bis auf seine Höhe war er vollkommen unproblematisch. Dafür war alles um diesen Berg herum neu für mich und deshalb so interessant. Nun verstand ich die Wüstenreisenden viel besser. Ich war angetan von den wunderbaren Farben und dem merkwürdigen Leben, das sich dort, in dieser unglaublichen Trockenheit, entwickelt hat. Als ich wieder daheim war, blätterte ich schon bald in einem Bildband über die Wüste. Ich fand dort auch Fotos aus der Atacama, und auf einmal war mir das alles sehr vertraut. Ich sah die Salzseen wieder und auch die rauschenden Bachläufe am Fuß der verschneiten Berge. Ich sah die zarten Farben und die Wüstenfüchse, die Flamingos, die Guanakos und die Vikunjas. Spätestens da bekam das alles einen ganz besonderen Wert für mich, denn es wurde mir klar, dass ich mit den Augen des Wüstenneulings nichts anderes gesehen hatte als die Wüstenkenner auch.

Ein kleines Wetterfenster genügte

Winterliche Besteigung unter Afrikas Schneehimmel

- Afrika
- Kenia, Ostafrika
- Mount-Kenia-Massiv
- Batian, Mount Kenia
- 5199 m
- Erstbesteigung 1899 durch Halford Mackinder, Cesar Ollier und Joseph Brocherel (alle Großbritannien)

Afrika ist der zweitgrößte und sogenannte schwarze Kontinent. Dort leben über eine Milliarde Menschen und damit 14,2 Prozent der Weltbevölkerung. Afrika gilt als die Wiege der modernen Menschheit; in Ägypten entstand eine der frühesten Hochkulturen. Nirgendwo anders ist der Artenreichtum an Großsäugetieren so vielfältig, und nirgendwo auf der Welt sprechen die Menschen so viele verschiedene Sprachen wie in Afrika. In den 53 Staaten des afrikanischen Kontinents sind mehr als 2000 Sprachen registriert. Der höchste Berg ist das Kilimandscharo-Massiv mit 5895 Metern in Tansania. Nur knapp 700 Höhenmeter niedriger, aber viel anspruchsvoller zu besteigen ist der 325 Kilometer Luftlinie entfernte Mount Kenia im Nachbarland Kenia.

Der Große Afrikanische Grabenbruch hat eine Länge von rund 6000 Kilometern. Er erstreckt sich von Syrien bis zum südlichen Mosambik und hinein nach Tansania. Manchmal ist er fast hundert Kilometer breit, manchmal weniger als zwanzig. Dieser Graben, der im Laufe von Jahrmillionen entstanden ist, weil dort die Afrikanische und die Arabische Platte auseinanderdriften und deshalb die Erdkruste immer weiter aufreißt, ist ein Phänomen. Denn an den Rändern dieses Grabenbruchs haben sich die mächtigsten und höchsten Berge Afrikas gebildet und einige der tiefsten Seen der Welt. Das liegt daran, dass der Graben in Bewegung und die Erdkruste dort schwach und folglich vulkanisch ist. So entstanden entlang des Grabens Gebirge wie das Kilimandscharo-Massiv, der Mount Meru, das Kraterhochland von Tansania oder das Mount-Kenia-Massiv und das Ruwenzori-Gebirge. Aufnahmen aus dem Weltall verdeutlichen auf faszinierende Weise, wie die Kräfte wirken. Und sie werden weiter wirken, sagen Wissenschaftler, bis der Graben in vielleicht zehn, zwölf oder auch fünfzehn Millionen Jahren gänzlich bricht, das Wasser des Roten Meers vordringen kann und sich der Osten vom Westen Afrikas trennen wird.

Ich möchte mich nicht unbedingt mein ganzes Leben lang mit so etwas beschäftigen müssen, aber ich finde es auch und gerade als Bergsteiger bisweilen recht spannend und unterhaltsam zu erfahren, wie die Gebirge unserer Erde entstanden sind. Als ich begann, mich ein wenig näher für den afrikanischen Kontinent zu interessieren, stieß ich auch auf diese Information: Nördlich des Mount Kenia fand 1984 ein Wissenschaftler das Skelett eines elf- oder zwölf-jährigen Jungen. Untersuchungen ergaben, dass dieses Kind, das als »Turkana Boy« weltberühmt geworden ist, vor etwa eineinhalb Millionen Jahren dort gelebt haben muss. Seitdem gilt auch wissenschaftlich als erwiesen, dass Afrika die Wiege der modernen Menschheit ist. Der »Ötzi«, dessen Fund ich einst zusammen mit Reinhold Messner während unserer Südtirol-Umrundung bestaunen durfte, ist mit seinen etwa 5300 Jahren ein vergleichsweise junger Spund. Was den Turkana-Jungen und den Similaun-Mann Ötzi, der von Amerikanern bisweilen auch salopp »Frozen Fritz« genannt wird, jedoch heute eint, ist die Tatsache, dass sie beide in Museen ausgestellt und von einer staunenden Öffentlichkeit als Sensation betrachtet werden. Es ist dem Menschen eigen, dass ihn mehr interessiert, wo er herkommt, als dass er sich darum kümmert, wo es mit uns hingeht. Das wiederum stimmt mich nachdenklich.

Ich flog am 10. Oktober 2009 nach Afrika. Zum ersten Mal in meinem Leben. Auf dem Platz neben mir im Flugzeug saß Konrad Auer, Bergführerkollege und Freund aus dem Tauferer Ahrntal. Man könnte fast sagen, er hatte es sich selbst zuzuschreiben, dass er da saß, denn im Zusammenhang mit Afrika hatte ich ihn unvergesslich in Erinnerung. 1998 flogen wir zusammen mit dem Kameramann Hartmann Seeber aus Sand in Taufers, dem aus Niederdorf stammenden Bergführer Werner Tinkhauser und mit dem Journalisten und meinem späteren Koautor Walther Lücker zum Kangchendzönga, dem dritthöchsten Achttausender, der genau auf der Grenze zwischen Nepal und dem indischen Bundesstaat Sikkim liegt. Vor unserer Besteigung im Mai gab es sehr viel schlechtes Wetter. Immer wieder mussten wir wegen der Höhenstürme, starker Schneefälle und der daraus resultierenden Lawinengefahr im Basislager ausharren. Sehr viel Abwechslung gibt es dort bekanntlich nicht. Und so saßen wir an einem Vormittag – übrigens ausnahmsweise bei strahlendem Sonnenschein – auf wackeligen Campingstühlen um einen ebenso wackeligen Tisch herum und spielten Watten, ein Kartenspiel, das in den Alpen sehr verbreitet ist. Einem außenstehenden Laien erschließen sich die Regeln nur schwer, dabei sind sie eigentlich kinderleicht. Nun, Konrad Auer spricht nicht sehr viel. Beim Kartenspielen redet er noch weniger. An diesem Vormittag war ich drauf und dran, Haus und Hof zu verspielen, hätten wir denn um ernsthafte Summen »gekartelt«. Je häufiger ich verlor, umso mehr verhöhnten mich natürlich meine lieben Freunde, und irgendwann verlor ich auch die Geduld. Ich warf die Karten auf den Tisch und gab mich geschlagen. Da lehnte sich Konrad Auer zurück, sah mich an, grinste schließlich über das ganze Gesicht und sagte ganz gelassen: »Hans, mach dir nichts draus, in Afrika gibt es ganze Stämme, die dieses Spiel auch nicht können.« So gesehen war jetzt die Zeit reif, ihm einmal zu zeigen, wie das in Afrika mit den Stämmen so ist. Wir flogen von München aus, hatten eine Zwischenlandung in Dubai mit etwas Aufenthalt, was ich angesichts des einzigartigen Duty-free-Shops, in dem sogar Rolls-Royce und Ferrari verkauft werden, immer recht spannend finde, und landeten schließlich auf dem internationalen Flughafen in Nairobi.

Die Hauptstadt Kenias liegt tief im Landesinneren, etwa 150 Kilometer Luftlinie nördlich der Grenze zu Tansania und rund 450 Kilometer vom Indischen Ozean entfernt. Eigentlich ein typischer Großstadtmoloch. Es leben dort fast drei Millionen Einwohner, mehr als 4000 auf einem Quadratkilometer. Das Klima in der um 1895 auf etwa 1600 Meter Meereshöhe von der britischen Verwaltung ursprünglich als Lager für den Eisenbahnbau errichteten Stadt ist subtropisch. Die heutige moderne Skyline von Nairobi gleicht einer US-Metropole, mit beeindruckenden Hochhäusern im Zentrum. Doch schon im nächsten Stadtteil leben die Menschen in heruntergekommenen Slums in windschiefen Wellblechbaracken und in großer Armut. Am Tag nach unserer Ankunft liefen wir stundenlang ziel- und planlos durch die Stadt. Ich fand dort einfach keinen Halt, keine Orientierung oder eine Gegend, in der ich mich gern länger aufgehalten hätte. Konrad schien es nicht anders zu gehen. Vielleicht waren wir aber einfach auch nur an den falschen Plätzen unterwegs.

Dabei gehört Kenia sicherlich zu den schönsten afrikanisches Ländern. Es ist das Land der Elefanten, Nashörner und Zebras, der Löwen und Giraffen. Ein Teil des berühmten Serengeti-Nationalparks liegt in Kenia. Kein Wunder, dass der Tourismus eine der Haupteinnahmequellen ist. Es gibt fast keine Bodenschätze in dem ostafrikanischen Land. Landwirtschaft und Maschinenbau sind die wichtigsten Wirtschaftszweige. Kenia gilt aber auch als einer der korruptesten Staaten der Welt. Die Urlauber indes kommen vor allem wegen der oft atemberaubenden Safaris und der Schönheit des Landes hierher. Eigentlich hatte ich fest vor, nach der Besteigung des Mount Kenia für ein paar Tage ebenfalls nach Großwild Ausschau zu halten. Aber es ging einfach zeitlich nicht, denn schon ab Ende Oktober wurde ich zu einer langen Vortragsreise von zahlreichen Veranstaltern in Deutschland, Österreich und der Schweiz erwartet. Ich musste zu einem festgelegten Zeitpunkt zurück sein.

Das Mount-Kenia-Massiv liegt knapp 140 Kilometer Luftlinie nördlich von Nairobi. Mit dem Auto fährt man etwa
200 Kilometer bis nach Naro Moru, einer kleinen Stadt
im Westen des Mount Kenia. Sie ist ein idealer Ausgangspunkt für die Umrundung des Massivs, aber auch
für Besteigungen verschiedener Nebengipfel des Mount
Kenia. Es gibt dort ein paar Lodges und Unterkünfte, eine
Polizeistation und eine katholische Kirche, eine Klinik
und eine Schule für Krankenschwestern, einen Markt,
nicht einmal 5000 Einwohner und einen staubigen Fuß-
ballplatz. Mir erschien das als eine bemerkenswerte Kons-
tellation, denn es gab in diesem Nest kaum etwas, das es
nicht gab. Der Eingang in den Mount-Kenia-Nationalpark,
der von der UNESCO in den Rang eines Weltnaturer-
bes erhoben wurde, liegt ganz nahe bei Naro Moru. Die
Gegend um den Mount Kenia ist eines der letzten Gebiete
Afrikas, in denen noch schwarze Leoparden leben. Interessant ist, dass die Kernzone des Nationalparks erst in
einer Höhe von knapp über 3200 Metern beginnt. Naro
Moru liegt auf etwas mehr als 2000 Meter Höhe. Der Park
umschließt das gesamte Mount-Kenia-Massiv, dessen
höchster Punkt der Gipfel des Batian mit 5199 Metern ist,
den man nur kletternd erreichen kann. Es gibt nicht viele
Plätze auf dem Äquator, an denen man auf Eis und ewigen
Schnee trifft. Der Batian gehört trotz allgemeiner Klima-
erwärmung noch dazu, obwohl auch dort die letzten verbliebenen Flecken in den Mulden oberhalb von 4700
Metern jedes Jahr kleiner werden. Es schneit ganz offenbar nicht mehr so oft und vor allem nicht mehr sehr viel
am Mount Kenia – glaubte ich damals zumindest.

In Naro Moru lernten wir unser einheimisches Team
kennen. Mike, unser Guide, ein Koch und fünf Träger wür-

den uns in den kommenden Tagen begleiten. Wir gingen zusammen auf den Markt und kauften Lebensmittel ein. Noch am gleichen Tag drangen wir dann tief in den Nationalpark ein. Fast sofort nachdem wir das Tor passiert hatten, veränderten sich die Natur und die Umgebung. Der Mount Kenia liegt inmitten einer ausgedehnten und naturgemäß sehr trockenen Savannenlandschaft, doch am Fuß des Berges blüht und grünt es in einer fast berauschenden Üppigkeit. Auf guten Satellitenbildern ist dieser Kontrast sogar vom Weltraum aus zu erkennen. Wie eine Oase hebt sich das Bergmassiv des Mount Kenia mit seinen tropischen Regenwäldern von der trockenen Umgebung ab. Wir wanderten an diesem Tag eine Art Forststraße entlang, auf der nur noch die Park-Ranger fahren dürfen, und kamen am späten Nachmittag bei der Naro Moru River Lodge an, einer meteorologischen Station, die auf 3040 Meter Höhe oder genau auf 10 000 Fuß liegt. Dort stehen auf einer großen Lichtung inmitten des Urwalds neben den Messstationen des Wetterdienstes ein paar solide Holzhütten mit Wellblechdächern. Wir bauten ein Zelt auf und blieben dort über Nacht. Der Koch zauberte uns aus Suppe, Reis und Gemüse etwas Gutes zu essen. Es gab frisches Obst, vor allem Bananen, wie ich sie so köstlich noch nie zuvor gegessen hatte. Es war schön und eindrucksvoll, in die weite Landschaft Kenias hinauszuschauen.

Das ist also Afrika, dachte ich und erinnerte mich daran, was ich in einem Buch von Reinhold Messner gelesen hatte: »Als ich Afrika zum ersten Mal sah, glaubte ich zu träumen.« Jetzt verstand ich, was er gemeint hatte. Wir gingen früh schlafen. Unser Team breitete für sich ganz unkompliziert eine große Plane aus, und da legten sich alle drunter. Am nächsten Morgen fühlte ich mich nach der Anreise aus Europa schon wesentlich besser ausgeschlafen, zumal es ja keine nennenswerte Zeitverschiebung gab. Es war interessant, unsere Träger zu beobachten. Sie hatten das Gepäck sehr geschickt unter sich verteilt und trugen es wie wir als Rucksäcke auf den Schultern, nicht wie die nepalischen Träger mit einem Riemen über den Kopf. Nur die beiden Klappstühle, die sie für uns dabeihatten, gab einer der Träger nicht aus den Händen. Dabei wäre es für ihn viel leichter gewesen, wenn er sie irgendwo auf dem Gepäck festgeschnallt hätte. Es blieb sein Geheimnis, warum er das so machte; offensichtlich empfand er es nicht als umständlich. Die Vegetation war herrlich. Wir bestaunten tropische Nadelhölzer und Bambus, Orchideenpflanzen und Ananas, riesige Hochmoorflächen mit Heidekraut und bis zu 200 Jahre alte, teilweise sieben Meter hohe Lobelien. Wenn man auf den Mount Kenia steigt, passiert man fünf Vegetationsstufen. Tiere sahen wir nicht sehr viele, obwohl der Urwald natürlich voller Leben war und es ständig irgendwo kreischte und lärmte. Immerhin trafen wir auf Affen, Paviane und vor allem Meerkatzen, wir sahen auch ein paar Antilopen und wild lebende Schweine. Während ich auf der Fahrt von Nairobi nach Naro Moru noch darüber nachgedacht hatte, wie Mensch und Tier in dieser Trockenheit überleben können, wanderten wir nun in einer überbordenden Pracht, die üppiger kaum hätte sein können und in der Leben im Überfluss möglich war. Das Wetter war herrlich, und uns hätte es viel besser gar nicht gehen können. Wenn es so bliebe, wären wir in ein paar Tagen auf dem Gipfel, und vielleicht wäre dann noch Zeit, mehr zu sehen.

Unsere Planung sah vor, dass wir zunächst während einer mehrtägigen Trekkingtour das Kenia-Massiv umrunden und uns erst danach der Besteigung zuwenden wollten. Der zweite Tag, es war der 13. Oktober, bescherte uns eine etwa sechsstündige Wanderung. Der Wald wurde nun lichter, wir kamen in die Hochmoorgebiete, und der Batian war von seiner Südseite nun zum ersten Mal ganz frei zu sehen. Wir waren auf diesem Abschnitt des Trekkings sogar schon sehr nah an unserem Berg, und was ich sah, erinnerte mich ein wenig an die Dolomiten daheim. Auch dort wachsen die steilen Wände und Felstürme praktisch direkt aus den Wiesen und den langen Geröllfeldern heraus in den Himmel. Selbst die Farbe des Mount Kenia ähnelte den Dolomiten oder den Bergen Korsikas. Allerdings war der Batian zu diesem Zeitpunkt leicht angezuckert wie nach einem kleinen Wintereinbruch. Am Nachmittag zogen Nebel und dichte Wolken auf, der Batian schloss seinen Vorhang. Vorbei war es mit der Herrlichkeit. Auf einmal klang es fast wie ein Bellen, und direkt vor uns tauchten ein paar pelzige Gesellen auf, die schon sehr unseren Murmeltieren daheim in den Alpen ähnelten. Es waren Klippschliefer, die in großen Kolonien von bis zu fünfzig Tieren zusammenleben. An diesem Tag packte ich die Kamera nicht ein einziges Mal in den Rucksack. Wir machten während dieser Wanderung viele Pausen, schossen unzählige Fotos und filmten immer wieder. So kamen wir erst nachmittags ganz gemütlich und entspannt an der Teleki Lodge auf 4300 Meter Höhe an.

Bald begann es zu regnen. Ein richtiger Tropenregen. Das Wasser fiel wie Bindfäden vom Himmel. Die Lodge, die ebenfalls zu den Naro Moru River Lodges gehörte, war ein gemauertes Haus, dessen Wände im Inneren nur grob verputzt waren. Es gab einen Tisch und Stühle, der Koch konnte mühelos kochen und wir bequem essen. Es war sauber und trocken, also schliefen wir drinnen. Als es dann am nächsten Morgen hell wurde, umspielte nur noch ein kleiner, sanfter Wolkenschleier den Batian. Wir verließen das Camp gegen 8 Uhr und querten unter der Südwand zur Westseite des Berges. Eine markante, teilweise ganz schmale Eisrinne zog hier vom Wandfuß bis hinauf in die Scharte zwischen den beiden Hauptgipfeln des Mount Kenia. Was wir da sahen, war das berühmte Diamond Couloir, das 1973 erstmals geklettert wurde. Natürlich zog dieser weiße, fast tausend Meter hohe Streifen unsere Blicke sofort magisch an. Aber wir kamen beide zu der Erkenntnis, dass diese Route wohl nicht mehr zu begehen ist, weil die schlechten Verhältnisse aufgrund der allgemeinen Erwärmung und des dadurch bedingten Rückgangs des Eises es nicht mehr zulassen. Auch die Gletscher waren jetzt zu sehen, die es wohl nur deshalb noch gibt, weil sich in den Mulden und Rinnen die Schneerutsche aus den steilen Wänden sammeln. Sie schmelzen nicht so schnell wieder ab und geben den verbliebenen Eisflächen noch etwas Nahrung. In den Taleinschnitten des Massivs haben sich türkisfarbene, stille Bergseen gebildet, die von den Gletschern gespeist werden. Bei der Top Hut, einer vom Österreichischen Alpenverein errichteten Unterkunft, die deshalb auch als »Austrian Camp« bekannt ist, machten wir eine längere Pause. Jetzt waren wir schon ganz nahe dem Point Lenana. Diese 4985 Meter hohe Erhebung des Kenia-Massivs wird häufig während des Trekkings von trittsicheren und schwindelfreien Wanderern bestiegen, denn von der Hütte bis hinauf sind es kaum 45 Minuten. Wir verbrachten vor der Hütte zwei gemütliche Stunden fast wie im Urlaub und fütterten dabei die Mäuse, die mit jedem Bissen immer zutraulicher und frecher wurden. Vielleicht machten wir es uns in dieser Pause ja ein bisschen zu gemütlich, denn als wir später den Gipfel des Lenana erreichten, war wieder alles um uns herum im Nebel verschwunden, und wir hatten von diesem eigentlich herrlichen Aussichtspunkt außer ein bisschen Akklimatisierung so gut wie nichts.

Konrad Auer ist mir im Laufe der vielen Jahre, in denen wir uns gut kennengelernt haben, ein angenehmer und bevorzugter Partner geworden. Ich schätze vor allem seine ruhige und sachliche Art. Er redet nicht sehr viel, aber wenn er etwas sagt, hat es entweder Hand und Fuß oder ist so lustig, dass er damit einen ganzen Tisch voller Menschen zum Lachen bringen kann. Über einige unserer gemeinsamen Bergerlebnisse habe ich schon im K2-Kapitel berichtet. Die Liste der Erfolge von Konrad Auer ist lang und beeindruckend. 1988 durchstieg er die Messnerplatte am Heiligkreuzkofel in den Dolomiten in einer freien Begehung. Im gleichen Jahr gelangen ihm im Winter zuerst die Philipp-Flamm-Route in der Nordwestwand der Civetta und anschließend die Messner-Route am Peitlerkofel. 1992 knackte er den Walkerpfeiler an den Grandes Jorasses im Mont-Blanc-Gebiet und kletterte den »Weg durch den Fisch« in der Marmolada-Südwand. Er durchstieg die Nordwand des Matterhorns und der Droites und dann, an nur einem Tag, die des Hochgall und des Hochfeiler. Auf sein Konto gehen zahlreiche Erstbesteigungen extrem schwieriger Eisfälle, darunter der »Ziegenbart« in den Pragser Dolomiten. Die Skiroute Hochtirol, also die »Haute Route der Ostalpen«, für die normalerweise fünf Übernachtungen veranschlagt werden, gelang ihm an einem Tag.

Dabei hat er nie großes Aufheben um all das gemacht. Es wundert mich eigentlich bis heute, dass er mit Vorträgen und Veröffentlichungen seine zahlreichen Erlebnisse nicht viel mehr genutzt hat. Wir haben ein paarmal darüber gesprochen, aber er sagt, das Reden vor vielen Menschen sei halt nicht seine Sache, und im Übrigen gehe er viel lieber als Bergführer mit einem Gast oder einem guten Freund zum Klettern, als sich mit vielen Worten abzumühen. Ich habe mit Konrad Auer viele schöne Stunden, vor allem an den hohen Bergen, erlebt. Es ist mir noch in guter Erinnerung, als wir 2003 am Nuptse East (7804 m), dem damals höchsten noch unbestiegenen Berg der Erde, auf knapp 7000 Meter Höhe unseren Besteigungsversuch aufgeben mussten, weil uns ein Schneesturm den Atem raubte und unser Zelt in seine Bestandteile zerlegte. Der stille Konrad Auer war damals einer der Ersten, der die Sprache wiederfand und dem Ganzen die beste Seite abgewann: Hauptsache überlebt.

Nun standen wir ganz allein auf dem Gipfel des Point Lenana – und sahen fast nichts. Zwei Fahnen, eine aus Stoff, die andere aus Metall, markierten den höchsten Punkt, den Rest hatte der Nebel verschluckt. Es lohnte sich nicht, länger dort oben zu bleiben. Also machten wir uns an einen relativ langen Abstieg, über Geröllhänge und Serpentinen, die fast kein Ende mehr nehmen wollten, bis hinunter zum Shipton Camp in 4200 Meter Höhe. Eric Earle Shipton brachte es als Bergsteiger vor allem deshalb zu großem Ansehen, weil er in den 1930er-Jahren bei fast allen Expeditionen der Briten dabei war, als die ersten ernsthaften Versuche unternommen wurden, den Mount

Everest zu besteigen. Nach Nepal durften Ausländer damals nicht einreisen, also versuchten es Shipton und all die anderen Bergsteiger von der tibetischen Seite her über den Rongbuk-Gletscher. Die beiden letzten großen Expeditionen zum Everest vor dem Krieg wurden gar von Shipton geleitet, der als umsichtig, fair und überaus menschlich galt. Als Edmund Hillary und Tenzing Norgay den höchsten Berg der Erde schließlich im Mai 1953 bestiegen, hätte eigentlich Eric Shipton auch diese Expedition leiten sollen, denn er hatte einen Großteil der späteren Route der Erstbegehung erkundet. Doch der britische Alpine Club zog ihn noch vor der Abreise in London aus dem Verkehr. Zu alt, nicht mehr tauglich und auch nicht mehr fähig, sich durchzusetzen, hielten sie seiner Nominierung entgegen. Es nutzte auch nichts, dass die anderen Expeditionsmitglieder sich zu weigern drohten, ohne Shipton zum Everest zu gehen. Es war schließlich Shipton selbst, der den anhaltenden Diskussionen und vielen Boshaftigkeiten ein Ende bereitete und höchstselbst für John Hunt als Expeditionsleiter warb. So kam er um den vielleicht schönsten Erfolg seines siebzigjährigen Lebens.

Eric Earle Shipton kam 1907 in Sri Lanka zur Welt, verbrachte seine Jugend aber in England und war schon früh von den Alpen fasziniert. Mit 21 Jahren ging er nach Kenia und wurde dort Kaffeepflanzer. Am Fuß des zweithöchsten Berges von Afrika entwickelte er seine alpine Leidenschaft weiter. 1929 gelang ihm am Mount Kenia zusammen mit Percy Wyn-Harris der Aufstieg über die Route, die heute in der Südostwand und im unteren vierten Schwierigkeitsgrad der Normalweg auf den Nelion (5189 m) ist. Sie querten anschließend zwischen den beiden Gipfeln und bestiegen direkt danach auch den nur zehn Meter höheren Batian.

Percy Wyn-Harris war ein echter Brite. Ganz Gentleman und ausgestattet mit einem unerschütterlichen Entdeckergeist. Wenn er nicht auf Berge stieg, segelte er leidenschaftlich gern, acht Jahre lang und schon sechzigjährig sogar um die ganze Welt. Zuvor war er Gouverneur in Gambia gewesen und wurde von Königin Elisabeth II. geadelt. Shipton und Wyn-Harris hatten sich in Kenia kennengelernt, wo Letzterer ein Jahr lang im Kolonialdienst arbeitete. Sie wurden Freunde fürs Leben. Shipton nahm Wyn-Harris 1933 mit zum Everest, wo der dann sogar bis in eine Höhe von mehr als 8500 Metern aufstieg. Doch nicht nur die für jene Zeit beachtliche Höhe, sondern auch ein erstaunlicher Fund machte Wyn-Harris berühmt. Auf 8380 Metern stieß er auf den Eispickel von Andrew Irvine. Der britische Bergsteiger Andrew Irvine gilt ebenso wie sein Landsmann George Mallory seit 1924 als verschollen, und ihr Verschwinden gibt bis heute Rätsel auf. Vor allem die Frage, ob Mallory und Irvine möglicherweise schon damals den Gipfel erreicht haben könnten, beschäftigt die Fachwelt.

Eric Shipton bestieg den Mount Kenia 1930 noch einmal. Zusammen mit dem Briten Bill Tilman gelang ihm dabei die erste Überschreitung. Er stieg auf einer neuen Route am Westgrat auf den Batian und kletterte über seine eigene Route am Nelion wieder hinab. Mit dem Shipton Camp, drei Unterkunftshütten für Selbstversorger, die schon von Weitem wegen ihrer giftgrünen Dächer auffallen, wurde er am Fuß des Berges für folgende Generationen gewürdigt.

Kurz bevor wir das Shipton Camp erreichten, hatte ich mir eigentlich noch einen Blick in die Ostwand erhofft. Doch der Nebel lichtete sich nicht, und aus der tief hängenden Bewölkung heraus begann es schließlich wieder zu regnen. Gegen Abend wurde der Regen immer heftiger, und er vermischte sich dann bei fallenden Temperaturen sogar mit Schnee. Trotzdem bauten wir unsere Zelte auf, denn in der Hütte war es nicht sehr einladend. Auch in der Nacht regnete es immer wieder, was keine guten Aussichten verhieß. Eigentlich wollten wir am nächsten Tag gleich mit der Besteigung beginnen, denn wir hatten nicht sehr viel Zeit, und jeder Tag war kostbar. Irgendwann ließ das Prasseln auf dem Zelt tatsächlich nach, und ich glaubte schon, dass es jetzt aufhören würde. Doch aus dem Prasseln wurde nur ein leises Rascheln, und es begann zu schneien. Als ich gegen Morgen hinausschaute, war das Shipton Camp, unser Basislager für den Batian, winterlich und mit nassem Schneematsch bedeckt. Und auch der Berg selbst war wieder frisch angeschneit. Als das erste Licht in die Ostwand fiel, konnte ich zwar ein paar zauberhafte Fotos im Sonnenaufgang machen, aber es war auch klar, dass wir bei diesen Verhältnissen warten mussten. Die 700 Meter hohe Ostwand faszinierte und beeindruckte mich. Sie ist nicht so kompakt wie beispielsweise die Marmolada-Südwand, sondern sehr zerklüftet und stark strukturiert, mit freien, steilen Wandabschnitten, tiefen Schluchten, schönen Pfeilern, ausgeprägten Kaminen und scharfen Graten. Mit einem Wort: ein richtig schöner, alpiner, vielseitiger Kletterberg. Doch vorerst kamen wir da nicht hin. Es hatte bei diesen Verhältnissen einfach keinen Sinn.

Die beiden höchsten Punkte des Mount-Kenia-Massivs sind wie erwähnt der 5199 Meter hohe Batian und der benachbarte Nelion, der nur zehn Meter niedriger ist. Die erste Besteigung, lange bevor sich Eric Shipton in der Ost-

wand verewigte, ging auf das Konto des britischen Bergsteigers Halford Mackinder und seiner Führer, Cesar Ollier
und Joseph Brocherel. Sie kletterten 1899 über den Süd-
grat auf den Nelion, überschritten den Diamond-Gletscher
und gelangten über die »Gates of Mist« auf den Batian.
Viel weiß man über die Erstbesteiger nicht, denn sie traten
danach nicht mehr nennenswert in Erscheinung. Halford
Mackinder war ein hoch angesehener Geograf, der in den
höchsten Positionen tätig und mit äußerst bissigen Ansich-
ten gesegnet war. So beschrieb er seine Heimat Großbritannien in einem Buch als einen »Klumpen Kohle, umgeben
von Fisch«. Was ihn nach Kenia und auf den Batian getrieben hat, ist nicht genau überliefert.

Wir wurden also aufgrund der Verhältnisse zu einem
unfreiwilligen Ruhetag gezwungen. Am Vormittag regnete es immer wieder, und am Nachmittag unternahmen wir
mit unserem Guide eine kleine Wanderung. Ein Stück weiter oberhalb des Camps gab es ein paar kleine Bergseen,
muntere Wasserquellen und überall interessante Sträucher.
Das Wetter blieb launisch und versprach überhaupt keine
Aussicht auf Besserung. Es war nicht sehr kalt, und wir
hofften, dass die Temperaturen den Schnee schon besiegen
würden. Die Wand müsste ihr Winterkleid abwerfen, wenn
wir dort eine Chance haben wollten. Noch waren wir nicht
ernsthaft in Zeitnot, es blieben uns immer noch vier Tage.
Doch dann würden wir den Rückweg antreten müssen.
Auch der 16. Oktober verging mit Nichtstun. Es regnete in
der Nacht erneut, und es fiel noch mehr Schnee. Dennoch
standen wir um 5.30 Uhr auf und frühstückten. Mike,
unser bemühter Guide, schaute zum Himmel und hob
ratlos die Schultern. Wieder begann es zu regnen und zu

schneien. Wir saßen genau auf der Schneefallgrenze. Konny kam zu der wenig originellen, aber durchaus zutreffenden Feststellung, dass man bei so einem Wetter keinen Hund vor die Tür jagt, und verschwand wieder in seinem Zelt. Ich wusste nicht recht, wie ich das Wetter in diesem mir fremden Gebiet einschätzen sollte. War das normal zu der Jahreszeit? Waren wir zu spät gekommen? War das eine Großwetterlage oder nur eine Front, die rasch wieder abziehen würde? Ich zog mich ebenfalls wieder im mein Zelt zurück. Während ich dalag und nachdachte, musste ich schmunzeln. Andere wären wahrscheinlich eher frustriert gewesen, Konrad nicht. Jedenfalls behielt er seinen Humor. Beim Frühstück hatte er mir erzählt, dass er in der Nacht plötzlich wach geworden sei, weil ihn etwas in seinem Gesicht störte. Er glaubte zunächst, es sei die Lasche des Schlafsacks, maß dem Ganzen keine weitere Bedeutung zu und versuchte wieder einzuschlafen. Erst als es neben seinem Kopf raschelte, schaltete er seine Stirnlampe ein, die vom Zeltdach herunterbaumelte. Und da sah er gerade noch, wie eine Maus seelenruhig in seinem Schlafsack verschwand. Unmittelbar zuvor musste sie ebenso gelassen über Konnys Gesicht spaziert sein. Ich musste darüber nun richtig lachen, weil ich mir vorzustellen versuchte, was wohl meine Schwester Sabine gemacht hätte, wenn ihr das passiert wäre. Ich bin sicher, sie hätte sich, höher und schneller, als jeder Affe es kann, auf den nächsten Baum geflüchtet.

Es waren solche Kleinigkeiten, die uns über die Zeit halfen, denn auch an diesem Tag war es sinnlos, irgendetwas am Berg zu versuchen. Es regnete immer wieder, weiter oben schneite es, und dichte Wolken waberten um das Massiv des Mount Kenia. So blieb es auch in der darauffolgenden Nacht, bis ich gegen 4 Uhr das Gefühl hatte, es würde nun langsam aufhören. Gegen halb sechs frühstückten wir wie gewohnt in der Hütte. Kaffee, Toast, Cornflakes, Marmelade – fast wie in einem Hotel. Gut, über den Kaffee will ich lieber kein Wort verlieren. Auch in unserem Basislager war nun alles weiß zugeschneit. So langsam verging mir die Laune, und ich wurde leicht unruhig. Es konnte doch nicht sein, dass wir überhaupt keine Chance bekämen. Wieder verkrochen wir uns in die Schlafsäcke. Gegen 7 Uhr stand ich erneut auf. Inzwischen war es ein bisschen besser geworden, die schweren Nebel hingen nicht mehr ganz so tief. Ich blieb im Freien und beobachtete ein wenig das Spiel der Wolken. Manchmal spitzte sogar schon ein wenig die Sonne heraus. Ich weckte Konrad, und wir kamen schnell überein, ein Stück in Richtung Wandfuß und zum Einstieg hinaufzusteigen. Dort wollten wir uns den Fels anschauen und vielleicht auch einen Rucksack mit Ausrüstung deponieren. Das wäre eine Erleichterung, denn wenn es dann ernst würde, müssten wir nicht erst den Einstieg suchen und wären ohne großes Gepäck auch schnell dort. Wir packten also unsere Gurte, ein Sechzig-Meter-Seil, ein paar Klemmkeile, Friends, Expressschlingen, Regenjacken, Handschuhe, Mütze, ein paar Müsliriegel und eine Thermoskanne ein. Ausrüstung für eine ganz normale alpine Klettertour in einer Wand mit 700 Meter Höhe und im knapp fünften Schwierigkeitsgrad. Konrad trug an diesem Tag einen leichten, knöchelhohen Trekkingschuh und ich nur einen etwas festeren Halbschuh, wie man ihn für die Zu- und Abstiege beim Klettern verwendet. Wir würden ja bald wieder zurück sein.

Ganz gemütlich und entspannt, als hätten wir nichts Besseres vor, spazierten wir ungefähr eineinhalb Stunden hinauf bis zum Fuß der Wand. In dem nassen Schnee war das nicht immer sehr angenehm, und es war nur eine Frage der Zeit, bis wir nasse Füße bekommen würden. Den Einstieg fanden wir bald. Noch während wir dort hinaufgebummelt waren, hatte sich das Wetter immer besser entwickelt. Nun gab es schon recht große blaue Flecken am Himmel, und es sah ganz danach aus, als würde es ein paar Stunden trocken bleiben. Zwar lag selbst im unteren Bereich der Wand immer noch Schneematsch auf den Felsabsätzen, aber es war abzusehen, dass es in der warmen Sonne nun rasch besser werden würde. Morgen könnte unser Tag sein – wenn es nur trocken bliebe. Doch nun waren wir schon so nah an der Wand, warum sollten wir es nicht ein bisschen versuchen? Einfach mal ein, zwei Seillängen hinaufklettern und ein wenig spielen. Nun bedauerten wir beide, dass wir nicht doch unsere festeren, sogar bedingt steigeisenfesten Bergstiefel angezogen hatten. Aber die standen, gut vor Nässe geschützt, im Camp. Weit würden wir mit dem ganz leichten Schuhwerk nicht kommen, man fährt ja auch nicht im Winter auf einer kurvenreichen Bergstraße mit abgefahrenen Sommerreifen. Trotzdem legten wir die Gurte an, banden uns ins Seil ein und begaben uns ohne weiteres Zögern dorthin, wo wir beide am liebsten sind – in die Vertikale. Es ging gut voran. Der Fels war zwar nass, aber fest, und nur auf den abschüssigen, plattigen Abschnitten war es nicht ganz so einfach, weil es dort eher seifig und rutschig wurde. Aus zwei Seillängen wurden drei, und aus drei wurden fünf. An einem der Standplätze entschieden wir, einfach weiterzuklettern, um zu schauen, wie weit wir bei diesen Verhältnissen hinaufkämen. Es war ohnehin klar, dass wir über die gleiche Route wieder abseilen und abklettern müssten. Deshalb würden wir jederzeit neu planen können.

Der Fels erwies sich mehr und mehr als sehr kletterfreundlich, gute Griffe, gute Tritte, viele Risse, in denen man die Route recht gut absichern konnte. Es war eigentlich eine Genusskletterei, und wir fanden selbst unter diesen Umständen Gefallen daran. Mir gefielen die Steilheit und auch der alpine Charakter in diesen nach wie vor fast winterlichen Verhältnissen. Wo rechts von uns die Sonne den Fels berührte, war es inzwischen passagenweise fast trocken, während linker Hand der Schnee oft noch wie nasser Gips anpappte. Über Risse und Platten, auf kleinen Graten und in fast schluchtartigen Kaminen ging es abwechslungsreich immer weiter. Die vermeintlich schwereren, weil steileren Passagen waren dabei oft viel leichter zu klettern als die geneigten und eigentlich einfacheren Stellen, weil in der Senkrechten halt nun mal der Schnee nicht liegen bleibt. Doch durch die vielen guten Sicherungsmöglichkeiten gerieten selbst die schmierigen Stellen nicht außer Kontrolle, und was wir da taten, blieb immer noch verantwortbar. Gegen halb elf zeigten unsere Höhenmesser übereinstimmend 4800 Meter. Der Schnee wurde nun trockener, weil es dort oben eben auch ein paar Grad kälter war. Unsere Schuhe waren allerdings inzwischen »durch«, die Füße nass und auch das Seil. Kalte Füße und steife Seile aber sind nun nicht gerade die angenehmsten Begleiterscheinungen bei einer Klettertour. Wir mussten zu einer Entscheidung kommen. Über uns begann der Himmel schon wieder milchig zu werden. Ich befürchtete neue Niederschläge, und auch Konny traute dem Wetterfrieden kein bisschen. Aus den Tälern stiegen bereits neue Wolkenbänke herauf. Langsam zwar, aber sie näherten sich. Wir kamen überein weiterzuklettern. Solange diese Route logisch verlief und wir in der großen und unübersichtlichen Wand im Nebel nicht die Orientierung verlieren würden, konnte uns gar nichts passieren. Es kam eigentlich nur darauf an, sich den Verlauf genau einzuprägen, damit wir die Abseilstellen wiederfanden. Zwischendurch hatten wir auch immer wieder mal einen Haken gefunden, doch viel häufiger ergaben sich natürliche Sicherungsmöglichkeiten an Felsköpfen oder angelehnten Platten. Konny blickte hinauf und stellte mit seinem trockenen Humor fest, dass es in dieser Wand sicher richtig schön sein könnte, wenn die Verhältnisse nicht ganz so abenteuerlich wären. Über uns tropfte das Wasser von dicken Eiszapfen, und immer wieder rutschte Schnee von den Platten ab. Bei gutem Wetter kann man diese Wand sicherlich sehr schnell klettern, weil man in den leichteren Seillängen sogar gleichzeitig vorankommt und das Seil durchlaufen lassen kann. Wir jedoch schlängelten uns auf leisen Sohlen durch diese winterlichen Begebenheiten. Manchmal wählten wir Varianten, weil uns das besser erschien. So waren wir ganz unten während der ersten Seillängen einen Turm hinaufgestiegen, der uns logischer und besser machbar vorkam. Doch dann forderte uns dort – selbst gewählt – die Schlüsselstelle unserer gesamten Tour. Denn wir kletterten fünfzig senkrechte Meter eher heikel auf dem rutschigen Schnee hinauf. Aber oben ging es nicht recht weiter, und wir mussten wieder ein Stück abseilen. Erst im Nachhinein sahen wir, dass es viel einfacher gewesen wäre, etwas nach links hinauszuqueren und danach ganz leicht in einer Mulde die Route wieder aufzunehmen. So aber hatten wir uns selbst herausgefordert, weil es an diesem Tag und bei diesen Verhältnissen nicht immer ganz leicht war, schwer von einfach zu unterscheiden. Wir fanden in der Mulde dann sogar ein altes Fixseil, das uns den

Mount Kenia

Aufgestaut: *Der Verkehr in Nairobi ist ein einziges Chaos, das sich aber irgendwie immer wieder auflöst.*

Stückgut: *Ein wenig Ausrüstung braucht man auch an einem Berg wie dem Mount Kenia, der mit interessanten Kletterwänden aufwartet.*

◀ **Mount Kenia:** *der zweithöchste Berg auf dem afrikanischen Kontinent*

Zu Gast: *Der Südtiroler Bergführer Konrad Auer war Partner am Mount Kenia und interessierter Beobachter im Nationalpark.*

Aufgereiht: *Sieben freundliche Helfer unterstützen die lange Wanderung rund um Afrikas zweithöchsten Berg.*

System aus Rissen: *In der angeschneiten Wand des Mount Kenia sorgt Schnee für grenzwertige Klettersituationen.*

Steile Wände: *700 Meter Wandhöhe und oft sehr abwechslungsreiche Kletterstellen lassen das Bergsteigerherz höherschlagen.*

◀ **Üppige Vegetation:** *paradiesische Zustände unter dem Massiv des Mount Kenia*

Luftige Felspassagen: *Fast wie in den heimatlichen Dolomiten präsentiert sich der Aufstieg in winterlicher Umgebung.*

Scharfer Grat: *So überraschend wie dieser halb angeschnitte Grat zeigten sich an diesem Tag Sommer und Winter zugleich.*

Nebulös: *Am Gipfel blieb der märchenhafte Ausblick verborgen.* ▶

Weg über die folgenden Platten wies. Ich mochte es eigentlich gar nicht anlangen, denn bei dem alten Material weiß man nie, was es noch an Belastungen aushalten kann und vor allem, wie es oben befestigt ist. Ich habe bei den Expeditionen zu den Achttausendern leider mehr als einmal ganz schlechte Erfahrungen mit alten Fixseilen gemacht und das Vertrauen daher komplett verloren.

Inzwischen waren wir nun schon weit nach oben gekommen. Zwei eigentlich sehr schöne Seillängen, wenn es trocken gewesen wäre, leiteten uns bereits hinauf auf den Gipfelgrat. Dort mussten wir noch einige Türme umgehen. Es war schade, dass wir keine gute Sicht hatten, dass Wolken uns mittlerweile wieder einhüllten, denn sonst wäre wegen der Weit- und Tiefblicke dieser Grat sicherlich der pure Genuss gewesen. So aber wurde das Ganze für uns doch ein insgesamt anspruchsvolles Unternehmen. Auf dem Grat und den flachen Stellen steckten wir teilweise bis an die Knie im Schnee. Aber das Gelände war jetzt leicht, und um 13.15 Uhr erreichten wir den höchsten Punkt. Das war eigentlich eine Überraschung, denn damit hatten wir an diesem Tag ganz bestimmt nicht gerechnet. Um den Gipfel herum waberten dick und undurchsichtig die Wolken. Direkt unter unseren Füßen brodelte es regelrecht wie in einem Dampfkessel. Schade, dass wir praktisch nichts sahen. Nur manchmal öffnete sich ganz kurz in dieser weißen Decke ein Loch, und wir konnten bis zum Wandfuß hinunterschauen. Viel lieber aber hätte ich die afrikanischen Savannen und Wüsten überblickt. Doch das alles blieb an diesem Tag ein Rätsel, das der Batian uns aufgab. Diese Besteigung war sicherlich keine alpine Großtat, und dennoch hatte uns der Berg ein echtes Abenteuer beschert und würde uns in toller Erinnerung bleiben.

Denn den zweithöchsten Gipfel Afrikas mit klammen Fingern zu besteigen und mit kalten Füßen, die mir wegen meiner im Himalaja erfrorenen Zehen doch stellenweise Probleme bereiteten, war gewiss nicht alltäglich. Und wenn ich daran dachte, wie wir am Morgen aufgestanden waren und fast missmutig das Wetter beobachtet hatten, dann war ich wirklich erstaunt darüber, dass wir es überhaupt bis ganz hinauf geschafft hatten.

Wir blieben trotz all dieser Widrigkeiten ein bisschen auf dem Gipfel sitzen, machten ein paar Fotos und aßen einen viel zu süßen Erdbeerriegel. Schließlich machten wir uns auf die lange Abseilfahrt, die nun ganz logisch verlief, aber dennoch nicht immer leicht zu finden war. Mit unserem sechzig Meter langen Einfachseil brauchten wir trotz aller Routine einige Zeit. Mit einem Doppelseil wären wir sicher ein Stück schneller gewesen. Der Erste von uns fuhr mithilfe des Abseilachters hinunter und putzte unterwegs die Wand, denn besonders unter dem Gipfelgrat hingen noch immer die Eiszapfen herunter, und oft versteckten sich die Haken unter Schneebalkonen oder in den vom Schnee zugepappten Rissen. Auf diese Weise kamen wir Stück für Stück weiter hinunter. Im Mittelteil der Wand begann es wieder ganz leicht zu schneien. Spätestens als wir nach drei Stunden den Fuß der Route erreichten und es dort immer stärker zu regnen anfing, wurde uns bewusst, dass wir keine Wetterbesserung, sondern allenfalls ein kleines Wolkenloch erwischt hatten. Es war uns also gelungen, die einzige Chance, die sich während unserer Zeit in Kenia überhaupt geboten hatte, ganz kühl zu nutzen. Am anderen Morgen notierte ich in meinem Tagebuch: »Es begann am Abend wieder stärker zu regnen, und starker Wind kam auf. Er wurde zum Sturm und hielt die ganze Nacht über an. Ergiebiger Schneefall zögerte am 18. Oktober sogar unseren Aufbruch hinaus.«

Tatsächlich mussten wir wegen des schlechten Wetters bis zum Mittag warten, ehe wir während zwei sehr langer Wandertage bis hinaus zum Sirimin Gate gehen konnten und dort den Nationalpark wieder verließen. Unterwegs trafen wir zwei US-amerikanische Bergsteiger und Mitglieder einer norwegischen Militärgruppe, die den Nordostgrat angepeilt hatten. Auch sie waren auf dem Weg nach Hause und wirkten sehr enttäuscht, denn sie hatten nicht das Glück gehabt, blitzschnell das kleine Wetterfenster nutzen zu können. Für eine kleine Safari, mit der ich einmal geliebäugelt hatte, war die Zeit zu knapp und auch das Wetter zu schlecht. Wir kehrten nach Nairobi zurück und verbrachten zwei ruhige Tage im Hotel und in der Stadt, die mir aber auch jetzt noch nichts geben konnte. In den Stunden vor unserem Abflug lagen wir noch ein bisschen am Swimmingpool des Hotels. Irgendwann stand Konny auf und fragte mich, ob ich auch einen Kaffee wolle. Genau in dem Moment krachte ein sicher dreieinhalb Meter langer und sehr schwerer Palmwedel von der Palme hinter uns herunter – genau auf den Liegestuhl, in dem Konrad kurz zuvor noch gelegen hatte. Dieses Ding kam so schwer daher wie eine Metallstange oder ein dicker, schwerer Ast. Um ein Haar hätte dieser Palmwedel ernsthaften Schaden angerichtet. Konny drehte sich ruckartig um, schaute mich ein wenig erschrocken an und sagte dann wie üblich kerntrocken: »Hans, ich glaube, jetzt ist es dann höchste Zeit, dass wir heimfliegen …«

Über Nacht öffnete sich der Gletscher

Im Grenzgebiet zwischen Alaska und Kanada ist der Beruf des Piloten eine Kunst

- Nordamerika
- Kanada, Yukon-Territorium
- Eliaskette
- Mount Logan
- 5959 m
- Erstbesteigung am 23. Juni 1925 durch Albert H. MacCarthy, Fred Lambart, Andrew Taylor, Allen Carpé, Norman Read und William Wasbrough Foster

In Nordamerika leben derzeit fast 440 Millionen Menschen. Das sind immerhin fast 6,7 Prozent der Weltbevölkerung. Nordamerika ist nur etwa halb so groß wie Asien und der drittgrößte Kontinent der Erde. Christoph Kolumbus entdeckte 1492 die »Neue Welt«, die nur durch die rund achtzig Kilometer schmale Landenge von Panama mit dem südamerikanischen Kontinent verbunden ist. Höchster Berg Nordamerikas ist der in der Alaskakette gelegene Mount McKinley mit 6194 Meter Höhe. Zweithöchster Gipfel und nur knapp 250 Höhenmeter niedriger ist der Mount Logan in der Eliaskette Kanadas, der als einer der unwirtlichsten Berge der Welt gilt.

Anfang Mai 2009 lagen in meinem Büro zwei Flugtickets nach Anchorage. Sie waren ausgestellt auf meinen Südtiroler Bergführerkollegen Wilfried Oberhofer und mich. Am 12. Mai sollte es losgehen. Nur gut vier Wochen nachdem ich mit Toni Mutschlechner vom Ojos del Salado und aus der Atacamawüste zurückgekommen war, sollte mich die nächste Reise nun in das Eis von Alaska und Kanada zum Mount Logan führen. Neben den beiden Flugtickets lag auf dem Schreibtisch auch eine Liste, die ich geschrieben hatte, um nur ja nichts zu vergessen, denn wären wir erst einmal in dieser Wüste aus Schnee und Eis angekommen, würden wir nichts mehr bei unserer Ausrüstung nachbessern können. Auf dieser Liste standen unter anderem:

- 2 Zelte, davon ein Biwakspezialzelt aus Gleitschirmtuch (1 kg)
- 4 Eisschrauben
- 4 Felshaken
- 4 Klemmkeile
- 50 Meter Seil, 8 Millimeter stark
- Schaufel
- Schneesäge
- Benzinkocher, Topf, Besteck
- 2 Isomatten
- Ski, Felle, Teleskopstöcke
- 2 Pickel
- Schlafsack, Daunenanzug
- dazu weitere Bekleidungsstücke und persönliche Dinge

Der Weg, den ich am Mount Logan für den Aufstieg wählen würde, war mir noch nicht ganz klar. Ich wollte mir vor Ort zuerst ein genaueres Bild von diesem großen und auch sehr vielseitigen Berg machen und dann entscheiden, von welcher Seite und auf welcher der über zehn verschiedenen Routen wir den Berg besteigen würden. Ich spielte mit dem Gedanken, bei guten Verhältnissen vielleicht sogar den sehr anspruchsvollen Ostpfeiler zu versuchen.

Der Flug nach Anchorage dauert für meinen Geschmack fast zu lange. Je nach Variante, Zwischenlandungen und Aufenthalten ist man zwischen zehn und mehr als dreißig Stunden unterwegs. Als wir endlich in der mit Abstand größten Stadt Alaskas ankamen, fühlten Wilfried Oberhofer und ich uns wie gerädert. Wir fuhren in ein Hotel, schliefen ein paar Stunden, und am nächsten Morgen ging dann alles ziemlich schnell. Wir wurden mit unserem gesamten Gepäck in ein Taxi verfrachtet und fuhren in fünf Stunden nach Chitina. Bei einem kurzen Aufenthalt unterwegs deckten wir uns in einem Supermarkt völlig übereilt mit Lebensmitteln ein. Chitina ist ein kleines Nest mit weit verstreuten Häusern und kaum 150 Einwohnern im Südosten von Alaska. Dort fließt in einer zauberhaften Naturlandschaft der Chitina River in den Copper River. Die Gegend ist wegen der beeindruckenden Menge an Lachsen beliebt bei Mensch und Bär. Das wurde mir spätestens bewusst, als ich die vielen verschiedenen Fischfanggeräte und am Gürtel unseres Piloten einen geladenen Trommelrevolver im Halfter sah. Der Flughafen von Chitina liegt etwas außerhalb und machte einen zumindest funktionstüchtigen, wenn auch nicht unbedingt sehr vertrauenerweckenden Eindruck auf mich. Ein paar ganz kleine Holzhäuschen, mehrere weiße Treibstofftanks, ein

Wohnwagen, ein einsames Telefonhäuschen ohne Scheiben und das Ende der grob geschotterten Startbahn nur ungefähr zwei Meter vom Flussufer entfernt. Ich war froh, als die Cessna in der Luft war und wir uns das Ganze von oben betrachten konnten.

Wir flogen rund 45 Minuten, dem Lauf des Chitina River folgend, hinauf bis zur Ultima Thule Lodge im Herzen des Wrangell-St.-Elias-Nationalparks. So einen besonderen Fleck Erde hatte ich zuvor noch nicht oft gesehen. Die Lodge liegt Hunderte Meilen von der nächsten Straße entfernt in völliger Abgeschiedenheit und ist überhaupt nur mit dem Flugzeug erreichbar. Auf der einen Seite der Fluss, auf der anderen Seite der Wald, dazwischen die Landebahn. Wenn die kleine Maschine aufsetzt, befindet man sich mitten in der Wildnis Alaskas. Hier treffen sich offenbar die Kenner. Genießende Kenner vor allem. Fischer, Jäger, Wanderer, Naturliebhaber auf der Suche nach Bären, Lachsen, Bisons, Elchen, Adlern und der völligen Einsamkeit. Wir wohnten bis zu unserem Weiterflug in einem der fünf prächtigen und geschmackvoll-rustikal eingerichteten Blockhäuser. Das Essen wurde uns im Haupthaus serviert. Es heißt, diese Gegend sei eines der letzten noch vollkommen ungezähmten Wildnisgebiete der Erde. Und tatsächlich spürt man dort noch den Geist von Freiheit und Abenteuer. Er ist auf gewisse Weise allgegenwärtig. In Ultima Thule, was man in dem Zusammenhang vielleicht am besten als »die letzte Station« übersetzen kann, scheint das Land die Zeit vergessen zu haben, und die Zivilisation ging irgendwo auf dem Weg dorthin verloren. Ultima Thule wurde von der Zeitschrift *National Geographic* gleich mehrmals als einer der 150 schönsten Plätze der Erde ausgezeichnet.

Wir machten dort die interessante Bekanntschaft mit Paul Claus. Auf dem Grund seiner Eltern hatte er 1982 gemeinsam mit seiner Frau Donna begonnen, die Ultima Thule Lodge zu bauen und dauerhaft am Rand der größten zusammenhängenden Eismasse der Erde außerhalb der Pole zu leben. Die drei Kinder von Paul und Donna kamen dort zur Welt, und sie vermissten weder Straßen und Autos noch Plastikspielzeug. Die Geschäftsbedingungen der Lodge sind ebenso außergewöhnlich wie die Landschaft, in der sie entstanden. Wer nach Ultima Thule kommt, muss wenigstens drei Tage bleiben. Weil man mit weniger Zeit das Land nicht versteht und »weil auch vorher kein Weg zurückführt«, lachte Paul Claus, als er uns mit seinen Gepflogenheiten vertraut machte. Er erhielt schon als Fünfzehnjähriger seine Fluglizenz und kann heute auf mehr als 35 000 Flugstunden verweisen. Das sind fast 1500 Tage oder nahezu vier Jahre, die Paul Claus am Steuer von Flugzeugen verbracht hat. Das *Outside Magazine* kürte ihn in einer Reportage zum »König der Buschpiloten«. Dazu muss man wissen, dass Buschpiloten vor allem in sehr schwierigem Gelände starten und landen und dass zu ihnen ebenfalls die Gletscherpiloten gezählt werden. Von diesen Piloten wird auch erwartet, dass sie selbst ihre Maschinen den jeweiligen Anforderungen anpassen. Somit sind sie notwendigerweise ganz besonders geschickte Bastler. Das machte großen Eindruck auf mich, denn mein Hobby sind Oldtimer, und alte Motoren üben eine fast magische Wirkung auf mich aus. Mit Paul Claus wäre ich auch ans Ende der Welt geflogen, denn er gilt als einer der Pioniere von Landungen auf Gletschern. In den Papieren seiner gepflegten und verhätschelten Havilland DHC-3 Otter ist als Baujahr 1957 eingetragen. Sie ist also nur ein Jahr jünger als ich. Allerdings wurde sie mehr als einmal fast komplett restauriert und neu aufgebaut – was ich von mir so nicht behaupten kann. 2001 erhielt sie schließlich eine tausend PS starke Maschine, deren Erwähnung Paul Claus bis heute Glanz in seine blauen Augen und ein zufriedenes Lächeln auf sein rundes, freundliches Gesicht zaubert. Mit ihm und seinem Flugzeug sollten wir bei der erstbesten Gelegenheit zum Fuß des Mount Logan fliegen. Von Alaska aus ist das oft taktisch klüger, denn von der kanadischen Seite her präsentiert sich das Wetter meist launischer, und man muss oft tagelang warten. Für einen Gletscherflug sind jedoch stabile Verhältnisse und vor allem klare Sicht Grundvoraussetzungen. Wir sollten beides haben. Ich freute mich auf diesen Flug. Doch vorerst waren wir in Ultima Thule angekommen und betrachteten voller Erstaunen diesen wilden Fleck Erde fast am Ende der Welt.

Wir machten am 14. Mai, verbunden mit einer Wanderung, einen kleinen Ausflug in die nähere Umgebung. Paul Claus begleitete uns dabei. Natürlich nicht ohne seinen Revolver. Bärenmütter auf einem Spaziergang mit ihren Jungen können sehr aggressiv reagieren, wenn sie dabei über die Maßen gestört werden und man ihnen zu nahe kommt. Wir sahen zwar keine Bären, dafür aber eine Menge Bergschafe. Und wir fanden reichlich Gesprächsstoff. Paul war schon am Mount Everest unterwegs gewesen und hatte auch den Mount Logan bestiegen. Seine Geländekenntnisse in den Bergen Alaskas und der Blick des Bergsteigers helfen ihm bei seinen Landungen am Logan, am Mount St. Elias und den anderen Plätzen, die er mit seinen Fluggästen ansteuert. An diesem Nachmittag begleitete uns auch Ruedi Homberger. Homberger wurde 1940 im schweizerischen Arosa geboren und ist einer der bekanntesten Naturfotografen der Schweiz. Er betreibt ein Fotogeschäft in seinem Geburtsort, ist ebenfalls ein begeisterter Pilot und verbringt jedes Jahr viele Wochen in der Ultima Thule Lodge bei Paul Claus. Für den Mann mit den schlohweißen Haaren und dem dichten Vollbart ist es das Größte und Schönste, in seinen geliebten Wrangell Mountains zu fliegen. Doch die Welt von oben ist ihm bei Weitem nicht genug. Er ist obendrein auch Bergsteiger und hat unter anderem den Gipfel des Mount Logan erreicht. Wir waren also von Experten umgeben. Ich mochte Homberger auf Anhieb, denn er hatte die gleiche ruhige und gelassene Art wie Paul Claus. Und während wir miteinander sprachen, schrumpfte plötzlich wieder einmal unsere große Welt zu einem winzig kleinen Dorf zusammen, in dem auf erstaunliche Weise jeder jeden irgendwie zu kennen scheint. Ich war jedenfalls sehr erstaunt, als mir Ruedi Homberger an diesem abgelegenen Fleck Erde eröffnete, dass er ein guter Freund meines älteren Bruders Alois sei. Alois hat auf gewisse Weise vor weit über vierzig Jahren die Leidenschaft für die Berge in mir geweckt. Nun stellte sich heraus, dass Alois und Ruedi Homberger bereits vor mehr als dreißig Jahren zusammen in den Dolomiten und in der Schweiz zum Klettern unterwegs gewesen waren. Homberger schien es allerdings weniger als mich zu überraschen, dass wir einander ausgerechnet an diesem einsamen Ort in Alaska begegneten.

Am 15. Mai war kein sehr günstiges Flugwetter in Richtung Mount Logan. Wir hatten es aber auch nicht sehr eilig damit, von Paul Claus auf dem Gletscher abgesetzt und uns selbst überlassen zu werden. Er hatte uns zwar gebeten, jederzeit startbereit zu sein, denn er würde uns sofort an den Fuß des Berges bringen, sobald die Verhältnisse es zuließen. Doch für diesen Tag gab er uns »frei«. Es war klar, dass er nicht in Richtung Kanada würde fliegen können. Während wir noch überlegten, womit wir uns die Wartezeit vertreiben sollten, lud uns Ruedi Homberger zu einem anderen Flug ein. Er wollte uns unbedingt etwas zeigen. Und so kletterten wir in seine Maschine, die uns ein Stück in Richtung Süden brachte, bis etwa 150 Kilometer nördlich des Pazifischen Ozeans und des Golfs von Alaska. Dort liegt, vollkommen abgeschieden und als verlassene Geisterstadt, Kennicott. Der Ort war einst ein pulsierendes Zentrum des Bergbaus, in dem die Bergarbeiter mehrerer großer Kupferminen lebten. Er erinnerte stark an die Goldgräberzeit. Millionen Tonnen des kostbaren Kupfers wurden in Kennicott zwischen 1903 und 1960 abgebaut und mit dem Zug bis zum Hafen von Cordova gebracht. Es heißt, Kennicott sei einst die reichste Kupfermine der Welt gewesen. Kupfer im Gesamtwert von mehr als 200 Millionen US-Dollar soll dort abgebaut worden sein. Heute ist Kennicott menschenleer und nur noch eine touristische Attraktion, die an florierende Zeiten zu erinnern versucht. Auch die Eisenbahn wurde eingestellt, als die Mine schloss. Man ist bemüht, die interessanten roten Holzhäuser mit ihren grauen Dächern ein wenig vor dem endgültigen Verfall zu bewahren. In der abenteuerlichen Gegend rund um Kennicott gibt es nur Wildnis und die vergletscherte Bergwelt Alaskas. Ich war sehr begeistert von den endlosen Wäldern, den vielen Seen, den verzweigten Flussläufen und den Gebirgsmassiven, die sich auch auf dem Rückflug wieder unter uns zeigten.

Paul Claus war vor ein paar Jahren der »Experte für Überleben in der Wildnis« bei einer Survival-Fernsehserie von »Discovery Channel« gewesen. Und er hat gleich mehrmals einen ganz heißen Wettbewerb gewonnen, bei dem es um die kürzeste Landung und den kürzesten Start mit einem einmotorigen Flugzeug in schwierigem Gelände geht. Ich war inzwischen richtig gespannt auf das, was uns da mit ihm im Cockpit bevorstand. Auch am 16. Mai präsentierte sich der Himmel am Morgen noch bewölkt. Wir frühstückten gemütlich, als Paul auf einmal grinsend vor uns stand: »Kommt, schnappt euer Zeug, jetzt geht's in ein paar Minuten los.« Schlagartig hatte ich ein mulmiges Gefühl, und auch Wilfried wurde eher blass um die Nase. Wir verfrachteten unser Gepäck in die achtsitzige Otter und setzten uns auf die Plätze hinter dem Piloten. Wenn schon, dann wollte ich auch alles sehen können. Wir trugen zu diesem Zeitpunkt bereits unsere dicken Daunenanzüge, denn eineinhalb Stunden später würden wir inmitten der Eiswelt Alaskas an einem der entlegensten Plätze der Erde und bei mehr als zwanzig Grad unter null aussteigen müssen. Etwa fünfzehn Minuten lang flogen wir noch über dichte Wälder und grüne Landschaft, dann sahen wir die beeindruckende Zunge des Chitina-Gletschers, der sich ein Stück weiter oben vom Logan-Gletscher abtrennt und sich seinen eigenen Weg sucht. Riesige Eismassen lagen nun unter uns und bedeckten alles, so weit das Auge reichte. Nach rund vierzig Minuten Flugzeit deutete Paul nach vorn. Nun sahen wir zum ersten Mal den Mount Logan. Er war deutlich größer, viel wuchtiger und vor allem höher als alle anderen Berge der Gegend – ein durchaus spannender Moment während dieses fast unbeschreiblich beeindruckenden Fluges.

Der Wrangell-St.-Elias-Nationalpark gehört zum Weltnaturerbe der UNESCO. Er ist der größte Nationalpark der Vereinigten Staaten von Amerika, und zusammen mit den benachbarten Schutzgebieten im Yukon-Territorium Kanadas sowie mit dem Glacier-Bay-Nationalpark in Alaska ist dieses Gebiet mit fast 100 000 Quadratkilometer Fläche das größte Schutzgebiet der Welt. In der Kernzone liegen gleich neun der sechzehn höchsten Berge Nordamerikas. Allerdings ist der Mount St. Elias mit 5489 Metern der höchste Berg im Nationalpark, denn der Mount Logan und ein paar andere, im Vergleich höhere Gipfel liegen auf der kanadischen Seite der Eliaskette und gehören kurioserweise nicht zum Wrangell-St.-Elias-Nationalpark. Die Grenze zwischen Alaska und Kanada verläuft vom Mount St. Elias aus gerade wie ein Strich Hunderte Kilometer weit von Süden nach Norden. Und wir durften diese Grenze nicht überfliegen. Deshalb setzte Paul mit seinem knallig gelbrot lackierten Flieger nach einer weiteren halben Stunde Flug und etwa eine Tagesetappe zu Fuß vom Mount Logan entfernt zur Landung an. Als wir zu sinken begannen, hielt ich angestrengt Ausschau nach einem Landeplatz. Aber ich konnte lediglich Schnee und Eis erkennen. Riesige Gletscherflächen bedeckten das Land. Alles sah gleich aus. Und wo ich auch hinschaute, sah ich nur steil aufragende Berge und keine wirklich ebene Möglichkeit, um zu landen. Paul Claus schaute mich über die Schulter an und grinste über das ganze Gesicht. Er wusste genau, wie wenig Platz er für eine Landung benötigte. Ich jedoch hatte bis zu dem Zeitpunkt keine Ahnung, wie wenig wenig sein kann. Auf einmal zog er sein Flugzeug nach unten, und ehe ich mich versah, setzten wir sanft auf und glitten auf einem Schneefeld dahin. Gelandet. Ich kann nicht erklären, wie er in diesem weißen, eintönigen und schwer zu unterscheidenden Gelände diesen Platz überhaupt erkennen konnte, geschweige denn, wie er dort gelandet war, ohne die Maschine kopfüber im Schnee zu versenken. Aber in diesem Moment begriff ich endgültig, welch großer Künstler dieser Paul Claus ist. Ein Mann, der sein Leben lang kaum etwas anderes getan hat, als immer zu fliegen, und der schließlich bereits zu Lebzeiten eine Legende geworden ist, weil er ein wahres Genie unter den Gletscherpiloten ist. Ich gäbe etwas darum, wenn ich in der Lage wäre, nur einen Tag lang so fliegen und vor allem so landen zu können. Wir sprangen aus dem Flugzeug in den Schnee, während sich der Propeller noch weiterdrehte. Eilig zerrten wir die Seesäcke mit unserer Ausrüstung und die Schlitten aus der Maschine, und als ich mich umdrehte, setzte Paul seinen Flieger bereits wieder in Bewegung. Er hob den Daumen, und ehe wir uns versahen, war er auch schon weg. Wir blickten ihm nach, bis er als kleiner Punkt am Horizont zwischen den Bergen verschwand. Dann waren wir allein und weit von jeglicher Zivilisation entfernt in der eisigen Wildnis Alaskas.

Paul hatte uns eindringlich ermahnt, unbedingt ein Depot mit Lebensmitteln direkt bei diesem Landeplatz anzulegen und es gut zu markieren. Das sei für den Fall, dass er witterungsbedingt nicht starten und uns am Ende unserer Besteigung deshalb nicht gleich würde abholen können. Es könne durchaus sein, dass wir tagelang festsäßen, wenn es stürmte oder die Sicht schlecht sei. Natürlich befolgten wir seinen Rat, vergruben ein paar Vorräte im Schnee und markierten die Stelle mit einem unserer Holzstecken, an deren obere Enden wir kleine bunte Plastikfähnchen gebunden hatten. Diese Stecken wollten wir

110

auch in unübersichtlichen Passagen am Berg verwenden, wie ich es von den Achttausendern gewohnt war. Auch dort kennzeichneten wir immer mal wieder Teile der Route, die im Nebel schwer zu finden sind, oder bestimmte Stellen, an denen man den Abstieg nicht ganz so leicht wiederfindet. Auf diese Weise hat man auf dem Rückweg wenigstens manchmal einen Orientierungspunkt.

Man kann natürlich auch von Kanada aus zum Mount Logan gelangen. Doch dort ist das Flugwetter offenbar häufiger schlecht, und es kann vorkommen, dass man tagelang auf einen Flug warten muss. Man hatte mir jedenfalls dringend geraten, von Alaska aus zu starten. Das erwies sich nun als richtig. Allein die Bekanntschaft und der Flug mit Paul Claus waren es wert gewesen, den nun folgenden eintägigen Fußmarsch auf uns zu nehmen. Den hätten wir uns von Kanada aus erspart, weil die Flugzeuge dort natürlich direkt am Fuß des Berges landen können. Weil wir nun aber keinen Erkundungsflug um das große Massiv des Mount Logan unternehmen konnten, musste ich mir zwangläufig auch die Idee mit dem Ostpfeiler aus dem Kopf schlagen. Ich hatte mit Wilfried Oberhofer inzwischen beschlossen, den Normalanstieg zu wählen. Dazu mussten wir einige Stunden bis zum oberen Quintino-Sella-Gletscher gehen, um dort auf etwa 2800 Meter Höhe unser erstes Lager zu errichten. Dieser Gletscher trägt den Namen eines bergbegeisterten ehemaligen italienischen Finanzministers, der 1863 den italienischen Alpenverein Club Alpino Italiano (C.A.I.) gründete.

Es war etwa 10 Uhr, als uns Paul auf dem Gletscher absetzte. Wir bepackten die Schlitten mit unserer Ausrüstung und zurrten alles gut fest. Diese beiden Lasten wogen jeweils etwa 25 Kilogramm, den Rest trugen wir in unseren Rucksäcken. Damit begann der unangenehmere Teil dieser Expedition. Denn ich kann Schlitten nicht ausstehen, mochte sie schon als Kind nicht. Wenn wir im Winter bei Kälte, Wind und Wetter hinaus und hinauf in die Almregionen mussten, um dort täglich, manchmal auch mehrmals am Tag Heu und Brennholz zu unserem Hof herunterzuholen, dann war das keine Arbeit, die ich gern tat. Sie war nicht nur anstrengend, weil die Lasten sehr schwer waren, sondern es war auch gefährlich. Oft mussten wir 500 bis 600 Höhenmeter im tiefen Schnee aufsteigen und dabei die doch recht schweren Holzschlitten hinter uns herziehen. Oben wurden sie beladen, und dann ging es wieder hinunter. Das war allerdings keineswegs eine lustige Abfahrt, wie man sie vom Rodeln kennt, vielmehr musste man sich vor den Schlitten stellen, ihn gut festhalten und mit aller Kraft bremsen, damit auf den teilweise vereisten Wegen die Fahrt nicht zu schnell wurde oder das Gefährt mitsamt der Ladung umkippte. Nicht selten sind bei dieser Arbeit überall in den Alpen Menschen schwer verletzt worden oder gar tödlich verunglückt. Nein, Schlitten zu ziehen gehört nicht unbedingt zu meinen Lieblingsbeschäftigungen.

Unsere Schlitten am Mount Logan hatten natürlich nichts mit den alten, knorrigen Holzschlitten meiner Jugend gemeinsam. Sie waren sehr leicht, aus Plastik gefertigt, und ihre Kufen waren nur ein wenig angedeutet. Die Leinen, mit denen wir sie zogen, hatten wir an den Traggurten des Rucksacks befestigt. Und dennoch, mir gefiel das einfach nicht. Wenn das Gelände anstieg, musste man sich mit Ziehen abschinden, und wenn es abschüssig wurde, fuhr mir der Schlitten entweder schmerzhaft in die Waden oder überholte mich in unkontrolliertem Tempo. Und immer wieder mal kippte er einfach um. Dann musste ich stehen bleiben, hingehen und die graue Wanne wieder auf die Kufen stellen. An diesem Tag mussten wir zunächst fast 300 Höhenmeter bergab gehen. Man kann sich also vorstellen, was dieser verdammte Schlitten mit mir aufführte. Wilfried ging es kaum besser. Ich hatte jedenfalls nicht den Eindruck, dass er das sonderlich mochte.

Es war schon gegen Abend, als wir am Fuß des Mount Logan die Stelle erreichten, wo auf dem Quintino-Sella-Gletscher die Expeditionsgruppen abgesetzt werden, die aus Kanada hier ankommen. Dort, im sogenannten Kanadier-Lager, waren noch die Reste von Schneemauern zu erkennen, die Vorgänger anderer Expeditionen hier errichtet hatten. Wir suchten uns einen Platz und begannen uns einzurichten. Es war wichtig, unser Zelt unbedingt in den Schnee zu versenken und die Mauer zu festigen, um vor möglichen Stürmen, die manchmal tagelang dauern können, ausreichend geschützt zu sein. Wir wählten eine kleine Mulde und verbesserten die Schneemauer außen herum. Dazu sägten wir große Schneeblöcke aus dem vom Wind hart gepressten Schnee und bauten die Mauer wie bei einem Iglu. Es dauerte sicher über eine Stunde, bis wir damit fertig waren. Als das Zelt schließlich stand und fixiert war, warfen wir den Benzinkocher an und begannen in den letzten Sonnenstrahlen des Tages Schnee zu schmelzen, damit wir endlich etwas zu trinken bekamen. Als wir dabei auch unsere Lebensmittel sortierten, stellen wir fest, dass wir in der Eile nicht gerade sehr wählerisch eingekauft hatten. Brot, Wurst, Käse, ein paar Instantsuppen, Nudeln, ein paar Zutaten für eine Sauce, für manches hätten wir sogar eine Mikrowelle benötigt. Mit einem Wort, das war nicht gerade eine Auswahl für Genießer, und das meiste gefror sofort zu Stein. Als die Sonne hinter den Bergen verschwand, wurde es schlagartig extrem kalt, und ich hatte kurz das Gefühl, als würde die klare Luft gefrieren. Es war phantastisch, wie sauber sich die Kontraste bildeten.

Der Mount Logan ist ein Massiv von gigantischen Ausmaßen. Er soll sogar den größten Basisumfang aller Berge der Erde haben. Sein gewaltiges Plateau ist mehr als zwanzig Kilometer lang und fünf Kilometer breit. Die oberste Etage, also dort, wo die höchsten Erhebungen des Massivs liegen, ist immerhin noch fast acht Kilometer lang. Insgesamt gibt es dreizehn verschiedene Gipfel. Durch seine direkte Nähe zum Pazifischen Ozean und zum Golf von Alaska ist der Mount Logan im Vergleich zum weiter nordwestlich gelegenen Mount McKinley noch viel mehr dem Wetter und heftigen Schneestürmen ausgesetzt, die dort mit Spitzengeschwindigkeiten von mehr als 150 Stundenkilometern durchaus das ganze Jahr über und jederzeit auftreten können. Der Mount Logan liegt im Vergleich zum McKinley, der in der Sprache Alaskas Denali heißt, auch viel abgeschiedener. Während am Denali in einer sehr guten Saison schon über 500 Besteigungen gezählt worden sind, erlebt der Logan in einem Jahr kaum einmal fünfzig Bergsteiger. Die Schwierigkeiten auf dem Normalweg am Mount Logan gehen zwar nie über den zweiten Grad hinaus, und eine Eisflanke im Mittelteil misst in der steilsten Passage etwa 45 bis 50 Grad. Das macht den Logan, rein technisch gesehen, zu einem vergleichsweise einfachen Berg. Doch die enorme Abgeschiedenheit, die absolute Isolation, der man in dieser Region ausgesetzt ist, die Tatsache, dass es hier praktisch keine Rettung, jedenfalls keine rasche, geben kann, machen den Logan dennoch zu einer ernst zu nehmenden Angelegenheit. Die Ski allerdings sind bei der Besteigung nicht nur eine echte Hilfe und Unterstützung, sie sind angesichts des endlos langen Gipfelplateaus auch eine Voraussetzung für eine zügige Umsetzung des Plans. Es gibt Expeditionen, die installieren oberhalb des als Basislager gedachten Platzes in etwa 2800 Meter Höhe noch vier weitere Hochlager. Das halte ich allerdings für etwas übertrieben und nicht unbedingt notwendig für erfahrene Alpinisten.

Von unserem Lager aus konnten wir Skispuren entdecken, doch die Verursacher waren nicht mehr da. Wir vermuteten, dass sie bereits einige Tage zuvor das Camp verlassen hatten. In der Nacht wurde es grimmig kalt. Ich denke, es waren sicher fast vierzig Grad unter null. Aber wir hatten gute Schlafsäcke, und ich schlief tief und fest nach all dem, was wir bislang während der wenigen Tage seit unserer Ankunft in Alaska und vor allem so dicht gedrängt erlebt hatten. Von Nepal und Pakistan, wo es oft weit über eine Woche dauert, bis man den Fuß eines Achttausenders erreicht, war ich das ganz anders gewohnt. Dort wandert man gemütlich von einem Dorf zum nächsten, gewinnt langsam an Höhe und hat so viel mehr Zeit, Eindrücke und Erlebnisse in sich aufzunehmen. Nun aber saßen wir praktisch mit einem Schlag und völlig ohne Gewöhnung in einer schier endlosen, weißen Wüste aus Schnee und Eis, die zu den kältesten Orten der Erde gehört. Wir leisteten uns trotzdem den Luxus, einmal richtig auszuschlafen. Dann tranken wir gemütlich Kaffee und aßen ein paar trockene Kekse. Mit der aufsteigenden Sonne erwärmte sich auch die Luft, und es wurde wieder angenehmer. Bald wurde es sogar richtig warm. Gegen 10 Uhr verließen wir unser Camp. Vielleicht wären zweiteilige Daunenanzüge besser und sinnvoller gewesen als unsere einteiligen Overalls. Denn schon am Tag zuvor, während unserer langen Wanderung zum Basislagerplatz, war es mir darin bei körperlicher Belastung viel zu warm gewesen. Auch die stark isolierten Schuhe empfand ich als zu warm. Das mögen Kleinigkeiten sein, aber man sollte sie nicht unterschätzen, denn wenn die Füße in den Schuhen schwitzen, beginnen sie bald auch zu brennen, und dann dauert es oft nicht mehr sehr lange, bis man Blasen bekommt. Die langen Gehzeiten sind für solche Blessuren geradezu ideal geeignet.

Wir bauten an diesem Morgen in unserem Basislager alles komplett ab und ließen nichts an der Stelle zurück, an der sich andere Expeditionen meist häuslich einrichten. Mit den elenden Schlitten im Schlepptau stiegen wir weiter hinauf und kamen bald in den sogenannten King Trench, einen weiten Graben, fast ein Hochtal, das links und rechts von großen Séracs begrenzt wurde, die allerdings keine Bedrohung für uns waren. Dieser logischen Linie folgend, erreichten wir an diesem zweiten Tag eine Höhe von etwa 3700 Metern. Wieder stellten wir unser Zelt in eine Mulde, bauten eine Mauer darum und richteten uns für die Nacht ein. Wir waren beide müde, hatten wir doch rasch an Höhe gewonnen. In dieser unendlichen Weite und an diesem großen Berg unterschätzt man leicht die Entfernungen, die dort zurückzulegen sind, um die Etappenziele zu erreichen. Das wird wohl auch einer der Hauptgründe sein, warum der Mount Logan vergleichsweise selten bestiegen wird.

Am dritten Tag unserer Expedition wurde es anspruchsvoller, vor allem weil das Gelände deutlich steiler und zunehmend eisiger wurde. Wir packten die Ski auf die Schlitten und gingen mit Steigeisen an den Schuhen weiter. Am späten Nachmittag erreichten wir den King Col. Das ist ein traumhaft schöner Platz in knapp 4200 Meter Höhe, genau zwischen dem gigantisch wirkenden Hauptmassiv des Mount Logan und dem schlank aufragenden King Peak. Viele Expeditionen richten hier ein Vorgeschobenes Basislager ein, gehen zur Akklimatisierung wieder nach ganz unten und steigen dann erneut auf, um sich schließlich für die eigentliche Besteigung drei oder vier Tage Zeit zu lassen. Wir hatten vor, von diesem Punkt am King Col aus in zwei Tagen den Gipfel zu erreichen und danach noch am selben Tag so weit wie möglich wieder mit Ski abzufahren. Am King Col hat man den King Peak, den vierthöchsten Gipfel Kanadas, praktisch direkt vor der Nase, eine steil aufragende Bergpyramide von erlesener Schönheit. In meinen Augen geradezu eine Provokation für einen Alpinisten und eine Einladung, dort hinaufzusteigen. Für mich gehört der King Peak ganz sicher in die Rangliste der schönsten Berge, die ich je gesehen habe. Wilfried war genauso begeistert, und so beschlossen wir, nach dem Logan noch zwei oder drei Tage länger zu bleiben, um auch den King Peak zu besteigen, denn schließlich kommt man nicht jedes Jahr an so einen Platz. Nun, es sollte in vielerlei Hinsicht alles ganz anders kommen.

Es gibt wohl nicht wirklich viele Gegenden, die derart abgelegen, schwer zugänglich und so unglaublich wild sind wie die Gegend zwischen dem Mount St. Elias und dem Mount Logan. Der Logan hat nicht einmal einen Namen, der auf die indianischen Ureinwohner zurückzuführen wäre. Ein 1798 im kanadischen Montreal geborener Brite, der seine Schulausbildung und ein Geologiestudium im schottischen Edinburgh absolvierte, stand bei der Namensgebung des höchsten kanadischen Berges Pate. Dass es so weit kam, hatte der Geologe William Edmond Logan vor allem dem Umstand zu verdanken, dass er auch der Gründer des Geologischen Instituts von Kanada war. 1890, fünfzehn Jahre nach seinem Tod, wurde der Mount Logan wegen seiner großen Verdienste nach ihm benannt.

Es dauerte indes weitere 35 Jahre, bis der Gipfel dann auch erstmals bestiegen wurde. Anfang 1925 beschäftigte sich Albert H. MacCarthy intensiv mit dem Gedanken, den Mount Logan zu erklimmen. Er stand dabei allerdings weniger vor einer großen alpinistischen Herausforderung als vielmehr vor einem nicht zu unterschätzenden logistischen Problem. MacCarthy war 1876 in Ames im US-Bundesstaat Iowa geboren worden, also praktisch genau in der Mitte und im eher flachen Hügelland der USA. Später lebte er in Annapolis/Maryland, dem Sitz der United States Naval Academy, ganz im Süden der USA. An dieser Offiziersschule der US-Marine wurde MacCarthy zum Stabsoffizier ausgebildet. Er war also ein Korvettenkapitän zur See und nicht ein Alpinist, dem steile Pfade den Weg aus der Wiege gewiesen hätten. Mit seiner Frau Bess jedoch teilte er die große Liebe zu den Bergen. Das ging so weit, dass die beiden jede freie Minute, später oft Monate in den kanadischen Rocky Mountains, auf Vancouver Island und in den Gebirgen von British Columbia verbrachten. Schließlich kauften sie dort auch ein Haus. Zwischen 1910 und 1920 gelangen Albert und Bess, oft begleitet von Bergsteigerfreunden, zahlreiche Erstbesteigungen in Nordamerika.

MacCarthy scharte für die Expedition zum Mount Logan ein wahrhaft illustres Team um sich. Die anderen fünf Männer kamen von überall her und hätten unterschiedlicher kaum sein können. Fred Lambart, ein studierter Landvermesser, stammte aus Ottawa in der kanadischen Provinz Ontario. Allen Carpé, ein Elektroingenieur aus dem mittleren Westen, versuchte später am Mount McKinley kosmische Strahlen zu messen und verschwand dabei spurlos. Norman Read war wie MacCarthy Geologe und in Chestnut Hill im Osten der USA daheim. Andrew Taylor war ein gebürtiger Kanadier aus Ottawa, der seine reichen Eltern für ein abenteuerliches Leben auf einem Dampfschiff auf dem Columbia River, als Goldgräber in Dawson und in seiner eigenen Kupfermine in McCarthy verlassen hatte. Vor dem Logan hatte er noch niemals einen Berg bestiegen. William Wasbrough Foster schließlich war 1875 in Bristol geboren worden und nach Vancouver in British Columbia ausgewandert. Er war bei der Canadian Pacific Railway als Techniker und Aufseher beschäftigt, später wurde er ein hochdekorierter kanadischer Oberst und schließlich Polizeipräsident in Vancouver.

Mich würde wirklich brennend interessieren, wie diese Herren zusammengefunden haben, um einen Berg in solcher Einsamkeit zu besteigen. Es wird ganz sicher kein Zufall gewesen sein. Dass die wackeren Männer als Ausgangspunkt für ihr Unternehmen ausgerechnet das nicht weit von den Kupferminen in Kennicott entfernte Städtchen McCarthy wählten, das fast genauso hieß wie der Expeditionsleiter, erscheint zwar etwas kurios, doch diese Wahl war durchaus logisch. Denn bis nach McCarthy konnte die Expedition ganz bequem mit einem Zug der Copper River and Northwestern Railway reisen, die damals wegen des Kupfertransports ihre Blütezeit hatte. Doch danach mussten Albert H. MacCarthy und seine fünf wild entschlossenen Expeditionskollegen mitten im Alaska-Winter den gesamten weiteren Weg bis zum Mount Logan mit Hundeschlitten und zu Fuß zurücklegen. Das sind immerhin fast 170 Kilometer Luftlinie und mehr als 250 Kilometer Wegstrecke. Es heißt, dass die Männer fast 500 Kilogramm Gepäck und Ausrüstung mit sich führten. Sie kämpften gegen das Wetter, verloren die Orientierung und hatten Probleme mit der Höhe. Es muss ihnen wohl wie eine Erlösung vorgekommen sein, als sie am 23. Juni 1925 endlich den Gipfel erreichten – sofern sie nicht da bereits an den weiten Rückweg dachten.

An diesen Pioniergeist musste ich denken, als Wilfried und ich an jenem Abend des 18. Mai 2009 am King Col standen und nach 22 Uhr den Sonnenuntergang bewunderten. Das Wetter war perfekt für die bevorstehende Besteigung. Wir freuten uns beide darauf. Mit Wilfried Oberhofer verbindet mich eine lange Freundschaft. Wir sind fast gleich lang Bergführer in Südtirol, und der gebürtige Brunecker wohnt nur wenige Kilometer von mir entfernt in Uttenheim im Tauferer Ahrntal. Wir sehen uns also relativ häufig. Der gelernte Elektriker war früher einmal – man sollte es angesichts seiner feingliedrigen und schmalen Statur gar nicht glauben – Eishockeyspieler beim HC Bruneck in der italienischen Serie A und 1982 Mitglied der italienischen U21-Nationalmannschaft bei der Weltmeisterschaft in Straßburg. Wir waren unter anderem bei einer meiner Nuptse-Expeditionen gemeinsam unterwegs gewesen, als wir vergeblich versuchten, mit einer Gruppe Südtiroler Bergsteiger den damals höchsten noch unbe-

120

stiegenen Berg der Welt zu knacken. Nun waren wir gemeinsam zum Mount Logan gekommen. Am Morgen des 19. Mai brachen wir schon um 8 Uhr auf. Wir ließen die Schlitten zurück und stiegen mit sehr schweren Rucksäcken eine etwa 45 Grad steile Flanke 200 Höhenmeter hinauf. Wenn die technischen Ansprüche am Mount Logan auch nicht allzu hoch sind, so erfordert er doch wegen der Spalten auf dem Gletscher, der Sércas und der teilweise lawinenschwangeren Hänge eine gewisse Vorsicht und Vorausplanung. In diesem Hang war es uns phasenweise nicht ganz geheuer. Manchmal bewegten wir uns auf Ski vorwärts, dann wieder stiegen wir mit den Steigeisen vorsichtig hinauf. Danach passierten wir eine spaltenreiche Zone, durch die wir uns in einem Zickzackkurs hindurchschlängelten. Immer wieder hinterließen wir unterwegs als Markierungen unsere Stecken mit den roten Plastikfähnchen. Am späten Nachmittag erreichten wir eine Höhe von 5200 Metern und befanden uns nun knapp unterhalb des Prospector's Col, einem markanten Pass, von dem aus man etwas absteigend auf das Gipfelplateau des Mount Logan gelangt. Der Aufstieg bis hierher war knallharte Knochenarbeit gewesen. Immerhin hatten wir jetzt binnen ganz weniger Tage bereits rund 2500 Höhenmeter überwunden. An dem Platz, an dem wir nun unser leichtes Biwakzelt aufbauten, lagerte auch eine Gruppe noch sehr junger Kanadier, die bereits seit einer Woche vom Fuß des Berges in Richtung Gipfel unterwegs waren. Nette Typen, die zwar sichtlich müde wirkten, aber dennoch jede Menge Spaß zu haben schienen. Sie waren jedoch inzwischen zu der gleichen Erkenntnis gekommen wie wir. So schön diese eisige Landschaft der Eliaskette im Kluane-Nationalpark auch sein mag, die Schinderei in der extremen

Kälte und der trockenen Luft ist eine harte Sache. Um das durchzustehen, braucht es eine gewisse Leidensfähigkeit.

Wilfried war müde. Er schien wie erschlagen. Mich hatte der Anstieg ebenfalls angestrengt. Meine Felle für die Ski waren ein wenig schmal geschnitten, und so kostete der Aufstieg mit den Harscheisen mehr Energie, als nötig gewesen wäre. Ich hatte Wilfried gegenüber allerdings einen gewissen Vorteil, denn immerhin war es noch nicht lange her, dass ich aus der Atacamawüste zurückgekehrt war. Gerade 41 Tage lagen zwischen dem Ojos del Salado und dem Prospector's Col. Ich denke, dass die zurückliegende Akklimatisierung noch etwas wirkte. Überdies setzt allen Bergsteigern am Mount Logan auch noch eine physikalische Besonderheit zu. Die Troposphäre, die unterste Schichte der Erdatmosphäre, ist an den beiden Polen und auch in Polnähe nur etwa acht Kilometer dick. In Äquatornähe sind es hingegen fast achtzehn Kilometer. Und an den Polen macht es zwischen Sommer und Winter auch noch einmal weitere zwei Kilometer Unterschied aus. Das bedeutet, dass man sich auf dem mehr als 5500 Meter hohen Gipfelplateau des Logan physiologisch fühlt wie auf einem hohen Sechstausender. Und das macht natürlich enorm viel aus.

Ich glaube, Wilfried bekam diese Höhe und unser Tempo nun zu spüren. Wir aßen in unserem Biwak eine Kleinigkeit und versuchten viel zu trinken. Am nächsten Morgen versicherte er mir zwar, dass er recht gut geschlafen habe, aber ich hatte nicht unbedingt das Gefühl, dass er sich wirklich von den Strapazen erholt hatte. Er fühlte sich schlapp, jeder Schritt war mit einer neuen Überwindung verbunden, und er hatte den Eindruck, als würde er mich

122

nur aufhalten. Er bot mir an, ich solle allein zum Gipfel gehen, er wolle im Biwak auf mich warten. Doch das kam für mich nicht infrage. Ich befürchtete, er könnte möglicherweise am Beginn einer akuten Höhenkrankheit stehen. Es ist bekannt, wie schnell es in solchen Fällen zu einem tödlichen Verlauf kommen kann. Mein Gedanke war: Nur kein Risiko in dieser Einsamkeit. Die Entscheidung war klar und schnell getroffen. Wir gingen zurück zum Zelt, legten es zusammen und machten ein Depot daraus. Auf Ski fuhren wir ab bis zu dem Gletscherbruch. Dort deponierten wir auch die Ski und gingen auf Steigeisen weiter hinunter bis zum King Col. Wilfried hatte während dieser Zeit selbst das Gefühl, als würde er sich nur noch in Zeitlupe bewegen. Tatsächlich brauchten wir recht lange bis zum unteren Lagerplatz. Wir tranken sehr viel, und Wilfried hoffte darauf, dass es ihm am nächsten Tage wieder besser gehen würde. Aber dem war nicht so. Als wir am anderen Morgen gegen 9 Uhr das Lager verließen, stieg er noch etwa 200 Höhenmeter mit mir auf. Doch dann blieb er stehen und erklärte, sein Akku sei komplett leer. Jeder Schritt sei eine gewaltige Anstrengung, so käme er niemals bis auf den Gipfel. Wilfried ist gewiss niemand, der schnell aufgibt. Aber jetzt wollte er lieber zum Zelt zurückgehen und dort auf mich warten. Ich solle versuchen, allein den Gipfel des Logan zu erreichen. Er sah traurig aus und vor allem geschwächt.

Am Abend zuvor, es war noch nicht ganz dunkel gewesen, waren im fahlen Mondlicht auf einmal zwei Gestalten von unten dahergekommen. Sie hatten, bald nachdem wir sie ausgemacht hatten, unsere Höhe erreicht und damit begonnen, im Schein ihrer Stirnlampen nur gut zwanzig Meter von uns entfernt ihr Lager aufzuschlagen. Es handelte sich dabei um Christian Stangl und seinen Begleiter. Stangl, ein 1966 in Landl in der Steiermark geborener Österreicher, hatte sich zu diesem Zeitpunkt ebenfalls aufgemacht, das Projekt der Seven Second Summits für sich zu realisieren. 2009 hatte er bereits im Februar den Mount Kenia bestiegen und zwei Jahre zuvor den Ojos del Salado. Für den Sommer dieses Jahres hatte er zudem den K2 und im Herbst den Dychtau in Russland anvisiert. Obwohl ich das nicht wirklich so empfand, war es in gewisser Weise so, als hätte die Konkurrenz sich direkt neben uns niedergelassen. Ich wusste bis dahin nicht, dass Stangl in diesem Jahr fast zeitgleich mit uns in Richtung Logan starten würde. Im Gegensatz zum Himalaja findet man in Alaska nicht unbedingt heraus, wer noch an einem bestimmten Berg unterwegs ist. Stangl und sein Begleiter waren von Kanada aus zum Mount Logan gekommen und erzählten nun, dass sie ein paar Tage zuvor am klettertechnisch sehr anspruchsvollen und schwierigen Ostpfeiler in einer Spaltenzone gescheitert seien. Danach hatten sie bei schlechtem Wetter acht Tage lang auf ihr Flugzeug warten müssen, das sie zum Kanadier-Camp bringen sollte. Nun waren sie jedoch da und wollten über die Normalroute versuchen, doch noch den Gipfel zu erreichen. Ich begegnete Christian Stangl an jenem Abend zum ersten Mal. Viel wusste ich nicht von ihm, außer dass er mit seinen Speedbesteigungen an vielen Bergen für einigen Wirbel in der Bergsteigerszene gesorgt hatte und sich selbst »Skyrunner« nannte. Was mir allerdings sofort an ihm auffiel, waren seine beeindruckenden Oberschenkel. Irgendwoher mussten die fabelhaften Zeiten seiner Rekorde ja kommen.

An diesem Morgen nun waren Stangl und sein Begleiter bereits um 7 Uhr und damit fast zwei Stunden vor uns aufgebrochen. Als Wilfried dann zurückging, setzte ich selbst zügig den Aufstieg fort. Ich fühlte mich gut an diesem Tag. Bald kam ich wieder in die Nähe des Eisbruchs und traute dort meinen Augen kaum. Direkt und quer durch die Aufstiegsroute hatte sich über Nacht eine riesige Gletscherspalte aufgetan. So etwas Gewaltiges hatte ich noch nie zuvor gesehen. Diese Spalte vor mir, die eigentlich mehr einem Loch glich, war sicherlich fast 250 Meter lang, zwanzig, teilweise auch dreißig Meter breit und fast vierzig Meter tief. Ich war sehr beeindruckt. Kurz bevor ich dort ankam, hatte ich mich noch gewundert, warum Christian Stangl und sein Begleiter ein Stück weit über mir so ungewöhnlich lange pausierten. Nun war es mir klar. Ich schüttelte den Kopf und murmelte vor mich hin, dass es so etwas ja wohl eigentlich nicht geben könne. Dann begann ich einige Bilder zu machen, denn das wollte ich unbedingt festhalten. Ich konnte mir nicht wirklich erklären, was da geschehen war. Es sah aus, als sei der Gletscher an der Stelle einfach eingebrochen und die Fläche vierzig Meter nach unten durchgesackt. Die seitlichen Wände waren so glatt, als seien sie frisch verputzt worden oder als habe jemand das Loch mit einer Säge herausgearbeitet. Nicht auszuschließen, dass vielleicht ein Beben dieses außergewöhnliche Naturschauspiel verursacht hatte. Auf jeden Fall aber waren die Schnee- und Eismassen nur deshalb eingebrochen, weil sich darunter ein Hohlraum befand. Gletscher und Eisbrüche sind wie ein träge dahinmäandernder Fluss Tag und Nacht ständig in Bewegung. Da entstehen andauernd Spannungen, Verschiebungen, Verwerfungen und donnernde Eisschläge. Aber die Ausmaße dieses Zusammenbruchs hier überraschten mich. Ein Stück weiter standen die beiden Österreicher – offenbar genauso perplex wie ich. Es war auf gewisse Weise noch immer zum Fürchten, denn die Natur schien sich noch nicht wieder beruhigt zu haben. Es knackte, knirschte und rumpelte immer mal wieder bedrohlich in diesem riesigen Schlund. Da war nach wie vor einiges in Bewegung.

Noch während ich in das tiefe Loch hinunterschaute und die gewaltigen Schneewürfel betrachtete, die wie überdimensionale Bauklötze da unten lagen, wurde mir bewusst, was das bedeutete. Selbst wenn es mir gelänge, die Spalte zu überwinden, was angesichts einer fragilen Schneebrücke gefährlich war, hätte ich wohl keine Chance, den Gipfel zu erreichen. Denn unser Skidepot war ganz offensichtlich mit dort hinuntergedonnert. Ski, Felle, Harscheisen, alles weg. Jedenfalls sah ich unsere Sachen nicht. Selbst wenn ich bis zum Prospector's Col hinaufkäme, hätte ich oben auf dem Gipfelplateau angesichts der enormen Entfernungen kaum eine Chance. Der Mount Logan ist ein Skiberg. Jeder Versuch, den Gipfel zu Fuß zu erreichen, mündet unweigerlich in einer unglaublichen Wühlerei im Schnee, die viel zu aufwendig und kaum zu schaffen ist. Vielleicht ginge es noch mit Schneeschuhen, aber darüber brauchte ich gar nicht nachzudenken. Ob mir das gefiel oder nicht – die Expedition war an dieser Stelle zu Ende. Es war ein Ding der Unmöglichkeit, mich in dieser Abgeschiedenheit auf die Schnelle mit einem neuen Paar Ski zu versorgen. Und selbst wenn das mit einem Flugzeug gelingen würde, müsste ich immer noch diese Spaltenzone überwinden. Ohne eine Partnersicherung wäre das aber richtig gefährlich geworden.

Am Seil von Christian Stangl bin ich dann doch auf eine äußerst fragile Brücke aus in sich verkeilten Schnee- und

Eisbrocken gestiegen. Dabei war mir zwar gar nicht wohl, doch irgendwie hatte ich noch einen Rest Hoffung, vielleicht da unten unsere Ski zu finden. Aber da war nichts. Zudem weigerte sich Christian Stangl beharrlich, die Schneebrücke ebenfalls zu überwinden. Das wunderte mich ein wenig. Es war zwar gefährlich, aber am Seil gesichert auch nicht vollkommen unverantwortlich. Jedenfalls beschlossen die beiden anderen, ihren Versuch aufzugeben und vorerst auf den Mount Logan zu verzichten. Damit schwanden natürlich auch meine ohnehin schon sehr geringen Möglichkeiten noch weiter, und ich sah ein, dass dies alles keinen Sinn mehr hatte. Ich sorgte mich auch wegen der jungen Kanadier, die irgendwann von oben daherkämen. Wenn bis dahin womöglich auch noch diese labile Brücke eingestürzt wäre, müssten sie sich einen komplett anderen Weg suchen. Aber ich konnte in dieser Situation nichts für sie tun.

Zu dritt gingen wir schließlich kopfschüttelnd und auch enttäuscht zurück zu unserem Lagerplatz. Noch am gleichen Tag packten Wilfried und ich unsere Sachen zusammen und stiegen in tiefere Lagen ab. Er war zwar immer noch angeschlagen, erholte sich aber langsam. Ohne Ski war der Abstieg vor allem in den ebenen Passagen recht mühsam. Wo es abschüssig war, setzten wir uns auf die Schlitten und rodelten hinunter. Aber ein richtiges Vergnügen war auch das nicht. Am Abend, gegen 21 Uhr, erreichten wir endlich das Kanadier-Camp. Ich telefonierte mithilfe unseres Satellitentelefons wegen unseres Rückflugs. Wir mussten noch einen Tagesmarsch weit gehen, bis über die Grenze von Alaska, dort würde uns dann Paul Claus wieder abholen. Am 22. Mai liehen uns Christian Stangl und sein Begleiter ihre Ski. Sie brauchten die Bretter nicht mehr, denn sie flogen von Kanadier-Camp auf der kanadischen Seite zurück in die Zivilisation. Uns waren die Ski eine echte Hilfe. So erreichten wir, sieben Tage nachdem uns Paul Claus vor der kanadischen Grenze abgesetzt hatte, wieder jenen Platz, an dem wir die Lebensmittel vergraben und mit einer Fähnchenstange markiert hatten. Dort dauerte es nicht lange, bis uns der Pilot am späten Nachmittag bei bestem Flugwetter abholte.

Das alles war nur schwer zu begreifen. Der Berg war offen für uns, die Verhältnisse perfekt, es schien sehr gut möglich zu sein, den Mount Logan erfolgreich zu besteigen. Doch dann kam es zu einer seltsamen Verquickung von etwas zutiefst Menschlichem, einem Kuriosum der Natur und einem bemerkenswerten Zufall. Binnen weniger Stunden war Wilfried krank geworden, und dann verschluckte der Berg unsere Ski und damit die wohl wichtigsten Ausrüstungsgegenstände bei dieser Tour überhaupt. Wir verloren sie an ein Naturphänomen, das leicht auch hätte 500 Meter weiter links oder rechts passieren können und nicht genau dort, wo unsere Ski lagerten. Dabei war ich mir zu Beginn so sicher gewesen, dass wir den Gipfel erreichen würden. Und nun mussten wir ohne Erfolg nach Hause fliegen, weil Wilfried die Höhe und mir ein riesiges Loch in einem Gletscher ein Schnippchen geschlagen hatte. Wir sprachen während des Flugs zurück nach Ultima Thule nicht sehr viel. Ich wollte einfach nur weg. Wilfried ging es kaum anders.

Etwa einen Monat später erhielt ich eine E-Mail von dem österreichischen Bergsteiger Florian Hill. Er teilte mir mit, dass er bei seinem Abstieg vom Mount Logan meine Ski gefunden habe – knapp oberhalb der riesigen Spalte. Sie waren also gar nicht in dem Loch verschwun-

Mount Logan

In der Wildnis: *Die Ultimate Thule Lodge gehört zu den schönsten und einsamsten Plätzen in Alaskas Landschaften.*

Geisterstadt: *Der Alaska-Kenner Rudi Homberger zeigt uns bei einem Ausflug eine schon lange aufgegebene Kupfermine.*

◀ **Mount Logan:** *Der zweithöchste Berg Nordamerikas ist ein riesiger Eiskoloss.*

Abflug: *Schon nach kurzer Flugdauer präsentieren sich die eisigen Weiten Alaskas mit immer neuen Gebirgszügen.*

Kühne Landung: *Buschpilot Paul Claus setzt seine Maschine sicher auf dem Gletscher kurz vor der kanadischen Grenze auf.*

Mühselig: *Das Ziehen eines schwer beladenen Schlittens ist nicht jedermanns Sache, auch wenn die Landschaft eindrucksvoll erscheint.*

Ausgehoben: *Wegen der oft überraschend auftretenden Stürme müssen die Zelte zum Schutz im Schnee versenkt werden.*

◀ **Über Nacht entstanden:** *beeindruckende Spalte am Mount Logan*

Kompliziert: *Oberhalb des King Camp fällt die Wegsuche in einem Spaltenlabyrinth nicht immer leicht.*

Zwei Männer ein Ziel: *Bei perfekten Verhältnissen komme ich mit meinem Bergführerkollegen Konrad Auer immer weiter hinauf.*

Oben angelangt: *Nicht immer ist oben auch tatsächlich oben.* ▶

den. Ich konnte darüber nur den Kopf schütteln. Wäre ich einfach nur weitergegangen, hätte ich sie selbst gefunden und damit wieder alle Chancen auf einen Gipfelerfolg gehabt. Spätestens da war der Moment erreicht, an dem ich komplett dumm aus der Wäsche schaute.

Fast genau ein Jahr später döste ich im Flugzeug, als wir über den Bordlautsprecher darauf aufmerksam gemacht wurden, dass wir uns nun wieder anschnallen sollten, denn in Kürze stünde die Landung in Anchorage bevor. Neben mir saß Konrad Auer und schaute gespannt aus dem Fenster. Unter uns breitete sich in endloser Weite Alaska aus. Es war der 11. Mai 2010, und ich war wieder da. Die Dinge begannen sich zu wiederholen. Wir übernachteten in einem Hotel in Anchorage und fuhren am nächsten Tag bis nach Chitina. Von dort flogen wir weiter zur Ultima Thule Lodge. Dort traf ich Paul Claus wieder, in bester Laune und noch genauso auf Wildnis eingestellt wie zwölf Monate zuvor. Konrad Auer war von diesem charismatischen Typen ebenso angetan wie ich. Konny charakterisierte Claus als »vollkommen entspannt und richtig cool«. Das traf es genau. Nur das Essen in der Lodge sagte Konrad nicht unbedingt zu. Er hatte sich auf einen großen Teller Nudeln gefreut und auf Kohlenhydrate vor dem Beginn unserer Expedition. Doch damit konnte man ihm nicht dienen. Als er schließlich zum Nachtisch die gewaltige Portion Schokoladenpudding sah, garniert mit einer noch größeren Portion Schlagsahne, hatte er genug. Aber er nahm es mit Humor.

Paul flog uns bereits am 13. Mai bis kurz vor die kanadische Grenze. Wir packten unsere Schlitten und gingen bis zum Kanadier-Camp. Schon am nächsten Tag transportierten wir einen Teil unserer Ausrüstung weiter hinauf bis zum King Col. Von dort gingen wir wieder zurück und schliefen bewusst in tieferen Lagen, damit sich der Körper besser an die Höhe anpasste. Am 15. Mai brachten wir den Rest unserer Sachen nach oben. Die folgende Nacht wurde stürmisch. Es stürmte auch noch am nächsten Tag, und dichter Nebel hüllte uns am King Col ein. Wir blieben den ganzen Tag über im Zelt. Aber das war für die Akklimatisierung nur gut. Am späten Nachmittag machte mich Konrad Auer darauf aufmerksam, dass der Luftdruck steige und sich das Wetter nun wohl bessere. Als wir am Morgen des 17. Mai weiter aufstiegen, kamen wir auch nahe an der Spalte vom Vorjahr vorbei. Sie war noch zu erkennen, doch sie hatte sich, wie alles andere in der Zone unterhalb der Spalte auch, innerhalb des vergangenen Jahres erheblich verändert. Das war ein weiterer Beleg dafür, dass die Gletscherzonen und Eisbrüche am Mount Logan ständig in Bewegung sind. Von oben kamen uns zwei US-amerikanische Bergsteiger entgegen. Das war für uns von großem Vorteil, denn an ihren Abfahrtsspuren konnten wir uns nun leichter nach oben orientieren. Die beiden erzählten uns, sie seien am Vortag auf dem Gipfel gewesen. Wir stiegen nun noch weiter hinauf bis etwa zu der Stelle, an der wir im Jahr zuvor unser kleines Biwakzelt als Depot zurückgelassen hatten, das wir nicht mehr hatten zurückbringen können. Auch dieses Zelt und unser Material hatte Florian Hill mitgenommen. Er hatte es mir eigentlich schicken wollen, aber ich habe es ihm dann geschenkt. Nun stellten wir dort, etwa 200 Höhenmeter unter dem Prospector's Col, wieder ein neues Zelt auf und begannen Schnee zu schmelzen, um genug Flüssigkeit tanken zu können. Für den nächsten Tag planten wir unseren Gipfelversuch. Konrad war ganz begeistert, dass man überall in dieser komplett sauberen Gegend den Schnee einfach nehmen konnte, ohne zuerst die oberste Schicht wegkratzen zu müssen. Mir selbst fiel immer wieder die extrem klare Luft auf, und ich hatte das Gefühl, das Licht sei besonders intensiv, stärker noch als im Himalaja. Wir erlebten an diesem Abend einen wunderbaren Sonnenuntergang, der diese weiße Landschaft in ein unbeschreibliches Farbenspiel tauchte.

Als ich am nächsten Morgen aufwachte und hinausschaute, waren wir noch in Nebel gehüllt, und es schneite minimal. Aber im Morgengrauen wurde der Himmel blau. Bei extremer Kälte und einem eisigen Wind, der die gefühlte Temperatur noch weiter sinken ließ, verließen wir das Zelt. Das war Kanada pur. Spätestens jetzt erfüllten unsere dicken Daunenanzüge und die Gesichtsmasken aus Neopren ihren Zweck. Wir stiegen in die Skibindung und gingen hinauf in die markante Einsattelung des Prospector's Col. Auf der anderen Seite rutschten wir vorsichtig und mit den Fellen unter unseren Ski etwa 200 bis 250 Höhenmeter hinunter. Nun standen wir auf dem gigantisch wirkenden Gipfelplateau des Mount Logan, und ich sah zum ersten Mal diese fast endlose Weite dort oben. Die Entfernungen waren beeindruckend. Rechts vor uns baute sich der Prospector Peak auf, der jedoch mit 5644 Meter Höhe nur der fünfthöchste der insgesamt dreizehn Gipfel des ganzen Massivs ist. Wir ließen später drei weitere Gipfel rechter Hand liegen, bis dann eine Erhebung sichtbar wurde, die alle anderen deutlich überragte. Darauf hielten wir zu. Auf dem Plateau mussten wir Strecke machen, bis wir endlich dorthin kamen. Es ging nun eine Flanke mit dreißig bis vierzig Grad Steilheit hinauf. Wegen des hart gepressten Schnees ließen wir die Ski zurück und vertrauten auf die Steigeisen. Die letzte Passage der Flanke war sicher fast fünfzig Grad steil, und dort gelangten wir nach zwanzig Metern schließlich ganz oben auf einen scharfen und sehr steilen Schlussgrat. Ein paar Meter ging es noch dort hinauf, dann standen wir auf dem Mount Logan. Es war noch immer extrem kalt, und der Wind pfiff uns um die Ohren. Wir machten schnell ein paar Fotos, und Konrad war ganz erstaunt, dass wir am Ende doch so schnell oben angelangt waren. Er sagte auch, dass dies nicht unbedingt ein Berg sei, auf dem man sich außergewöhnlich freue, oben angekommen zu sein. Ganz einfach deswegen, weil er nicht besonders markant sei. Er deutete auf eine weitere Erhebung auf dem Plateau und sagte beiläufig: »Da drüben kann es wohl nicht höher sein, denn mein Höhenmesser zeigt jetzt fast 6000 Meter an.« Als wir uns umdrehten, konnten wir nun auch wieder den King Peak sehen. Er war viel mehr ein Berg nach unserem Geschmack. Doch diesmal würde uns wohl nicht die Zeit bleiben, ihn zu besteigen. Wir blickten noch einmal über das ganze Logan-Plateau, und mir kam der Gedanke, dass es sicher ein recht interessantes Projekt wäre, einmal hintereinander alle diese Gipfel zu überschreiten und sie wie auf einer Perlenschnur aneinanderzureihen. Konrad drückte mir die Hand und schlug mir auf die Schulter. Kurz danach begannen wir an diesem eiskalten Tag mit dem Abstieg. Wir kehrten zu unserem Skidepot zurück, mühten uns den Gegenanstieg zum Prospector's Col hinauf und fuhren ab bis zu unserem Zelt. Dort übernachteten wir. Am nächsten Tag trafen wir etwa 400 Höhenmeter unter unserem Biwakplatz erneut auf Christian Stangl. Diesmal hatte er seine Freundin dabei und wollte mit ihr versuchen, den Gipfel zu erreichen. Einen Tag später war er am Ziel. Wir hingegen gelangten noch an jenem 21. Mai, als wir Stangl begegneten, nach einer gewaltigen Tour bis über die Grenze Alaskas und zu dem Landeplatz, an dem uns Paul Claus auch diesmal wieder abholte. Ich freute mich über den Erfolg am Mount Logan und ahnte nicht ansatzweise, wie viel Verdruss mir dieser Berg noch einbringen würde.

Ein schier endlos langer Tag an einem großen Berg

Im Kaukasus lernt man Härte, Leidensfähigkeit und wuchtige Berge kennen

- Europa
- Russland
- Besengi-Gebirge, Kaukasus
- Dychtau
- 5204 m
- Erstbesteigung 1888 durch Albert Mummery (England) und Heinrich Zurfluh (Schweiz)

Obwohl Europa als Landmasse über Tausende Kilometer direkt mit Asien verbunden ist, wird es aufgrund historischer und kultureller Entwicklungen doch als eigenständiger Kontinent angesehen. Man spricht allerdings auch von Eurasien. Europa ist mit fast 750 Millionen Menschen der am dichtesten besiedelte Kontinent der Erde; durchschnittlich 65 Einwohner leben auf einem Quadratkilometer. Nach Australien ist Europa der zweitkleinste Kontinent. Es gibt dort 46 souveräne Staaten, von denen derzeit 27 Länder die Europäische Union bilden. Es gibt unterschiedliche Auffassungen darüber, ob das Kaukasusgebirge gänzlich zu Asien oder ob der Teil jenseits der nördlichen Wasserscheide zu Europa zählt. Nimmt man jedoch die geografische Wasserscheide als Maßstab, dann liegen die beiden höchsten Erhebungen Europas im Kaukasus: der Elbrus mit 5642 Meter Höhe und der benachbarte Dychtau mit 5204 Metern als zweithöchster Gipfel Europas.

Albert Frederick Mummery war kurzsichtig. Deshalb trug er eine kreisrunde Nickelbrille, die ihn zusammen mit seinem englischem Tweedanzug und dem streng gebügelten Stehkragen stets aussehen ließ wie ein Intellektueller und weniger wie ein Bergsteiger. Manch ein Chronist schreibt seine beachtlichen und außergewöhnlichen Kletterfähigkeiten ebendieser Kurzsichtigkeit zu. Er sei in die größten Schwierigkeiten immer geradewegs »hineingerannt«, weil er aufgrund seiner Sehschwäche nicht wirklich in der Lage gewesen sei, die logischste Route in einer Wand zu »lesen«. Man mag das glauben oder nicht, jedenfalls war Mummery, 1855 im britischen Dover, also direkt am Meer, geboren, mit großem Mut und einer bemerkenswerten Kühnheit ausgestattet. Da er als Kind an einer Wirbelsäulenerkrankung gelitten hatte, ging er zeitlebens leicht vornübergebeugt. Als er mit dem Klettern begann, stellte er bald fest, dass er keine schweren Rucksäcke tragen konnte. Daraus wiederum schließen die Anekdotensammler der alpinen Geschichte, Mummery sei vor allem deswegen geradezu versessen darauf gewesen, seine Touren möglichst schnell und mit möglichst kleinem Gepäck zu unternehmen. Mit gerade mal neunzehn Jahren wiederholte Mummery 1874 Edward Whympers Route der Erstbegehung aus dem Jahr 1865 über den Hörnligrat auf das Matterhorn. Fünf Jahre später kam er dorthin zurück und stieg dieses Mal über den wesentlich schwierigeren Zmuttgrat auf den Gipfel. Wenn ihm in dieser Zeit eine seiner zahlreichen Erstbegehungen oder eine seiner gewagten

Solobesteigungen gelang, hatten zuvor stets andere Bergsteiger ihr eigenes Scheitern energisch damit erklärt, dass diese Route beim besten Willen nicht zu klettern sei, weil die Schwierigkeiten zu groß seien. Solche Feststellungen waren Mummery schon Antrieb genug, sich eine derartige Route näher anzuschauen und dann auch sehr häufig genau dort hinaufzusteigen.

Die Aiguille du Grépon im Mont-Blanc-Massiv wirkt aus der Distanz betrachtet wie der Hahnenkamm eines stolzen Gockels, und schon der Anblick des Grates ist eine Versuchung für Kletterer. 1881 gelang dort Albert Frederick Mummery zusammen mit den Bergführern Alexander Burgener und Benedict Venetz die Erstbegehung. Die Schlüsselstelle dieser Kletterei war ein langer Riss im vierten Grad, was damals noch als fast unlösbar galt. Mummery überwand ihn im Vorstieg und setzte damit neue Maßstäbe des Kletterns. Wenn er gerade nicht Wände hinaufstieg oder sich um seine Rotgerberei in England kümmerte, in der Leder für Schuhsohlen und Sättel verarbeitet wurde, schrieb Mummery Aufsätze zu alpinen Themen und später auch ein Buch. Aus diesen Schriften stammen viel zitierte Sätze der Alpingeschichte wie beispielsweise: »Bergsteigen ist ein reines Vergnügen.« Damit wollte er ein für allemal klarstellen, dass es bei einer Besteigung auch auf das Wie ankommt. Sein pfiffiger Umgang mit Worten lässt sich unter anderem auch mit folgender Begebenheit belegen: Häufig kletterte Mummery zwischen 1883 und 1891 viele für die damalige Zeit schwere Routen zusammen mit Lily Bristow, einer Freundin seiner Frau Mary. 1894 wurde diese Seilschaft jedoch abrupt beendet. Man sagt, auf Intervention von Mummerys Frau. Aus genau dieser Zeit

136

stammt Mummerys vielleicht bissigster Satz: »Alle Berge sind dazu verdammt, drei unvermeidliche Stadien zu durchlaufen: ein unerreichbarer Gipfel – die schwierigste Route der Alpen – ein leichter Tag für eine Lady.« Albert Frederick Mummery starb vermutlich am 24. August 1895 in den Flanken des Nanga Parbat. Zusammen mit seinen Landsleuten John Norman Collie und Geoffrey Hastings und dem in Indien stationierten britischen Leutnant Granville Bruce hatte er zunächst die Rupal-Flanke begutachtet. Die Bergsteiger überquerten schließlich den 5400 Meter hohen Mazeno-Pass und erreichten so die Diamirseite des Nanga Parbat. Doch für die Besteigung eines Achttausenders war die Zeit offenbar noch nicht reif. Mummery unternahm, begleitet von den zwei Gurkha-Soldaten Ragobir und Goman Singh, noch den Versuch, eine Felsrippe zu überwinden, die einen Durchstieg zum Rakhiot-Gletscher ermöglicht hätte. Die drei Männer erreichten die beachtliche Höhe von 6100 Metern, doch sie kehrten nie von dort zurück und erreichten auch nicht ihr Ziel. Alle drei blieben verschollen. Die Passage am Nanga Parbat heißt bis heute zur Erinnerung an den kleinen Mann aus Dover »Mummery-Rippe«.

Der ehrgeizige Engländer ging in die alpine Geschichte ein. Doch was vielleicht die wenigsten wissen: Mummery war 1888 auch am Gora Dychtau im Kaukasus erfolgreich, als ihm gemeinsam mit Heinrich Zurfluh, einem Bergführer aus dem schweizerischen Meiringen, die Erstbesteigung gelang. Viel weiß man über diese Tour nicht, doch sie dürfte damals angesichts der Möglichkeiten und der Ausrüstung ein besonderes Wagnis und sicher ein ganz großes Abenteuer gewesen sein. Da die innereurasische Grenze heute auch bergsteigerisch im Kaukasus-Gebirge festgelegt zu sein scheint, ist der Dychtau mit 5204 Meter Höhe der zweithöchste Berg Europas und somit der vierthöchste Gipfel in meiner Liste der Seven Second Summits.

Nach der vergleichsweise einfachen Besteigung des Ojos del Salado in der südamerikanischen Atacamawüste beschloss ich im Frühling 2010, im selben Jahr den Dychtau zu versuchen. Auch das würde wieder Neuland für mich sein, denn ich war bis dahin noch nicht im Kaukasus unterwegs gewesen, diesem mehr als 1100 Kilometer langen Gebirgszug, der sich von Nordwesten am Schwarzen Meer südöstlich hinunterzieht bis vor das kaspische Binnenmeer, den größten See der Erde. Der Kaukasus hat fast die gleiche Flächenausdehnung wie die etwas größeren Alpen. Und auch dort gibt es extrem harte Berge und Besteigungsmöglichkeiten. Viele der polnischen, tschechischen, russischen und kasachischen Bergsteiger, die es zu Weltbekanntheit gebracht haben, holten und holen sich noch immer auf diesen rauen Gipfeln im Kaukasus die Erfahrung und auch jene Leidensfähigkeit, die es an den ganz hohen Bergen der Welt unbedingt braucht. Für viele Bergsteiger aus den osteuropäischen Ländern gab es zu Zeiten der Sowjetunion und des Eisernen Vorhangs die einzigen Möglichkeiten zum Bergsteigen in den drei großen kaukasischen Gebirgszügen, deren Gebiete zu Russland, Armenien, Aserbaidschan und Georgien gehören.

Ich rätselte ein wenig herum, mit wem ich mich für diese Expedition zusammentun könnte. Auf jeden Fall brauchte ich wieder einen zuverlässigen und starken Partner. Denn im Vergleich mit dem gut 400 Meter höheren Elbrus ist der etwas mehr südwestlich gelegene Dychtau eine deutlich anspruchsvollere Angelegenheit. Selbst auf der Route der

Erstbegeher muss man im Schwierigkeitsgrad 4B nach der russischen Schwierigkeitsskala unterwegs sein. Der Kaukasus-Kenner Friedrich Bender hat sich 1991 die Mühe gemacht, die zu UdSSR-Zeiten sehr komplizierten Definitionen und Anforderungen einer Route verständlich zu übersetzen. Hier wird vorgeführt, wie man Klettern richtig kompliziert machen kann. Also, 4B bedeutet: »Ein mehr als mittelschwerer Routenabschnitt, steile Felspartien mit natürlichen Fortbewegungsmöglichkeiten, Eis-/Schneehänge mit einer Steilheit von 45 bis 55 Grad und verwächtete Hänge, die mit Steigeisen und zusätzlichen Stufen überwunden werden; es ist ausreichend alpinistische Erfahrung, vor allem in der Kletter- und Sicherungstechnik, notwendig.« Und außerdem muss eine solche Route folgende Voraussetzungen erfüllen, um sich überhaupt 4B nennen zu dürfen: »Aufstieg auf einen Gipfel zwischen 2500 und 7000 Metern oder Überschreitung in dieser Höhe über Felsen, Eis-/Schnee-Partien oder kombiniertes Gelände. Der Höhenunterschied der Route soll 600 Meter oder mehr betragen. Die Route besteht aus Abschnitten der Schwierigkeiten II bis III, soll aber Felspartien von vierzig bis achtzig Metern bei Schwierigkeit IV oder Felspartien von drei bis fünf Metern bei Schwierigkeit V oder Eis-/Schnee-Partien von 300 bis 400 Metern oder mehr bei Schwierigkeit IV enthalten. Das Durchsteigen der Route nimmt acht bis zehn Stunden oder mehr Zeit in Anspruch. Zur Sicherung ist das Einschlagen von acht bis zehn Haken oder mehr erforderlich. Überschreitungen sollten mindestens zwei Routen mit dem Schwierigkeitsgrad 4A verbinden, eine davon kann ersetzt werden unter Schwierigkeitsgrad 4A.« Alles klar? Ich vermute stark, dass ein sowjetischer Politsekretär dieses Papier angefertigt hat,

das für jeden Schwierigkeitsgrad mehrere Seiten bean-
sprucht. Mich würde allerdings noch viel mehr interessieren, wer die Erfüllung all dieser Kriterien und Definitionen je überprüft hat.

Nachdem ich noch eine Weile in dem Tourenführer geblät-
tert hatte, griff ich schließlich zum Telefon und wählte
eine Nummer in Schonach im Schwarzwald. Dort ist Florian Kern daheim. Als ich ihm von meinem Plan erzählte,
im Zuge der Seven Second Summits auch den kaukasischen Riesen Gora Dychtau besteigen zu wollen, war er
gleich begeistert. Florian Kern, staatlich geprüfter Berg-
und Skiführer wie ich, ist ein ausgesprochener Russland-
und Kaukasus-Kenner. Immer wieder in den vergangenen
Jahren war er mit Gästen dort vor allem auf anspruchsvollen Skitouren und zum Freeriden unterwegs. Er bevorzugt
für Unternehmungen, die seine Bergschule veranstaltet,
aber auch die entlegenen Regionen in Russland oder Kir-
gisistan, in Indien und Südamerika. Skifahren ist Florys
große Leidenschaft. Das wiederum verbindet uns. Sein
Lebenslauf beginnt mit den Sätzen: »Man kann davon ausgehen, dass es am 25. Dezember 1960 schneite, was der
Himmel hergab, denn es war der Tag, an dem der Abenteurer Flory Kern zur Welt kam. Er konnte kaum laufen,
da stand er auch schon auf Ski …« Mit siebzehn ging er
nach Neuseeland und entdeckte dort seine wahre Liebe
im Schnee – fortan war er vernarrt in Buckelpisten. Zwei
Jahre später gewann er den Deutschland-Cup und fuhr
sieben Jahre erfolgreich im Weltcup der Freestyler mit.
Insgesamt acht Winter verbrachte er in Chamonix am Fuß
des Mont Blanc und fuhr dort auf extreme Weise Ski, nämlich Steilwände hinunter, die andere kaum hinaufkommen.

Fotografen und Kameraleute lieben, was Flory macht. Es gibt atemberaubende Filme und Fotodokumentationen über ihn. Er ist ein aufgeweckter, lebenslustiger Typ, Vater von zwei Kindern, ein sehr interessierter Gesprächspartner und immer für eine spannende Bergbesteigung zu begeistern. Wir kannten uns von Messen und Vorträgen und hatten oft darüber gesprochen, dass wir mal etwas gemeinsam machen sollten. Nun war es offenbar so weit. Kurz entschlossen trafen wir uns. Flory Kern bot spontan an, sich um einen Teil der Organisation und um die Erledigung der Formalitäten zu kümmern. Ganz so einfach ist das nämlich auch nach dem Zerfall der Sowjetunion noch nicht. Der Gora Dychtau liegt, ebenso wie der Elbrus und viele andere prominente Berge des Kaukasus, rund 1700 Kilometer Luftlinie südlich von Moskau und direkt im Grenzgebiet zu Georgien. Das ist seit vielen Jahren eine Konfliktregion, in der es 2008 sogar zu einem erbitterten fünftägigen Krieg kam, in dessen Verlauf 850 Menschen getötet wurden. Es sind vor allem ethnisch begründete Auseinandersetzungen, die dieses Gebiet zwischen dem Schwarzen und dem Kaspischen Meer nicht zur Ruhe kommen lassen. Alpinisten, die dort bergsteigen gehen wollen, brauchen eine Genehmigung des Militärs, um in die entlegenen Bergregionen vordringen zu dürfen. Wir sollten noch begreifen, wie schwer es werden würde, dieses Permit zu bekommen, und wie undurchsichtig sich die Vergabe dieser Genehmigungen gestalten kann.

Wir flogen am 5. Juni 2010 von München nach Moskau und von dort weiter nach Mineralnyje Wody, einer 70 000-Einwohner-Stadt mit einem beachtlich großen Flughafen im Süden Russlands, etwa 160 Kilometer nördlich der georgischen Grenze. Der Name Mineralnyje verweist auf die vielen Mineralwasserquellen, die es in der weitläufigen Region gibt. Ansonsten findet sich dort vor allem staubige Steppenlandschaft. Einen Tag nach unserer Ankunft fuhren wir mit einem Geländewagen weiter in Richtung georgische Grenze bis nach Terskol. Das ist das Kitzbühel Russlands – sagen die Russen. Doch Terskol ist zuallererst einmal eine bedrückende Bausünde. Viereckige Betonklötze, teilweise acht Stockwerke hoch, erdrücken die wenigen ansehnlichen Baustrukturen. Kurz hinter dem Ort endet die Straße. Mit Seilbahnen, Sessel- und Schleppliften gelangt man von hier aus in das Skigebiet des Elbrus. Und Terskol ist nebenbei auch Ausgangspunkt für die Besteigungen des Elbrus durch viele Hundert Alpinisten im Jahr. In einer langen Schlange mühen sie sich an schönen Tagen von der Seilbahnstation aus den 5642 Meter hohen erloschenen Vulkan hinauf bis auf den höchsten Punkt Europas. Als ich Terskol und die Karawanen am Elbrus sah, fühlte ich mich nur erneut bestätigt in meinem Vorhaben, die Second Summits gewählt zu haben. Dass ich ein paar Tage später selbst auf dem Gipfel des Elbrus stehen würde, hätte ich mir zu diesem Zeitpunkt nicht vorstellen können.

Am 7. Juni regnete es, was vom Himmel nur herunterkommen konnte. Grau in Grau lag die sonst so gewaltig anmutende Landschaft des Kaukasus hinter dichten Wolken versteckt. Wir warteten auf unser Permit, das wir sofort bei unserer Ankunft beantragt hatten. Da wir ohnehin handlungsunfähig waren, störte uns das Wetter auch nicht sonderlich. Die Genehmigung für den Dychtau sei von daheim aus ganz schwer zu organisieren, hatte Flory Kern gesagt, und nun mussten wir zusehen, dass wir vor Ort weiterkamen. Ich bin noch nie ein Freund derartiger Formalitäten gewesen, weder in Nepal oder in Pakistan noch anderswo auf der Welt. Ich fand es immer schon eher lästig, wenn man vor einer Expedition zur Regierung musste, um dort bei Beamten, die vom Bergsteigen nichts verstehen, Papiere zu unterschreiben, sich belehren zu lassen und schließlich auch noch einen Begleitoffizier zugeteilt zu bekommen. Wenn man dann aber am Fuß eines Berges ankommt, wird einem oft bewusst, dass diese Genehmigungen durchaus ihren Sinn machen, weil sich manche Expeditionsgruppen aufführen, dass es die Sau graust. Nun sah alles so aus, als müssten wir wenigstens drei Tage auf das Papier warten.

Flory ließ sich davon überhaupt nicht aus der Ruhe bringen. Er kannte das alles nur zu genau und wusste, dass man gerade vom Militär gar nichts erzwingen konnte. Also nutzten wir jede Gelegenheit, um immer wieder nachzufragen und mit unserer ständigen Präsenz auf uns aufmerksam zu machen, nach dem Motto: Wir wollen auf diesen Berg und lassen nicht locker. Doch obwohl Flory Kern recht gut Russisch spricht und mit allen Mitteln versuchte, die Genehmigung zu erhalten, kamen wir einfach nicht weiter. Auch das Tourismusbüro in Terskol konnte uns lediglich ein paar unwesentliche Tipps geben und sich mit kleinen telefonische Eingaben für uns verwenden. Doch das alles brachte uns nicht den entscheidenden Schritt weiter. Dabei hatten wir nur zehn Tage Zeit, unser Vorhaben umzusetzen. Auch am 8. und am 9. Juni tat sich gar nichts. Schweigen beim Militär, vertröstende Worte beim Tourismusbüro. Ich war kurz davor, die Hoffnung aufzugeben; das Herumsitzen nervte mich zunehmend. Flory dagegen verlor nichts von seinem Optimismus. Er grinste breit und schob sich seine weiße Sonnenbrille von der Nase in die Haare und von den Haaren auf die Nase.

Als wir am Nachmittag des 10. Juni wieder eine Absage erhielten, waren wir wirklich konsterniert. Wir starteten schließlich zu einem kleinen, nur kurzen Ausflug. Wir mussten ja ständig erreichbar bleiben, falls es doch noch eine überraschende Wendung geben sollte. Und außerdem müssten wir für den Fall, dass wir die Genehmigung erhalten sollten, auch noch mit dem Auto bis in ein anderes Kaukasus-Tal fahren, wo die Besteigung des Dychtau beginnt. Wir sahen bei unserer kleinen Exkursion, wie Menschen mit der Kabinenbahn in das Skigebiet am Elbrus hinauffuhren. Flory und ich schauten uns an, und im selben Moment machten wir auch schon Nägel mit Köpfen. Es war so sinnlos, in diesem Nest herumzusitzen und nichts zu tun. Da könnten wir auch auf den Elbrus steigen. Also eilten wir zurück zum Hotel, packten in Windeseile unsere Rucksäcke und fuhren mit dem Taxi zur Talstation.

Die Straße durch die Baksan-Schlucht endet etwa drei Kilometer hinter Terskol auf der Asau-Alm (2200 m), einer touristisch übererschlossenen Fläche mit Hotels, Geschäften und Sportanlagen. Dort liegen auch die beiden Talstationen der Bahnen auf den Elbrus. Die neuere und modernere dieser Anlagen war im Februar 2011 Ziel eines Anschlags, bei dem erheblicher Sachschaden entstand und 35 der vierzig Gondeln am Abend nach einem Skitag abstürzten. Danach wurde von Reisen in die Region Kabardino-Balkarien im Nordkaukasus und zum Elbrus dringend abgeraten. Als wir 2010 bei der Talstation ankamen, herrschte dort Ruhe. Absolute Ruhe. Weit und breit war nicht einmal Personal zu sehen. Aber die Schiebetür der Kabine stand offen. Flory fragte einen Passanten, der gera-

144

Dychtau

Das Kitzbühel Russlands: *Am Fuß des Elbrus gedeihen die Souvenir-shops in einem Dorf, das so gar nichts von Kitzbühel hat.*

Seilbahn in den europäischen Himmel: *Die Fahrt mit dieser Bahn gehört zu den gefährlichsten Passagen der Elbrus-Besteigung.*

◀ **Elbrus:** *auf dem Dach Europas mit großer Aussicht*

Die Wiedergeburt des Yeti: *Florian Kern ist immer für einen Spaß zu haben – und wenn er sich dazu Museumsstücke ausleihen muss.*

Ganz oben: *Der Gipfel des Elbrus markiert den höchsten Punkt des europäischen Kontinents.*

Nachtschicht: *Noch im Dunkeln muss knapp über dem Wandfuß steiles kombiniertes Gelände überwunden werden.*

Überwächtet: *Vom Gipfelgrat ging stets eine gewisse Gefahr aus, weil der Wind den Schnee weit ausladend verfrachtet hatte.*

◄ **Sanfte Morgenröte:** *der schönste Augenblick am Dychtau*

Klassische Bergsteigerei: *Sehr viel Wand liegt hier bereits unter Flory Kern, als er über diesen Schneegrat zum Standplatz kommt.*

In Gipfelnähe: *Auf dem luftigen Gipfelgrat stießen wir an diesem Haken erstmals auf Spuren unserer Vorgänger.*

Geschafft: *müde, aber gesund zurück und um ein Erlebnis reicher* ▶

de draußen vorbeiging, ob er sich mit dem System der Beförderung auskenne. Der Mann sagte, wir sollten doch einfach mal einsteigen und schauen, was passiert. Ich sah Flory misstrauisch an, aber er machte sich bereits auf den Weg. Seine Entschlossenheit trieb auch mich in die Gondel, und wir schlossen vorsorglich schon einmal die Tür. Und tatsächlich, kaum war das Schloss zugeschnappt, setzte sich die Bahn mit einem Ruck in Bewegung. Ich war mir absolut sicher, dass spätestens nach der zweiten Sektion und am Ende unserer Fahrt bei der Station »Mir« ein Bediensteter der Seilbahngesellschaft stünde und zumindest den Fahrpreis von uns kassieren würde. Aber das war nicht der Fall. Wie schon im Tal war auch oben niemand zu sehen. Also nahmen wir unsere Rucksäcke und trabten in Richtung des Sessellifts, der noch eine weitere Sektion hinaufführte. Doch diese Anlage stand nun wirklich still. Feierabend in Russland. Und wir mittendrin im trubellosen Skigebiet.

Es war schon lange nach 17 Uhr, als wir begannen, über Restschneefelder im weichen Sulz zur Bergstation aufzusteigen. Wir stiegen direkt unter dem Lift auf dessen Trasse knapp 300 Höhenmeter hinauf. Dann erreichten wir nach etwas weniger als einer Stunde die Bergstation, die »Barrels« heißt oder auch »Barrel Huts«. Auch hier, in 3800 Meter Höhe, ist der Name Programm, denn diese Barrels sind die Unterkünfte – eine kleine Siedlung von ausrangierten und umfunktionierten Ölfässern, in denen jeweils fünf oder sechs Bergsteiger schlafen können. Darüber hinaus gibt es bis in eine Höhe von mehr als 4000 Metern immer wieder weitere Container, in denen man übernachten kann. Die »Barrel Huts« kann man im Tal mieten – auf Wunsch sogar mit eigener Köchin. Viele

Bergsteiger akklimatisieren sich in diesen ausgedienten Fässern. Bergsteigen im Kaukasus ist schon aus guter Tradition heraus vor allem Improvisation. Dieses Barrel-Dorf ist einer von vielen Belegen für die Kunst der Russen, in den Bergen zu überleben. Und auch für ihren Ideenreichtum, wenn es darum geht, mit Nichts etwas zu ermöglichen. Auch wir nahmen uns, gemeinsam mit anderen Bergsteigern, eine dieser merkwürdigen, weil ungewohnten Unterkünfte, um dort einen Teil der Nacht zu verbringen. Ich hatte nicht ernsthaft vor, mich länger als unbedingt notwendig an diesem Berg aufzuhalten. Das soll nicht abgehoben erscheinen oder den Eindruck erwecken, der Elbrus sei mir zu minder und ich etwas Besseres. Es war einfach nur so, dass ich nicht wegen des Elbrus in den Kaukasus gekommen war. Mein Ziel war nach wie vor der Dychtau, und der Elbrus war nur ein Fluchtpunkt vor der Langeweile. Eigentlich bestiegen wir ihn nach dem Motto: Wenn wir denn schon mal hier sind …

Bei den »Barrel Huts«, die einst mit großen sowjetischen Militärhubschraubern heraufgebracht worden sind, trafen wir auf einen älteren österreichischen Bergführer, der mit seiner Tochter zum Elbrus gekommen war und mir nun erzählte, dass er vor über dreißig Jahren schon einmal hier gewesen sei. Schon damals habe es an diesem Ort fast genauso ausgesehen. Allerdings habe es da noch eine recht schmucke Berghütte gegeben. Die wurde jedoch später teilweise zu einer Kaserne umfunktioniert und schließlich Opfer eines Brandes. Ein defekter Kocher soll die Ursache für den Totalschaden gewesen sein. Die Blechdosen, erzählte mir der österreichische Bergführer, seien seinerzeit noch brandneu gewesen. Inzwischen sind sie alt, aber immer noch brauchbar, und sie erfüllen sogar mit einer

gewissen Gemütlichkeit ihren Zweck. Manche Biwak-
schachteln in den Alpen sind jedenfalls in einem weit
schlechteren Zustand. Unser Gespräch wurde zunehmend
unterhaltsamer, und ich berichtete, dass mir ein paar Bretter aufgefallen waren, die ich beim Ausstieg aus der oberen Sektion der Bahn ganz gezielt nicht betreten hatte,
weil ich fürchtete, sie könnten mir womöglich vor den
Kopf schlagen. Der österreicherische Bergführerkollege
lachte schallend und erklärte, das seien genau dieselben
Bretter gewesen, die er schon vor dreißig Jahren aus den
gleichen Gründen nicht betreten habe – heute seien sie halt
zudem auch noch morsch. All das war im Grunde nur ein
weiteres Indiz dafür, dass sich am Elbrus, diesem berühm-
testen Berg Russlands und höchsten Gipfel Europas, seit
Jahrzehnten nichts entwickelt hat. Wir blieben in dieser
Nacht bis etwa halb drei in unserer Öldose, dann trieben
uns die stickige Luft und der Wunsch hinaus, den Berg zu
besteigen. Im Schein der Stirnlampen begannen wir
im harten Schnee den Aufstieg. Wenn man von den Huts
aus auf den Elbrus will, ist es aber auch möglich, noch einmal zusätzliche 600 Höhenmeter mit Pistenraupen weiter
den Berg hinaufzufahren, sodass dann nur noch rund 1200
Höhenmeter zu bewältigen sind. Aber wir wählten die
Nacht und den längeren Anstieg, auch weil ich dem Trubel
entgehen wollte, der sich schon bei den Barrel Huts ankün-
digte.

Gegen halb fünf ging die Sonne mit einem atemberaubenden Morgenrot auf. Wir waren in den zwei Stunden gut
vorangekommen, und nun, angesichts dieses Spektakels
der Natur, fühlte ich mich wieder in den Bergen und ganz
in meinem Element. Außer uns beiden war um diese Uhr-
zeit noch niemand unterwegs. Es war fast so, als würde

man in den frühen Morgenstunden durch eine menschenleere Stadt spazieren, wohl wissend, dass sie gleich zum Leben erwachen wird. Das waren sehr schöne Eindrücke von einem Gebiet, auf das ich so gespannt gewesen war. Schlagartig vergaß ich die Warterei auf unsere Genehmigung, das schlechte Wetter der ersten beiden Tage und auch vorübergehend, wo wir uns eigentlich bewegten. Aus der Dämmerung tauchten nun überall neue Bergspitzen auf, und binnen kurzer Zeit breitete sich rund um uns herum eine ganz und gar phantastische Bergwelt aus. Dieser Sonnenaufgang ist mir immer noch in ganz starker Erinnerung. Er allein war es schon wert, am Elbrus unterwegs zu sein. Aber mit zunehmender Helligkeit sahen wir nun auch die drei monströsen Schneekatzen, die sich mit ihren schweren Raupenketten langsam von unten heraufwälzten. Sie würden bald eine Schar von sechzig, siebzig lärmenden und erwartungsfrohen Gipfelanwärtern direkt vor uns auf fast gleicher Höhe ausspeien. Schlagartig wären wir dann wieder mittendrin in dem Zirkus um den so begehrten höchsten Punkt Europas. Die beiden stillen Stunden jedoch, in denen man sogar den Eindruck hätte gewinnen können, an einem einsamen Berg unterwegs zu sein, konnte uns niemand mehr nehmen.

Als die Raupenfahrer ihre Fracht abgesetzt hatten, setzte sich der Tross wie ein Lindwurm in Bewegung. Ganz langsam stiegen die Aspiranten nun mit uns zusammen bergwärts. Bald löste sich der Pulk in einzelne, kleinere Grüppchen auf, und es wurde wieder ruhiger. Den weiteren Anstiegsweg zeigten nun ständig Markierungsstangen, wie man sie von den Bergstraßen der Alpen im Winter her kennt. Ein Verlaufen war praktisch unmöglich. So verstrichen die nächsten knapp vier Stunden in einem monotonen Gehrhythmus ohne Abwechslung, ohne Aufregung, ohne jeglichen technischen Anspruch. Eigentlich ist der Elbrus ein idealer Berg, um sich für größere, schwierigere Aufgaben zu akklimatisieren, denn in dieser Monotonie kommt man nie außer Tritt und damit außer Atem. Ein Trainingsberg eben. Zum Schluss zog ich mein Tempo etwas an und erreichte gegen 9 Uhr und vor allen anderen den Gipfel. Diese paar Minuten ganz allein ganz oben gefielen mir wieder, denn ich hatte die Muße, hinaus-zuschauen und dieses endlose Meer an Gipfeln zu bestau-nen. Vor allem sah ich nun endlich, zwar noch in der Ferne, aber klar erkennbar, den Gora Dychtau. Bald kam auch Flory Kern herauf und nach und nach immer mehr Bergsteiger mit großem Gepäck und vielen verschiedenen Sprachen. Sie beglückwünschten einander und freuten sich über ihren Erfolg. Wer am Elbrus die Pistenbullys nicht zur Unterstützung in Anspruch nimmt, fügt später seiner Besteigung den Zusatz »by fair means« an. Aber das sind die wenigsten, und mir kommt das doch etwas merkwürdig vor, wenn man zuvor mit drei Sektionen in der Seilbahn den halben Aufstieg überwunden hat. Der Elbrus ist allerdings auch ein angenehmer Skiberg. Immer wieder kommen Bergsteiger mit Ski herauf und sind dann natürlich ruck, zuck wieder unten. Mir wäre das auch viel lieber gewesen, aber wir hatten keine Ski dabei, und so mussten wir nach einer Stunde auf dem Gipfel den langen Weg und die rund 1900 Höhenmeter wieder Schritt für Schritt hinunter. Noch bevor sich die Kolonnen der ande-ren Bergsteiger in Bewegung setzten, begannen wir unse-ren Abstieg. Zunächst auf hartem Schnee, und später rutschten wir, wo immer es möglich war, im weichen Sulz den Berg hinunter. Schön war das nicht, aber wenigstens effizient. Bei den Barrel Huts holten wir noch rasch unsere Schlafsäcke und hatten nun beide das Gefühl, etwas unternommen zu haben. So kämen wir wenigstens nicht mit vollkommen leeren Rucksäcken heim, wenn wir tatsächlich keine Genehmigung für den Dychtau erhalten sollten.

Unten gönnten wir uns in der Nähe der Talstation jeder ein großes Bier und einen Grillspieß von wirklich beeindruckender Größe. Auf dem Weg zurück in unser Hotel machten wir einen Stopp beim Info-Point des Tourismusbüros. Dort hatten uns die Mitarbeiter in den vergangenen Tagen immer wieder den Kontakt zum Militär hergestellt. Nun jedoch gingen wir eher zufällig und ohne allzu große Hoffnung noch einmal dorthin. Weder Flory noch ich konnten es wirklich fassen, als wir freudestrahlend empfangen wurden und man uns mitteilte, die Genehmigung liege nun vor und wir könnten jederzeit zum Dychtau starten. Auf einmal hatte sich unsere Situation verändert. Wir würden unsere Chance erhalten. Die Mitarbeiter des Tourismusbüros boten uns an, die Unterlagen für uns abzuholen, aber wir machten das anders. Wir eilten zu unserem Hotel und packten in Windeseile unsere Sachen. Mittlerweile waren wir schon mehr als zwanzig Stunden ohne Schlaf, aber die Aussicht, zum Dychtau zu dürfen, hielt uns auf Trab.

Es war noch nicht sehr spät an diesem Tag, und wir nutzten die Chance, mit dem Taxi nach Naltschik zu fahren. Das ist die Hauptstadt der Region Kabardino-Balkarien, rund hundert Kilometer nordöstlich des Elbrus. In der Militärstation dort nahmen wir unsere Unterlagen in Empfang – ein A4-Blatt, das uns nur eine Kleinigkeit kostete und dessen Wert doch so hoch war. Wir sahen zu, dass wir von dort so schnell wie möglich wegkamen, bevor es sich noch jemand anders überlegte. In einem Geländewagen rumpelten wir noch einmal gut sechzig Kilometer auf einer zum Teil arg mitgenommenen Straße zweieinhalb Stunden lang in Richtung Südwesten bis zu einem landschaftlich sehr schön gelegenen Tal. Vor allem die letzten zwanzig Kilometer dieser Schlaglochpiste kosteten uns Nerven, Sitzfleisch und den Glauben an russische Straßenbauarbeit. Ich war froh, als ich endlich aussteigen konnte. Viel sahen wir von dem kleinen Dorf Bezengi nicht mehr, denn es war bereits 22 Uhr, als wir in dem Bergsteiger-Camp ankamen.

Am 12. Juni legten wir bereitwillig einen Ruhetag ein. Wir hatten lange nicht geschlafen, und ein bisschen steckte uns auch noch der Abstieg vom Elbrus in den Knochen. Nach dem Frühstück sahen wir uns das Dorf ein wenig an und sortierten am Nachmittag unsere Ausrüstung. Bezengi ist eine reizende kleine Ansammlung von gemauerten Gebäuden mit lustigen blauen, roten und orangefarbenen Dächern. Man kann dort gut essen, es gibt saubere Betten und eine spartanische Umgebung, wie sie Bergsteigern gefällt. Vor allem aber ist Bezengi, das in 2200 Meter Höhe liegt, ein strategisch günstiger Ausgangspunkt in eines der bekanntesten Klettergebiete im Kaukasus. Alle großen Bergsteiger der ehemaligen Ostblockländer haben sich dort verewigt. Die meisten von ihnen haben da ihre alpine Grundausbildung erhalten, denn Bezengi war früher eine der Topadressen des UdSSR-Alpinismus und ist auch heute noch ein großes Trainingscamp. Mir gefiel dieser Ort mit seinen kleinen, eingeschossigen Häusern und den Giebeldächern auf Anhieb. In diesem Teil des Kaukasus gibt es sehr viele, sehr schöne, sehr abgelegene und vor allem sehr harte Gipfel. Da ist man froh, wenn Infra-

strukturen wie Unterkünfte, Duschen, eine Bergrettungs-
station, ein Wetterdienst und andere kleine Annehmlich-
keiten das Leben am Fuß dieser Berge erleichtern.

Zentraler Treffpunkt in Bezengi ist eine große Kantine,
die mir zunächst überdimensioniert vorkam und im Vergleich zu den anderen netten Häuschen eher wuchtig wirkte. Doch dort versammeln sich alle Bergsteiger zum Essen.
Es gibt für alle ein Einheitsmenü, das jeden Tag nur für
kurze Zeit ausgegeben wird. An der Essensausgabe bildete
sich eine beeindruckende Menschenschlange, die diszipli-
niert, sich in vielen Sprachen unterhaltend und auf höchst
interessante Weise unterschiedlich dünstend darauf wartete, dass sie ihre Portionen zugeteilt bekam. Wer wollte,
konnte sich auch am Tisch bedienen lassen. Linsensuppe,
Bratenfleisch, weißes Brot, Kartoffeln, Reis, Strudel, Kaffee, Tee, Mineralwasser – die Tische schienen sich unter
dieser einfachen Üppigkeit fast zu biegen.

Es war nicht genau zu unterscheiden, wer hier wer war.
Denn in Bezengi trifft man natürlich nicht nur Bergsteiger,
dort leben auch ein paar Wissenschaftler, Techniker, das
Personal, das die Unterkünfte pflegt, und einige Bergführer.
Diese gemeinsamen Essen glichen einem großen Spekta-
kel, denn so schnell alle herbeigeeilt waren, so schnell aßen
sie auch und verstreuten sich sofort wieder in dem Camp.

Noch zu Zeiten der Sowjetunion war es eine Auszeich-
nung und ein Privileg, überhaupt in diese Region kommen
zu dürfen, denn Bezengi war allein den Spitzenkräften des
Ost-Alpinismus und den Extremsten der Extremen vor-
behalten. Bezengi war fast wie ein geheimer Ort, den die
Russen nicht gern herzeigten. Ein bisschen etwas von
diesen alten, geheimnisumwitterten, aber durchaus glor-
reichen Zeiten ist auch heute noch präsent. Noch immer

spürt man in Bezengi die Anwesenheit von Erschließern und Abenteurern. Man sieht es in den grimmigen Nordwandgesichtern und an der Entschlossenheit im Blick vieler Bergsteiger. Es gibt dort sogar noch immer das schon zu Sowjetzeiten gut funktionierende Bergrettungssystem. Selbst die höher gelegenen Biwaks sind in der Saison mit einem Bergrettungsmann besetzt. Bis vor ein paar Jahren war es noch üblich, dass jedes Team, das an einem der zahllosen Berge unterwegs sein wollte, mit einen Funksprechgerät ausgestattet wurde und sich einmal täglich zu melden hatte. Heute ist das keine Pflicht mehr, aber man kann, wenn man will. Für viele ist das in dieser einsamen und weitläufigen Region zumindest eine Beruhigung. Wer im Dorf ankommt, muss sich auch noch immer beim Camp-Leiter anmelden und sagen, was er vorhat.

Ich fand das alles ganz und gar urig, denn die Dinge in Bezengi funktionierten. Sie funktionierten einfach, aber vor allem erfrischend unkompliziert. In der Kantine hingen überall Bilder grandioser Berge, die mich mit ihren Ausmaßen, ihren riesigen Gletschern und den bedrohlichen Sérac-Zonen stark an die Gebirgsketten im Himalaja erinnerten. Auf den teilweise ausgebleichten Fotos waren Bergsteiger mit spartanischer Ausrüstung zu erkennen, die sich in schwierigen Wänden bewegten. In einem kleinen Geschäft konnte man Postkarten, Souvenirs und auch Landkarten kaufen. Wodka, so erklärte man uns mit vielsagenden Blicken und ungefragt, gäbe es nur im einzigen Pub des Dorfes. Dort angeblich aber reichlich, wenn die russische Seele danach verlangte.

Mir fiel gleich ein massiger, etwa 25 Meter hoher Turm aus Natursteinen auf, der im oberen Teil offenbar einmal eingestürzt und dann liebevoll wieder restauriert worden war. Darin war ein kleines Museum untergebracht, das wir uns am letzten Tag vor unserer Abreise noch anschauten. Neben allerlei Krimskrams waren dort auch alte Werkzeuge und Bergsteigerausrüstung aus der Steinzeit des Alpinismus zu bestaunen. Ganz einfache Lederpatschen, die noch mit Stroheinlagen die Füße wärmten und mit derben Lederriemen geschnürt wurden. Auch in diesem Museum gab es viele alte Fotografien und eine beachtliche Sammlung von Büchern über das Bergsteigen. Das meiste in kyrillischer Schrift und nicht zu entziffern. Nur die Bilder sagten uns, dass es sogar Literatur über Tibet, die Westalpen und speziell den Mont Blanc gab. Flory ließ es sich nicht nehmen, die alte Bekleidung zu probieren. Mit einer zotteligen Kopfbedeckung und einem stinkenden schwarzen Fellumhang trat er lachend ins Freie. Es war ein Wunder, dass er nicht sofort als Yeti eingesperrt wurde.

Das Plateau, auf dem Bezengi einst errichtet wurde, ist eine grasige Fläche am Ende des gleichnamigen Tals, das im Grunde mehr einer Schlucht zwischen zwei beeindruckenden Bergketten gleicht. Die Zunge des sehr langen Bezengi-Gletschers, der über und über mit Moränenschutt bedeckt ist, liegt nicht weit vom Dorf entfernt. Gleich fünf Gipfel überragen in diesem Gebiet die 5000-Meter-Marke. Das hat der Region den klangvollen Namen »Herz des Kaukasus« eingebracht. Doch dieses Herz schlägt ziemlich weit südlich, fast auf dem 43. Breitengrad. Also etwa dort, wo in Spanien die Pyrenäen oder in Italien die toskanischen Weinberge liegen. Das bedeutet, dass die klimatischen Bedingungen den Gletschern zusetzen und dass die Gefahr von Eisschlag und Lawinen in den riesigen Flanken und Wänden der Kaukasusberge oft schon Anfang

August enorm groß wird. Bis dahin sollte man auf den Gletschern seine Touren beendet haben. Wir waren kurz vor Mitte Juni dort, eine gute Zeit, in der es aber, genau wie bei uns in den Alpen, noch immer zu Nassschneelawinen kommen kann.

Wir begannen unseren Aufstieg in Richtung Dychtau am nächsten Morgen gegen 9 Uhr, nachdem wir noch einmal gut gefrühstückt hatten. Auf unsere Schultern drückten schwere Rucksäcke, die sicherlich mehr als fünfzehn Kilogramm wogen. Zelt, Matten, Schlafsäcke, Seile, Gurte, Karabiner, Helme, Pickel, Steigeisen, Verpflegung und Bekleidung – da kam einiges zusammen. Bald hinter dem Dorf nahm uns ein kleiner, schmaler Steig auf und leitete uns direkt in herrlich blühende Wiesen hinein. Links und rechts dieses Hochtals bäumten sich vergletscherte, eindrucksvolle Gipfel auf, von denen es sicher jeder einzelne wert gewesen wäre, bestiegen zu werden. Immer tiefer drangen wir in diese Wildnis vor und gelangten auf einem nicht markierten Steiglein bald an eine Stelle, an der wir glaubten, bereits den Dychtau erkennen zu können. Doch nach zwanzig Minuten im inzwischen weglosen Gelände kamen wir rasch zu der Erkenntnis, dass er es doch nicht sein konnte. Wir kehrten wieder um, kürzten den Umweg ein Stück ab und standen auf einmal fast mittendrin in einem großen Rudel Steinböcke. Die stattlichen Tiere standen ganz ruhig da, kaum dreißig Meter von uns entfernt, und beobachteten uns in Seelenruhe. Als sie erkannten, dass wir mit unseren Rucksäcken wohl genug zu tun hatten, zogen sie gemütlich weiter. Spätestens da wurde uns bewusst, dass wir in einem Nationalpark unterwegs waren, in dem der gesamte Artenreichtum unter Schutz steht. Oberhalb der Waldgrenze erreichten wir einen lang gezogenen Talboden und auf ungefähr dessen Hälfte einen Platz, der Misses Kosh heißt. Das ist eine kleine Alm, bei der es eine Gedenkstätte für verunglückte Bergsteiger gibt. Unter uns lag der Bezengi-Gletscher, und vor uns richtete sich der Pik Semjonow auf. Ich war beeindruckt von dieser Landschaft. Wieder einmal beeindruckt, muss ich sagen, denn schon in der Wüste hatte ich gestaunt und auch in Alaska und in Kanada. Ich fühlte mich wohl mit diesen sieben zweithöchsten Gipfeln und sah nun mit Spannung dem Dychtau entgegen, dessen südseitig gelegenes »Russenbiwak« wir nach gut fünf Stunden erreichten. Pik Semjonow, Pik Freshfield, der Gora Dychtau, der Pik Puschkin, auf der anderen Seite der Baschcha-Aus und der Pik Sella – in einem phantastischen Halbrund recken sich dort die Vier- und Fünftausender in den Himmel. Doch wir sahen leider nicht allzu viel. Das Wetter war inzwischen nicht mehr so gut wie noch am Morgen. Es setzte leichter Graupelschauer ein, und in der Ferne konnten wir es donnern hören. Die Südseite des Dychtau war von einem Schneenebel verhangen. Wir suchten uns einen Platz für unser Zelt, das wir schließlich nur wenige Meter vor dem Beginn eines Gletschers aufschlugen. Dieser Gletscher ging weiter oben in eine Eisrinne über. Dort fanden wir Schnee, den wir in großen Mengen schmolzen, um reichlich zu trinken. Wir aßen wenig, packten die Rucksäcke neu und verkrochen uns schon bald in die Schlafsäcke. Es würde erneut eine kurze Nacht werden. Zuvor hatten wir noch ein wenig den unteren Teil des Gletschers inspiziert, über den am nächsten Tag der Beginn unseres Gipfelanstiegs hinaufführen sollte.

Um 2 Uhr holte mich der Wecker aus dem Schlaf. Auch Flory war schnell munter. Wir ließen uns eine Stunde Zeit, um ausgiebig Kaffee zu trinken und die Ausrüstung noch einmal zu kontrollieren. Dann verließen wir das Zelt. Es war sternenklar, kein Wölkchen am Himmel, als wir kurz nach 3 Uhr aufbrachen. Es schien in dieser Nacht kein Mond, und so tappten wir im Dunkeln über einen riesigen Lawinenkegel, der erst wenige Tage alt zu sein schien. Die Schneebrocken, die dieser Abgang vor sich hergeschoben und aufgetürmt hatte, waren teilweise groß wie ein Wohnzimmer. Ein paar Spalten, die sich weiter oben auf dem Gletscher befanden, hatten wir uns gut eingeprägt, sodass wir einigermaßen die Orientierung in diesem schwer überschaubaren Gelände behielten. Wo die Eisrinne begann, wurde es blank und etwa vierzig bis teilweise sechzig Grad steil. Hier musste die Lawine heruntergefegt sein. Wir konnten die Gefahr von Stein- und Eisschlag förmlich spüren und bemühten uns, diese Zone so schnell wie möglich zu überwinden. Nun kam uns natürlich zugute, dass wir vorher auf dem Elbrus gewesen und inzwischen recht gut akklimatisiert waren. Etwa auf 4000 Meter Höhe, also noch immer 1200 Meter unter dem Gipfel, ging die Sonne auf. Wir konnten die Stirnlampen ausschalten, und es wurde wesentlich leichter, sich zu orientieren. Aus der Eisrinne heraus stiegen wir in kombiniertes Gelände, das uns immer wieder zu Querungen zwang. Wir mussten schon sehr genau schauen, wo wir weiter aufstiegen, denn leicht hätten wir es uns ganz schwer machen können. Es waren die kleinen Umwege, die uns den Weg des geringsten Widerstands in dieser hochalpinen Wand wiesen. Gegen 9 Uhr erreichten wir in 4500 Meter Höhe den klassischen Biwakplatz am Dychtau, an dem nur ein einziges Zelt Platz hat. Nun lag etwa die Hälfte des langen Anstiegs bis zum Gipfel hinter uns. Wir waren uns beide darüber im

Klaren, dass es ein verdammt langer Tag werden würde, wenn wir noch weitergingen. Doch Flory fühlte sich gut, man spürte, dass er sich gut anpassen konnte und dass ihm an diesem Berg jetzt auch seine große Erfahrung zugutekam. Es war noch früh am Tag, und so war für uns gleich klar, dass wir weitergehen und versuchen würden, den Gipfel noch an diesem Tag zu erreichen. Genau so hatten wir es taktisch auch geplant. Allerdings steht und fällt natürlich jede Taktik mit den äußeren Bedingungen und dem eigenen Wohlbefinden.

Wir gelangten auf den lang gezogenen Gipfelgrat, und dort wurde es auf einmal saukalt. Steil richtete jetzt ein scharfer Wind die Schneefahnen auf, und phasenweise fror ich sehr. Wir waren für die Westalpen ausgerüstet und nicht so extrem angezogen wie im Himalaja. In kombiniertem Gelände mussten wir nun immer wieder Felspartien und blankes Eis überwinden. Bis zu dem Biwakplatz hatten wir noch gut im Zeitrahmen gelegen, aber jetzt fraßen sich die Stunden in unser Konzept. Normalerweise tragen die Dychtau-Aspiranten ein Zelt und die komplette Biwakausrüstung bis zu dieser Stelle hinauf, übernachten dann, besteigen am nächsten Tag den Gipfel, übernachten noch einmal und steigen dann erst wieder zum Wandfuß ab. Das schien mir jedoch eine eher komfortable Lösung sein, zumal ich Biwaks überhaupt nicht mag. Doch ich muss zugeben, ich habe die russischen Zeitangaben unterschätzt, die wirklich knallhart kalkuliert sind und keine Möglichkeiten für längeres Zaudern lassen. Das wiederum wundert mich nicht. Ich kenne ein paar der starken Bergsteiger aus Russland, der Ukraine und Kasachstan, die im Kaukasus »gelernt« haben. Ich habe deren Weg immer mit sehr viel Interesse, oft aber auch mit großem Erstaunen verfolgt.

158

Deshalb kann ich ein wenig beurteilen, wie schnell und mutig Anatoli Boukreev war, bevor er an der Annapurna tödlich verunglückte, oder Valery Babanov, den ich am Nuptse East in der Route neben uns erlebte, oder Denis Urubko, der so blitzsauber alle vierzehn Achttausender bestieg. Das sind alles sehr starke Alpinisten, die keine Kälte, keine Schmerzen und auch nicht das Wort Mühsal zu kennen scheinen. Es ist beachtlich, wenn man betrachtet, wie sie im Himalaja immer wieder Probleme lösten, die vor allem Härte verlangten.

Man braucht also nicht zu hoffen, dass einem bei diesen Besteigungen im äußersten Südosten Europas auch nur irgendetwas geschenkt wird. Das sind alles harte Aufgaben. Jetzt auf dem Gipfelgrat bekamen wir das zu spüren. Ich hatte angenommen, dass die Besteigungszeit so kalkuliert sei, dass für den Anstieg bis zum Biwakplatz in 4500 Metern wegen der schweren Rucksäcke eine längere Zeit veranschlagt wird. Wir hatten bewusst leichtes Gepäck gewählt, ohne Zelt, Matten und Schlafsäcke, und glaubten zunächst, wir könnten im unteren Teil Zeit gutmachen. Die Entscheidung für die Taktik »leicht und schnell« sollte uns an nur einem Tag hinauf- und auch wieder hinunterbringen. Doch wir hatten bislang nicht wirklich eine komfortable Zeitgutschrift herausgeholt, und nun wurde der Grat immer anspruchsvoller. Jedes Mal wenn ich dachte, jetzt müsse sich gleich der Gipfel vor mir auftun, kam ein neuer hochalpiner Abschnitt, in dem wir wieder teilweise senkrecht auf- und abklettern mussten. Wir waren schon lange angeseilt und dabei viel am kurzen Seil gegangen, aber jetzt mussten wir manchmal sogar sichern. Der immer stärker und giftiger werdende Wind erschwerte das Ganze noch. Teilweise packten uns die Böen wie mit harter Faust, und an dem scharfen Grat konnte man sich keinen einzigen Stolperer erlauben.

Keine Frage, dieser Berg war ein gewaltiger Brocken. Bei Weitem nicht so »leicht« zu haben wie der Mont Blanc oder der Elbrus, und es wunderte mich überhaupt nicht, dass er so selten bestiegen wird. Zu der enormen Abgeschiedenheit kommt vor allem die Länge der Gesamtunternehmung. Dazu sind Einzelstellen bisweilen recht pikant zu klettern, und bis auf den Grat hinauf ist man häufig von Stein- oder Eisschlag bedroht. Mit einem Wort, der Dychtau ist durchaus ein Berg, an dem man auch schnell scheitern kann. Inzwischen war es 11 Uhr und ich sicher schon der fünften Täuschung erlegen. Kurz nach diesem Punkt, an dem ich wieder einmal kopfschüttelnd stehen geblieben war, und nach einer längeren, sehr steilen Passage kamen wir in eine kleine Scharte. Dort war es windstill, und wir hielten kurz an, um uns zu beratschlagen. Als ich aus der Scharte heraus um die Ecke schaute, thronte der Gipfel des Dychtau direkt vor uns. Ich konnte das verbleibende Gelände gut einsehen. Es trennten uns vielleicht noch etwa knapp hundert Höhenmeter und ein paar Schneehindernisse vom höchsten Punkt. Doch Flory band sich vom Seil aus. Er wollte in der Scharte zurückbleiben, denn er fühlte sich nun nicht mehr ganz so stark wie noch zuvor an dem Biwakplatz. Wir hatten zuletzt fast gar keine Pausen mehr gemacht, weil uns beim Stehen jedes Mal ziemlich kalt wurde. Das zehrt natürlich in 5000 Meter Höhe zusätzlich an den Kräften. Vor allem dachte Flory inzwischen verstärkt an den bevorstehenden und elend langen Abstieg, der uns sicher noch einmal viel abverlangen würde. Müdigkeit wäre dann bestimmt kein guter Partner, denn in diesem Gelände durfte man keine Sekunde die Konzentration verlieren. Wir mussten auf jeden Fall wieder ganz hinunter bis zu unserem Zelt, denn für ein Biwak waren wir nicht gut ausgerüstet. Und an eine Nacht zu zweit in einem Biwaksack mochten wir beide lieber gar nicht erst denken.

Müde war ich auch, aber ich wollte andererseits auch nicht so kurz vor dem Ziel umdrehen und das alles womöglich noch einmal von vorn beginnen müssen. Also nahm ich über die Schulter ein wenig von dem Seil auf und schleifte den Rest durch den Schnee hinter mir her. Flory nahm die Kamera und filmte, während ich weiter hinaufstieg. Ich stieß schließlich auf zwei spitze Felszacken und eine steile Schneewächte. Dahinter begann eine ansteigende Querung von etwa hundert Meter Länge. Dann war ich oben. Es war kurz vor 12 Uhr, als ich den Gipfel des Gora Dychtau erreichte. Ich konnte auf der anderen Seite den Ostgipfel sehen, der nur unwesentlich niedriger ist. Über mir war der Himmel blau, aber es blies noch immer dieser unangenehm starke und eiskalte Wind über die Gipfel des Kaukasus. Ich schlug mit dem Pickel einen kleinen Stein aus dem felsigen Untergrund heraus und nahm ihn mit, so wie ich es an fast jedem wichtigen und hohen Gipfel mache, sofern er nicht vergletschert ist. Das ist mir im Lauf der Jahre zu einer guten Gewohnheit geworden. Ich habe inzwischen eine ganze Sammlung von Gipfelsteinen beieinander. Die vom Mount Everest und vom K2 habe ich mir sogar schleifen lassen und trage sie heute zusammen mit meinem Xi-Stein um den Hals.

Ich hielt mich nicht lange am höchsten Punkt auf, denn dort war ich dem schneidenden Wind voll ausgesetzt und fror sofort wieder. Für ein paar Momente spürte ich die Erleichterung, angekommen zu sein. Doch jetzt dachte auch ich über den sehr weiten Abstieg nach und daran, dass wir dann alle Konzentration noch einmal aufs Neue benötigen würden. Vorsichtig stieg ich zurück zu der Stelle, an der Flory auf mich wartete. Ihm ging es nicht anders – auch er fror. Ich konnte es später genau erkennen, als ich die Filmsequenzen anschaute, die er gedreht hat, denn dabei hat er vor Kälte die Kamera kaum ruhig halten können.

Auf uns wartete nun ein weiteres hartes Stück Arbeit. Zum Abseilen war das kombinierte Gelände meist zu leicht, aber zum Abklettern durchaus anspruchsvoll. Und in den steilen Schneeflanken wäre Abseilen ohnehin sinnlos gewesen. In dieser riesigen Wand hätten wir dazu außerdem eine Unmenge an Material gebraucht, um die Abseilstellen überhaupt einzurichten. Schon im Aufstieg hatten wir nur drei Haken gefunden. Sie steckten in den schwierigsten Passagen und erwiesen sich dort auch als sinnvoll. Die Russen und Kasachen sind nicht nur harte Kletterer, sondern auch noch spartanisch, wenn es um das Absichern von Routen geht. Ich habe einen hinreißenden Artikel über den russischen Kletterer Schenja Dmitrienko gelesen, den sie den »Seven-Express-Man« nennen. Würden mehr Sicherungen als sieben Expressschlingen verwendet, sei das Sportklettern und nicht Bergsteigen, sagte Schenja dort. Das klingt gleichermaßen kühn wie entschlossen, wenn man weiß, dass viele alpine Seillängen 35 und mehr Klettermeter haben.

Flory und ich verbanden uns wieder mit dem Seil und begannen den Abstieg. Nachdem wir den langen Grat hinter uns gelassen hatten und die steilen Schnee- und Eisflanken hinunterstiegen, sagte Flory immer mal wieder: »Ach, wenn ich jetzt nur die Ski dabeihätte …« Das hatte ich zuvor noch nie von einem meiner Partner an einem schweren Berg gehört. Reinhold Messner war nie ein Skifahrer, und

162

Konrad Auer wählte bei unseren gemeinsamen Achttausender-Expeditionen zum Kangchendzönga und zum K2 im Abstieg die sichere Variante und ging lieber zu Fuß. Flory Kern aber wäre am Dychtau wahrscheinlich wild entschlossen gewesen, in diesen extrem steilen Flanken die Ski anzuschnallen. Ich bezweifle jedoch, dass die Ski wirklich eine Hilfe gewesen wären, denn es hätte schon sehr großen Mut gebraucht, sich da hinunterzutrauen. Mehr als 1700 Höhenmeter mussten wir absteigen. Das ist fast die Höhe der Eiger-Nordwand. Angesichts der vielen und langen Querungen waren es jedoch am Dychtau noch viel mehr Klettermeter. Wir fanden während der ganzen Zeit so gut wie keine Spuren früherer Begehungen. Auch das war ein Beleg für die Einsamkeit an diesem großen und großartigen Berg.

Je weiter wir hinunterkamen, umso mehr bedrohte uns Steinschlag. Die Sonne heizte die Wand nun stark auf, und immer wieder polterte es über unseren Köpfen. Es war zudem streckenweise mühselig, im tiefen, sulzigen und durchnässten Schnee voranzukommen. Ein paarmal traten wir unbeabsichtigt große Schneekeile los, die dann als Lawinen abrutschten. Manchmal schien es, als sei die ganze Wand in Bewegung. Wir mussten jedenfalls ganz dicht beieinanderbleiben, damit wir uns nicht gegenseitig gefährdeten. Denn selbst so ein kleiner, aber vom Gewicht her schwerer Schneerutsch kann einen leicht von den Füßen holen, und dann gibt es kaum noch ein Halten. Es war 16 Uhr, als wir wieder bei unserem Zelt ankamen. Wir hätten zwar noch ein paar Zeitreserven gehabt, aber wir wollten nicht mehr weiter. Wir begannen Schnee zu schmelzen – ich freute mich schon den ganzen Tag auf einen Kaffee – und kochten uns etwas aus dem kleinen Lebensmittelvorrat, den wir mitgebracht hatten.

Es war vorbei. Wir hatten es geschafft, diesen großen Berg an nur einem Tag zu besteigen. Über uns in der Wand faltete die Nachmittagssonne nun jeden Sporn, jede Rippe, jeden Turm, jeden Pfeiler, jede Flanke und jeden Sérac in kontrastreichem Licht zu einer Art Gesamtkunstwerk auf. Ich war wieder einmal erstaunt, wie wechselndes Licht so eine Wand komplett verändern kann. Wir waren beide froh, den objektiven Gefahren heil entronnen zu sein, denn je weiter die Zeit an diesem Berg fortschreitet, umso mehr lauert dort allerlei Unheil. Man sollte sich da eigentlich nach 12 Uhr nicht mehr bewegen. Vor dem sicheren Zelt sitzend, konnte ich mir jetzt gut vorstellen, dass die Taktik mit einem Biwak in 4500 Meter Höhe die bessere ist, wenn man die Sicherheit voranstellt. Das Plätzchen hoch oben am Grat ist sehr gut geeignet, die Aussicht phantastisch und der Sonnenaufgang, von diesem Adlerhorst aus betrachtet, sicher wunderbar. Wenn man von dort und ganz früh die verbleibenden 700 Höhenmeter überwindet, kommt man noch am selben Tag vom Berg herunter, ohne zu zittern und ständig auf fallende Steine achten zu müssen. Doch das alles lag jetzt hinter uns, und nun begann der gemütliche Teil. Es war ein herrliches Gefühl, die Schuhe und die Socken auszuziehen. Unten in der Kantine von Bezengi hätten wir jetzt in Sachen Geruchsvariationen sicher eine gute Figur gemacht. Aber noch waren wir inmitten der prachtvollen Kaukasusberge. An unserem Zeltplatz war es fast windstill, und so genossen wir die Zeit in dieser ganz und gar wilden Landschaft, in der es so viel zu schauen gab.

Am nächsten Morgen bauten wir unser Lager in aller Ruhe ab, schulterten wieder die vermaledeiten Rucksäcke und rutschten über mehr oder weniger steile Firnflanken und Schneefelder weiter abwärts, bis wir in die üppig blühenden Blumenwiesen im Tal des Bezengi-Gletschers kamen. Schon da nahm ich mir vor, eines Tages und mit einem neuen schönen Ziel vor Augen in diesen Teil des Kaukasus zurückzukommen. Als wir die bunten Häuser von Bezengi erreichten, warfen wir bei dem kleinen und einzigen Pub die schweren Säcke auf den Boden, stiegen aus den Bergstiefeln und ließen uns in die kleinen Sessel vor dem Haus plumpsen. Den grandiosen Durst, den wir während des sonnenheißen Abstiegs entwickelt hatten, stillten wir mit großen Gläsern Bier und Limonade, die wir zu zischenden Radlern zusammenmischten.

Während wir dort saßen und zufrieden in die Sonne blinzelten, sprach mich ein Bergführerkollege aus Polen an, der sich als Peter aus Zakopane vorstellte und gut Deutsch sprach. Auch er kam gerade von einer Tour zurück und streckte müde die Beine von sich. Und plötzlich war es wieder einer der Augenblicke, in denen die Welt zu einem kleinen Dorf zusammenschrumpft und irgendwie jeder jeden zu kennen scheint. Peter jedenfalls berichtete mir, dass er damals einer jener beiden Polen gewesen sei, die am Fuß der Lhotse-Südwand, zusammen mit meinem Freund Luis Brugger aus dem Ahrntal, in eine fast unglaubliche Situation geraten waren. Die drei wurden damals von einer großen Lawine überrascht, und als sie sahen, dass es vor den ungeheuren Schneemassen kein Entrinnen mehr geben würde, sprangen Luis und Peter kurzerhand mit vollem Risiko und ohne zu wissen, wie die Sache ausgehen würde, in eine Gletscherspalte. Peter wurde dabei leicht verletzt, Luis zog sich ein paar Prellungen zu. Der andere Pole aber überlebte die mächtige Druckwelle der Lawine nicht. Luis Brugger kam dann 2006 am Jasemba im Himalaja ums Leben, und jetzt saß mir Peter auf einmal im hintersten Kaukasus gegenüber. Er kannte auch meinen älteren Bruder Alois. Die beiden hatten sich öfter in Bozen getroffen und waren zusammen in den Dolomiten und an den Sonnenplatten in Arco klettern. Sie hatten sich über die Bergrettung kennengelernt, und mein Bruder hatte Peter auch in Polen besucht. Nun sprach Peter mit großer Achtung vom Dychtau, den er einige Jahre zuvor in einer sehr beherzten Aktion selbst schon bestiegen hatte.

Irgendwie war das ein sehr netter Abschluss. Wir saßen zusammen in der untergehenden Sonne, unterhielten uns über die Berge, die für uns alle so eine große Bedeutung haben, und tranken gemeinsam köstliches Bier. Als die Schatten sich über Bezengi senkten, es langsam kühl wurde und wir unsere Säcke nehmen und noch einmal in die Schuhe schlüpfen mussten, waren mir sogar die 150 Meter bis zu unserer Unterkunft fast zu weit. Ich wäre am liebsten dort sitzen geblieben und hätte die ganze Nacht hindurch immer neue Pläne geschmiedet.

Dauerhaft nass und jede Menge Spaß

Ein Berg, ein Koch, zerschlissene Gummistiefel, eine Erst- und eine Zweitbegehung

- Australien/Ozeanien
- Provinz Papua, Indonesien
- Maoke-Gebirge
- Puncak Trikora
- 4750 m
- Erstbesteigung am 21. Februar 1913 durch Alphons Franssen Herderschee, Paul François Hubrecht und Gerard Martinus Versteeg (alle Niederlande)

34 Millionen Einwohner, 8,5 Millionen Quadratkilometer Gesamtfläche und 1,7 Prozent Anteil an der Gesamt-Erdoberfläche – Australien und Ozeanien bilden zusammen den siebten und kleinsten Kontinent der Erde. Neben Australien umfasst er Tasmanien, Neuguinea, Neuseeland und die Inselstaaten im Pazifik. Die Carstensz-Pyramide auf Neuguinea ist mit 4884 Metern der höchste Berg. Dann kommt der Puncak Trikora mit 4750 Meter Höhe.

Nach einer halben Stunde waren unsere T-Shirts und Hosen klamm. Nach einem Tag war selbst in unseren Trekkingsäcken so gut wie alles feucht. Und am zweiten Tag hatten wir keinen trockenen Faden mehr im Gepäck.

167

Als ich im April 2011 nach Neuguinea flog mit dem Ziel, den Puncak Trikora zu besteigen, den zweithöchsten Gipfel von Australien und Ozeanien, war das vor allem eine äußerst nasse Angelegenheit. Eine der ersten Geldausgaben betraf zwei Paar Gummistiefel. Mein Partner Toni Mutschlechner hatte mich dazu aufgefordert. Ich schaute ihn ungläubig an und brummelte, dass wir so etwas doch wohl nicht brauchen würden. Wir hätten doch schließlich gutes Schuhwerk im Gepäck. Aber Toni Mutschlechner ließ sich nicht davon abbringen. Und so kauften wir Gummistiefel, wie man sie bei uns im Stall oder bei Gartenarbeiten nach Regenfällen trägt. Grün und mit einem Schaft bis fast an die Knie. Ich kam mir damit etwas lächerlich vor. Doch Toni sagte: »Warte nur ab, du wirst mir noch dankbar sein.«

Diese Reise stand nicht im Zeichen großer Erwartung auf einen besonderen Berg. Ich freute mich vielmehr wie schon in Südamerika und auch in Afrika vor allem auf die Anreise, den Zustieg und die neuen Eindrücke, die ich dabei gewinnen würde. Dieses ganze Projekt mit den Seven Second Summits war schließlich überhaupt nur deswegen entstanden. Inzwischen hatte ich längst ganz konkrete Ideen für einen Vortrag und sogar bereits für den Untertitel eines möglichen Buches. Ich sprach in meinem Freundes- und Bekanntenkreis immer häufiger davon, dass ich gerade eine Reise »über Berge um die Welt« unternahm. Der Puncak Trikora bot nun eine gute Gelegenheit, ein weiteres Gebiet unserer Erde kennenzulernen, von dem ich bislang kaum eine Vorstellung hatte.

Ich hatte aber auch gewisse Bedenken. Vor allem fürchtete ich im Urwald von Papua Schlangen und Reptilien. Ich

habe vor vielen Jahren in unserem Klettergarten an der Pur-
steinwand in Sand in Taufers mit der Hand, die nach einem
Griff suchte, direkt auf den Kopf einer Schlange gelangt.
Seitdem gibt es nichts, was ich mehr fürchte. Selbst wenn
es nur eine harmlose Blindschleiche ist, vermute ich bereits
die giftigste Viper. Es sollte in Neuguinea auch noch ver-
einzelte Stämme von Menschenfressern geben. Das mochte ich zwar eher nicht glauben, aber heute erzähle ich oft
belustigt, dass ich Toni Mutschlechner vor allem deswegen
nach West-Papua mitgenommen hätte, weil bei ihm ein
paar mehr Kilo zu haben sind als bei mir und ich geglaubt
hätte, dass er dadurch für die Menschenfresser interessanter sei als ich.

Man sieht, dieses Abenteuer begann mit allerlei Unwäg-
barkeiten und auch mit jeder Menge Spaß. Wir stiegen am
11. April 2011 in Mailand ins Flugzeug und kamen erst
48 Stunden später nach zeitraubenden Zwischenstopps in
Doha/Katar, Jakarta/Indonesien und Port Numbay (dem
früheren Jayapura)/Neuguinea in Wamena/Irian Jaya an.
Nun befanden wir uns nördlich von Australien, östlich von
Indonesien, ein gewaltiges Stück westlich von Südamerika, allerdings etwa auf dem gleichen Breitengrat wie Peru
und zwischen dem Indischen Ozean und dem Südpazifik.
West-Guinea wird häufig auch als West-Papua bezeichnet
und gehört zu Neuguinea, was wiederum Teil des Kontinents Australien und Ozeanien ist.

Wamena, etwa 270 Kilometer südlich von Port Numbay
gelegen, ist eine Stadt mit etwa so vielen Einwohnern wie
Bruneck im Südtiroler Pustertal (15 000). Doch Wamena
ist viel jünger. Die Besiedlung begann erst um 1940 und
ging von Niederländern aus, die an diesem Tor zur Wildnis

ihrem missionarischen Eifer gegenüber den dort lebenden Eingeborenen freien Lauf ließen. Doch ich weiß nicht, ob sich diese Menschen wirklich gänzlich missionieren ließen, denn die Stämme der Dani, Yali, Lani und wohl mindestens zehn weitere Papua-Stämme wohnen und leben größtenteils noch heute in Verhältnissen, die einen glauben machen, die Zeit sei einfach stehen geblieben.

Mir gefiel das Urige und Urwüchsige dort auf Anhieb. Uns begegneten Menschen, die unter einfachsten Umständen leben, dabei aber alle sehr glücklich und zufrieden wirken. Wenn sich auch die Lebensweisen in und um Wamena vielleicht nicht wesentlich verändert haben, so hatten die Missionare zumindest mit der Vermittlung ihrer Glaubensbotschaft offenbar etwas mehr Erfolg, denn 78 Prozent der Gesamtbevölkerung von Irian Jaya sind heute Christen. Dass man sie bis an den Rand des eigenen Kulturverlusts missionierte, mag manch einer vielleicht weniger gern hören. Aber es ist offenbar so, und das Verhältnis der inzwischen christlichen Stämme West-Papuas zu den vorwiegend moslemischen Einwanderern ist gespannt – selbst in solch entlegenen Regionen wie dem Baliem-Tal, dessen Hauptort Wamena ist.

Wir trafen auf eine fröhliche Stimmung. Dabei ist die Situation auf Papua alles andere als einfach und erheiternd. Die Lebenserwartung beträgt nur 45 Jahre. In West-Papua ist die Rate der HIV-Infektionen im Vergleich zu Gesamt-Indonesien am höchsten, der Staat ist korrupt und das Militär mächtig. In den Gefängnissen wird grausam gefoltert, und vor Gericht gibt es keine Verfahren, die rechtsstaatlichen Gepflogenheiten und Grundsätzen entsprechen. Die Verbreitung falscher Informationen durch die gleichgeschalteten Medien ist üblich. Selbst wenn es unabhängige

Medien gäbe, würden sie an den fast 300 verschiedenen Sprachen und Dialekten scheitern. Und dennoch: Die Männer, die uns später begleiteten, lachten den ganzen Tag und waren immer zu Spaß aufgelegt.

Als wir in Wamena ankamen, tauchten wir sofort tief in eine nicht sehr attraktive Stadt ein. Es gab dort kaum wirklich Sehenswertes, aber es menschelte an jeder Ecke, und überall pulsierte das Leben. Wir sahen Rikschas, deren Fahrer dicke Waden hatten und mich mit ihrer Rastalocken stark an Bob Marley erinnerten. Es gab Unmengen stinkender Motorräder mit knatternden Auspuffrohren, auf denen oft vier Personen gleichzeitig befördert wurden. Ein Geschäft reihte sich an das andere, viele mit auffällig grünen Dachfassadenverkleidungen und blauen Rollläden. Was dort so alles und vor allem nach welchem System verkauft wurde, erschloss sich mir nicht immer, denn sämtliche Händler schienen irgendwie alles in ihrem Vorrat zu haben. Es ging zu wie auf einem Ameisenhaufen, und mir fiel auf, dass fast alle Männer, Frauen und sogar die Kinder nahezu ununterbrochen rauchten. Auf den befestigten Straßen der Stadt fuhren Lastwagen, auf deren Ladefläche entweder zwanzig, dreißig Männer standen oder die mit Waren restlos überfrachtet waren. In den Gossen der Straßen lag der Dreck, und auf dem Gehsteig darüber wurden Lebensmittel in offener Auslage verkauft. Toni Mutschlechner, dem Sauberkeit über alles geht, schüttelte angesichts dieses schwierigen Kontrastprogramms ein ums andere Mal fassungslos den Kopf.

Spannend zu beobachten war der Markt, der offenbar jeden Tag stattzufinden schien. Hier verkauften Dani Obst, Gemüse und andere Naturprodukte mit großem Stolz auf ihre Erträge. Es gab dort aber auch landwirtschaftliche

Geräte oder Stoffe und sogar Souvenirs zu kaufen. Denn längst hat auch der Tourismus Wamena für sich entdeckt. Vor allem die nackten und mit ihren berühmten Penisfutteralen geschmückten Dani waren lange eine Attraktion, die viele Neugierige anzog. Es kam jedoch bald zu Auswüchsen, und das Natürliche der Dani ging rasch verloren, weil es mancherorts nur noch aufgesetzt und gekünstelt wirkte. Ausflüge in die nahe gelegenen Buschdörfer wurden in fast schon mafiösen Strukturen organisiert, und das durchschauten die Touristen rasch. Doch noch immer ist Wamena ein beliebter Ausgangspunkt für Ausflüge zu Festen der Einheimischen, zu Trekkingtouren in die Urwälder, zu Bergbesteigungen und Exkursionen mit Tier- und Pflanzenbeobachtungen. Es scheint vorzukommen, dass sich grüne Baumpythons, deren Weibchen bis zu zwei Meter lang werden können, sogar bis in die Stadt verirren, was meine allerschlimmsten Befürchtungen bestätigte. Aber vielleicht waren das ja ausgebrochene Exemplare der Riesenschlangenart, die gern auch in Gefangenschaft gehalten wird, oder es waren überhaupt nur Gerüchte.

Wir hatten gleich nach unserer Ankunft am Flughafen Wamena unseren Guide kennengelernt. Er hieß Sadrak und war ein pensionierter Englischlehrer. Wir waren dankbar, dass er sich so umsichtig um uns bemühte, denn bereits am Flughafen wurden wir von vielen Kindern und vor allem von hilfsbereiten Angehörigen des Dani-Stammes umringt. Alle wollten uns beim Verladen unseres Gepäcks auf einen Pick-up helfen. Die Dani deuteten in ihrer selbstverständlichen Nacktheit auf die Penisfutterale und erklärten den Touristen lachend: »It's all natural.« Sie alle wollten sich eine Kleinigkeit verdienen und unsere Sachen anfassen. Diese grenzenlose Neugier erinnerte

172

mich stark an Kathmandu, wo man auch sofort am Flughafen von Kindern umringt ist und spätestens dann weiß, dass man in Nepal angekommen ist.

Sadrak jedenfalls wimmelte die Meute ab und begleitete uns in unser Hotel. Bald danach gingen wir mit ihm in die Stadt, um Lebensmittel einzukaufen. Und natürlich auch die von Toni Mutschlechner begehrten Gummistiefel. Sadrak nickte zustimmend, als er Tonis Wunsch vernahm. Was ich in der Stadt sah, wirkte zwar chaotisch, aber es funktionierte. Unser Koch, der sich inzwischen ebenfalls zu uns gesellt hatte, war ein lustiger Mann, dessen Alter ich jedoch überhaupt nicht einschätzen konnte. Er hieß Bramuka, stammte aus den Bergen und verfügte offenbar über sehr gute Ortskenntnisse. Dieser Mann würde uns in ein paar Tagen noch in Erstaunen versetzen.

Wir gingen mit dem Guide und dem Koch auf den Markt, um zu schauen, wie und auch was sie einkauften. Reis vor allem, aber auch Kartoffeln, viel Gemüse, Obst, Eier, Toastbrot, Marmelade, Würstchen, Kekse, Zucker, Kaffee, Tee, sogar Butter. Und etwas Büffelfleisch. Übersetzt heißt Wamena »Ort der Schweine«. Und tatsächlich sahen wir viele frei laufende, borstige und gut genährte Schweine, die für die Dani ein Statussymbol sind. Sie werden nur zu ganz besonderen Gelegenheiten geschlachtet, weshalb Schweinefleisch auf den Märkten sehr teuer ist. Wir begnügten uns also mit ein wenig Büffel.

Als ich auf die Gummistiefel zumarschierte und zwei Paar für uns kaufen wollte, bekam ich ein ernsthaftes Zahlungsproblem. Wir hatten zwar Dollar, doch mit den grünen Scheinen in der Hand betrachteten uns die Händler mit ungläubigen Augen und schüttelten den Kopf. Sie nahmen unser Geld in die Hände, drehten es in alle Richtungen, aber sie nahmen es nicht an. Selbst in den Banken wollten sie unsere Dollarnoten nicht tauschen. Das wunderte sogar Toni Mutschlechner, der ja fast zwei Jahrzehnte in einer Bank gearbeitet hat. Er machte in den örtlichen Geldinstituten vier Versuche, nahm unsere Ausweise und den Guide mit, er probierte es mit der Kreditkarte an einem Bankomat. Aber es half alles nichts, auch er konnte weder Dollar noch Euro umtauschen. Sadrak, der Guide, ging dann in ein Privathaus und sprach dort mit einer Hausangestellten. Die ließ ihn wiederum wissen, ihr Chef sei leider geschäftlich in Jakarta und sie könne nicht helfen. Ich ging dann am nächsten Tag mit Sadrak erneut zu diesem Haus, und da erst gelang es, ein paar Hundert Dollar zu tauschen. Ich weiß bis heute nicht, was unser Guide mit dem Hausbesitzer ausgemacht hat und warum der auf einmal so bereitwillig unser Geld umtauschte.

Am Nachmittag unseres Ankunftstages schloss sich über Wamena eine Wolkendecke, die bald schwarz wurde und bedrohliche Formen annahm. Dann prasselte auf uns ein Urwaldregen nieder, der alles in den Schatten stellte, was ich zuvor in Kenia erlebt hatte. Es dauerte nicht sehr lange, bis die Sonne wieder schien. Die enorme Luftfeuchtigkeit war anfangs nur schwer zu ertragen, und ich war fast froh darüber, als es kurz darauf wieder aus düsteren Wolken regnete. Im Hotel sortierten wir später unser Gepäck und die Lebensmittel. Ich hatte für all unsere Helfer Jacken, T-Shirts und Kappen dabei. Als ich die Sachen an Sadrak und unseren Koch Bramuka übergab, fielen die beiden uns vor lauter Freude um den Hals und wollten gar nicht mehr loslassen. Die Dani schätzen Körperkontakt sehr, er ist ein Ausdruck von Freude, Zuneigung und Vertrauen. Schon bei unserem Bummel über den Markt von

Wamena mussten wir unzählige Hände fremder Menschen schütteln.

In unserem Hotel aßen wir gut. Gemüsesuppe, ein Huhngericht mit Reis und weiteres Gemüse. Zum Nachtisch brachten sie frische Papaya. Ich bin kein sehr großer Esser, aber auf Reisen schätze ich die exotische Küche sehr, vor allem wenn gut und ein wenig scharf gewürzt wird. Das jedenfalls war genau nach meinem Geschmack. Wir übernachteten in Wamena, und ich schlief tief und fest. Die 48-stündige Anreise hatte mich in die Knie gezwungen. Auch Toni schlief wie ein Stein. Dabei ist er Frühaufsteher – und ein ganz besonderer Frühstücksmensch. Er bringt es daheim in Bruneck fertig und isst um 5 Uhr morgens, bevor er zu einer Tour aufbricht, einen ganzen Teller voll Gersten- oder Gemüsesuppe. Es dürfen gern auch Knödel vom Vortag sein oder sogar ein Milchreis. Was das betrifft, sind wir ganz und gar unterschiedlich, denn mir genügt ein Kaffee – ich brauche nicht einmal etwas zu essen.

Ich beobachtete also mit wachsendem Interesse, wie Toni ausgiebig frühstückte, dann wurden wir mit dem Jeep abgeholt. Während unserer fast vierstündigen Fahrt über holprige Straßen durch dichten Regenwald stieg unterwegs immer mal wieder jemand zu oder sprang einfach ab, wenn der Fahrer das Tempo verlangsamte. Wer auf der Ladefläche des Pick-ups keinen Platz fand, hielt sich seitlich irgendwie fest und stand auf der Stoßstange oder dem Trittbrett. Aus- und Zustieg normalisierten sich irgendwann, und am Ziel hatten wir offenbar unser Team vollständig aufgelesen. Wamena liegt auf knapp 1900 Meter Meereshöhe. Der Habema-See, an dem wir nun, kräftig durchgerüttelt, angekommen waren, befindet sich auf einem großen Plateau und liegt bereits 3300 Meter hoch. Er ist der Mittelpunkt einer sehr großen Moorlandschaft mit ausgedehnten Farnwäldern und einer großen Vielzahl verschiedener Moosarten.

Moose und Farne. Es ist ihre Natur, dass sie ungeheuer viel Wasser und Feuchtigkeit benötigen, um üppig zu sprießen. Rund um den Habema-See gediehen sie sehr üppig. Kaum waren wir aus dem Auto gestiegen, zog Toni seine Gummistiefel an. Ich schaute ihn etwas ungläubig an, tat es ihm aber nach. Zehn Minuten später wusste ich, warum ich gut daran getan hatte. Wo die Straße zu Ende war, begann direkt daneben der Sumpf. Nach zwei Schritten steckte ich schon zwanzig Zentimeter tief im Morast, beim fünften Schritt fast dreißig Zentimeter. Es schien beinahe ein Wunder, dass mir die Brühe nicht da schon oben in die Stiefel rann. Ich schaute verdutzt. Toni lachte schallend. Es lachten auch unser Guide und der Koch und sämtliche Träger. Schließlich lachte ich selbst, und mir wurde klar, ohne Gummistiefel würden wir hier nicht den Hauch einer Chance haben. Mit Gummistiefeln zu einer Bergbesteigung – das war mal etwas anderes. Toni sagte, er habe zuletzt als Zehnjähriger und im Kuhstall Gummistiefel getragen. Er hatte sich nicht vorstellen können, dass er jemals wieder welche anziehen würde. Und das auch noch freiwillig. Es quatschte bei jedem Schritt, und wo wir den Fuß aus dem Schlamm zogen, blieb ein tiefes Loch, das sich sofort mit Wasser füllte und wie von Geisterhand wieder schloss.

Unter diesen Umständen konnte das eine wirklich heitere Bergtour werden. Ich schaute gespannt, wie sich unser einheimisches Team verhielt. Nur die wenigsten der acht Männer trugen Gummistiefel, die meisten waren barfuß

Puncak Trikora

Kunterbunt: *Erste Eindrücke von Indonesien bekommen wir in Wamena, dort pulsiert das Leben.*

Natürliche Nacktheit: *Nicht sehr häufig kommen die Männer vom Stamm der Dani bis in die Stadt Wamena.*

◀ **Puncak Trikora:** *höchster Berg Neuguineas, ein Felsbrocken im Urwald*

Tiefer Zug: *Kaum anderswo auf der Welt konnte ich die Einheit von Mensch und Natur so sehr spüren wie in Neuguinea.*

Holzbau: *Wie in vielen Erdteilen ist auch in Indonesien die Armut groß, dennoch wirken die Menschen glücklich.*

Bachsprung: *Für Nichtschwimmer kann so eine Überquerung durchaus eine kribbelige Angelegenheit werden.*

Hüter der Eier: *Ein wertvolles Gut in diesem abgeschiedenen Urwald, deshalb werden die Eier ganz vorsichtig behandelt.*

Bergstiefel mit Lüftungssystem: *Mit diesem außergewöhnlichen Schuhwerk klettert unser Koch im Fels.*

◀ **Mais, Bananen, Ananas:** *Wochenmarkt in Wamena*

Scharfkantig: *Der Fels am Puncak Trikora ist von besonderer Qualität, er bohrt sich in die Sohlen und schneidet in die Hände.*

Grüß Koch: *Toni Mutschlechner freut sich sehr, als unser treuer Begleiter Bramuka kurz unter dem Gipfel wie aus dem Nichts auftaucht.*

Ende der Steilheit: *Am Ausstieg aus der Felswand* ▶

unterwegs. Einer trug einen sehr großen ledernen Cow-
boyhut auf dem Kopf und seine schwarzen Halbschuhe in
der Hand. Ich glaube nicht, dass er sein Schuhwerk um der
Sauberkeit willen ausgezogen hatte. Ich denke, er fürchtete vielmehr, dass es einfach tief unten im Morast stecken
bleiben könnte, wenn er versuchte, sein Bein wieder aus
dem Brei herauszuziehen. Er sah, wie ich ihn mit seinen
Schuhen in der Hand beobachtete. Er hob die Schultern
und lachte übers ganze Gesicht.

Wir waren ganz sicher eine unglaubliche Gesellschaft.
Zwei weißhäutige, überzüchtete Europäer, ausgerüstet bis
an den Hals, und acht hilfsbereite Ureinwohner, die es
köstlich zu amüsieren schien, wie wir uns ganz vorsichtig
ihrer vollkommen erdgebundenen Mentalität und ihrem
wunderbaren Land näherten. Wie schon die Menschen in
Wamena, so rauchten auch unsere Männer alle und nahezu ununterbrochen. Mich hätte interessiert, wo sie die vielen Zigaretten einigermaßen trocken verstaut hatten. Vielleicht ja in dem schrecklich pinkfarbenen Plastikeimer mit
Deckel, der von einem sehr geschickten Geflecht aus ganz
fein geschnittenen Bambusstreifen gehalten wurde. Einer
unserer Männer hütete diesen Eimer wie seinen Augapfel.
Aber da waren keine Zigaretten drin, wie ich später fest-
stellte, sondern Kartoffeln.

Manchmal war vor uns ein schmaler, leicht ausgetrete-
ner Steig erkennbar. Oft jedoch war gar kein Weg zu sehen.
Gelegentlich waren unsere Begleiter ganz nah bei uns.
Dann wiederum sahen wir sie oft stundenlang nicht. Doch
kaum wurde der Weg nur im Geringsten unübersichtlich,
entweder wegen der Orientierung oder wegen eines Bachs,
den wir überwinden mussten, waren sie sofort wieder zur
Stelle. Sie tauchten auf wie aus dem Nichts und standen

plötzlich wieder lachend vor uns. Ich glaube, wenn sie nicht direkt in unserer Nähe waren, schwärmten sie aus und suchten fürsorglich für uns den besten Weg.

Diese Moorlandschaft, in der wir uns da Stunden um Stunden bewegten, war nicht immer dicht bewachsen. Oft gab es große Freiflächen, auf denen man sehr weit schauen konnte. Überall wuchsen hohe Farne, deren sattes Grün aus einem festen, bis zu drei Meter hohen Stamm ragte. Es gab auch noch höhere Bäume, von denen allerdings viele abgestorben waren. Wir fanden kaktusähnliche Pflanzen, die sich wie Geschwüre an die toten Baumstümpfe angesaugt zu haben schienen. Aufpassen mussten wir bei einem äußerst störrischen, dornigen Geäst, das mich stark an unsere Brombeeren erinnerte und an dem man sich übel die Haut aufreißen konnte.

Während unserer Wanderung regnete es immer wieder, teilweise sintflutartig. Toni und ich verschwanden dann rasch unter unseren Schirmen. Die Träger lachten. Wir hatten natürlich auch nicht daran gedacht, unser Gepäck noch einmal mit großen Plastiksäcken zu überziehen, damit es etwas mehr vor diesen ständigen Regengüssen geschützt gewesen wäre. Es war da bereits zu ahnen, wie sich das entwickeln würde.

Die Männer spazierten unverdrossen voran. Manchmal kamen wir zu beachtlichen Wasserläufen. Nicht mehr Bach und noch nicht Fluss. Sie schienen fast wie Kanäle zu sein und von Menschenhand geschaffen. Doch sie waren natürlich. An den grasigen Ufern fielen diese Bäche oft fast senkrecht ab, und man konnte nicht mal ahnen, wie tief sie eigentlich waren. Mir genügte, dass unser Guide »dangerous« sagte und uns etwas von zwei Metern erklärte. Tatsächlich hatten diese Gewässer eine sehr hohe Fließ-

geschwindigkeit, schnell genug jedenfalls, um rasch abge-
trieben zu werden, wenn man hineinfiele. Oft konnten wir
sie mit einem weiten und geschickten Sprung überwinden.
Aber auch dabei musste man aufpassen, denn das dichte
Gras lappte häufig wie eine Wächte etwas über das Ufer,
während es direkt darunter vom Wasser ausgehöhlt war.
Das waren besonders gemeine Fallen. Manchmal waren
aber auch abenteuerliche Brücken gebaut worden. Sie bestanden aus fünf, sechs dünnen Baumstämmen, die jemand
zu einem Bündel zusammengebunden hatte. Diese Brücken waren jedoch nicht geeignet, um auf einer halbwegs
ebenen Fläche einfach darüber hinwegzuspazieren. Man
musste vorsichtig auf dieser runden Gesamtkonstruktion
balancieren und lief bei jedem Schritt Gefahr, wegen der
Nässe des Holzes auszurutschen. Manchmal krochen wir
auf allen vieren über das schwankende Holz ans andere
Ufer, um ja nicht in den Bach zu fallen. Wenn man während
der Überquerung nach unten schaute, weil man ja darauf
achten musste, wo man hintrat, sah man unwillkürlich in
das schnell fließende Wasser, und es wurde einem schwin-
delig.

Unsere Begleiter hatten viel Spaß bei diesen Sonder-
einlagen. Als wir am späteren Nachmittag eine Stelle
erreichten, an dem aus dem Holz abgestorbener Baum-
stämme und langer Äste ein zeltähnliches Gestell wie eine
Art Rahmen errichtet war, hatten wir unseren Lagerplatz
erreicht. Während Toni und ich unsere feuchten Zelte aufstellten, schwärmten die Männer nach allen Seiten aus und
kamen innerhalb kürzester Zeit mit Holz zurück, das sie
am Boden gesammelt oder von Bäumen abgeschlagen hatten. Ich konnte mir beim besten Willen nicht vorstellen,
wie dieses nasse Zeug jemals brennen sollte. Doch es dau-

erte nicht lange, da knisterte hinter mir ein beachtliches Feuer. Die Träger warfen eine große Plastikplane als Zeltdach über den Holzrahmen, das wurde ihre Behausung für die Nacht und war wenigstens ein bisschen Schutz vor den ständigen Platzregen.

Der Koch hatte bereits begonnen, für alle das Abendessen zu bereiten. Es war faszinierend zu beobachten, wie sich unsere Begleiter bemühten, uns jeden Wunsch von den Augen abzulesen. Sie mussten meist genauso raten wie wir, denn die Verständigung war trotz Dolmetscher sehr schwierig. Dass wir eine Suppe aßen, danach Reis mit etwas Fleisch und viel Gemüse, anschließend große Portionen Obst, und dass es schließlich sogar noch einen Kaffee gab, dafür brauchten wir keinen Dolmetscher. Und wir konnten auch klarmachen, dass es uns schmeckte. Daran hatte wiederum der freundliche Koch seine helle Freude, denn nun wusste er, dass er mit uns auf dem richtigen Weg war, was das Essen betraf.

Wir waren wirklich ein sehr illustres Team. Wenn es unterwegs bei einer der vielen Pflanzen schön blühte, ging ganz sicher mindestens einer unserer Begleiter hin, riss eine Blüte mit Stängel ab und steckte sie sich durch ein Loch in der Nasenwand. Weil Toni und ich das wegen des fehlenden Loches nicht ebenfalls machen konnten, mussten sie wieder lachen, und sie steckten uns die Blumen einfach an die Kappen.

Ich neige dazu, bestimmte Dinge einfach zu übersehen und andere umso intensiver zu beobachten. Bald kam ich dahinter, was es mit diesen Kakteen auf sich hatte, die ich überall an den Bäumen sah. Das war eine hochinteressante Koexistenz. Der Kaktus brauchte den Baumstamm, um zu überleben, denn am nassen Boden wäre er verfault.

Riesige Ameisenstaaten wiederum bewohnten das Innere dieser Kakteen, denn auch sie wären am Boden verloren gewesen. Wenn wir uns doch nur auch irgendwie vor der ständigen Nässe von oben und unten hätten schützen können!

Wir hatten keine eigenen Zelte dabei. Ich hatte das für überflüssig gehalten und mich darauf verlassen, dass wir von unserer Agentur schon entsprechend gutes Material erhalten würden. Das erwies sich nun als Irrtum. Die Zelte, die man uns zur Verfügung gestellt hatte, waren alt, ausgebleicht, der Stoff schon brüchig, die Reißverschlüsse funktionierten nicht mehr richtig, und natürlich regnete es hinein. Der Boden hatte Schnitte, und rasch bildete sich im Zelt ein kleiner See. Mitten in der Nacht stand ich auf, sammelte Äste und baute unter meinem Fußende eine Art Gitterrost, damit wenigstens mein Schlafsack nicht immerzu in der Pfütze lag. Armer Toni, dachte ich. Mein Freund, dieser ausgesprochene Genussmensch – ich hörte ihn nebenan jammern und manchmal fluchen, denn auch bei ihm war längst alles nass. Es wäre ja noch tröstlich gewesen zu wissen, dass am nächsten Tag mit ein paar Stunden Sonne alles wieder trocknen würde. Aber es gab nicht die geringste Aussicht auf Trockenheit. Wenn ich aus dem Zelt nach draußen schaute, sah ich einige unserer Träger, wie sie mitten in der Nacht ganz still und vollkommen regungslos in der Nähe des Feuers im Freien saßen. Es war ihnen vollkommen egal, dass es zwischendurch immer mal wieder kräftig regnete. Sie hatten die Knie angewinkelt, und darauf ruhte ihr Kopf. Sie schienen meist im Sitzen zu schlafen. Ich war froh, als endlich der Morgen graute und wir aufstehen konnten. Nach dem Frühstück packten wir unsere feuchten Sachen in die ebenso feuchten Trekkingsäcke, schlüpften in die feuchten Gummistiefel, nahmen unsere feuchten Rucksäcke, schulterten sie über die natürlich feuchten Regenjacken, spannten die feuchten Regenschirme auf und begaben uns auf eine weitere Etappe, die ganz sicher auch wieder feucht werden würde.

Von Anfang an hatte ich großes Vertrauen in unser Team. Die Männer wiesen uns umsichtig den Weg und waren immer zur Stelle, wenn sie Probleme befürchteten. Ohne ihre Ortskenntnis wären wir hoffnungslos verloren gewesen. Während der ersten Stunden hatte ich ein paarmal befürchtet, das Team zu verlieren, doch plötzlich tauchten sie alle wie aus dem Nichts heraus wieder auf. Am zweiten Tag unseres Trekkings überlegte ich mir, was sie sich wohl dachten angesichts unseres Gepäcks. Alles, aber auch wirklich alles, was wir dabeihatten, mussten sie für vollkommen überflüssigen Plunder halten. Unsere Begleiter lebten in einem eindrucksvollen Einklang mit der Natur und rangen dieser mühsam ab, was sie zum täglichen Überleben benötigten. Wir waren trotz unserer Schirme und Hightechjacken meist genauso durch und durch nass wie sie. Wir trugen Gummistiefel, bei denen uns im hoch stehenden Gras das Wasser trotzdem oben hineinlief. Das wiederum weichte die Haut auf, und wir liefen Gefahr, Blasen zu bekommen. Unsere Träger benutzten gar keine Schuhe. Ihre Haut war wie Leder und schien absolut schmerzunempfindlich zu sein. Wozu also Gummistiefel? Einer der Männer besaß dennoch welche. Allerdings waren sowohl der linke als auch der rechte Stiefel an der Stelle, an der die Sohle mit dem Stiefel verschweißt ist, auf einer Länge von sicher zehn bis fünfzehn Zentimetern aufgeschnitten. Das hatte zumindest den Vorteil, dass alles Wasser, das von oben hineinlief, unten wieder abfließen konnte.

Wenn alle Männer beieinander waren, hätte man leicht den Eindruck gewinnen könnten, wir zögen in einen Bauernkrieg, derart martialisch waren wir bewaffnet. Einer trug eine beeindruckende Axt mit sich, alle anderen waren mit langen Buschmessern ausgerüstet. Einige auch mit zwei. Und einer schleppte sogar ein Gewehr mit. Seine Waffe hatte einen bunt lackierten Schaft und einen kurzen Lauf. Dazu unsere beiden Regenschirme – echt verwegen. Nur einer trug keine Waffe, aber dafür sehr, sehr vorsichtig zwei Steigen mit jeweils 36 Eiern.

Um die Mittagszeit dieses zweiten Tages begann es wieder heftig zu regnen, und es sah nicht danach aus, als würde es gleich wieder nachlassen. Also blieben wir auf einer Höhe von 3800 Metern stecken. Inzwischen waren nicht nur wir, sondern auch unser Gepäck vollkommen verdreckt und durch und durch nass. Überall klebte der schmierige Morast, und wir mochten eigentlich am liebsten gar nichts mehr auspacken. Wozu auch? Es gäbe eh nichts Trockenes. Die Männer schlugen Holz und bauten sich daraus eine Notunterkunft. Toni notierte in seinem Tagebuch: »Mitgegangen, mitgefangen.« Und ich wusste zu all dem nichts mehr zu sagen. Die Zelte waren nass. Unsere Klamotten auch. Niemand konnte daran etwas ändern. Dabei hatten wir noch nicht einmal wie geplant den Fuß des Berges und unser Basislager erreicht.

Wahrscheinlich war es die richtige Entscheidung, zu bleiben und in dem Notlager abzuwarten. Denn als wir am nächsten Morgen aus dem Zelt schauten, stand der Puncak Trikora vor uns. Zwar noch in einiger Entfernung, aber im wunderbaren ersten Licht des Tages machte er eine richtig gute Figur. Ich erkannte einen auffälligen Felsriegel, der den Gipfelaufbau markierte. In dieser hellen, fast weißen

Nordostwand aus Kalk würde man sicher klettern können. Ich nahm mir vor, das auf jeden Fall zu versuchen. Toni, obwohl kein Kletterer, würde ich schon motivieren können, doch mitzugehen. Wir sahen von hier aus weder Schnee noch Eis. Also würden wir die Steigeisen gar nicht brauchen. Dennoch hatten wir sie dabei, denn die Informationen, die ich über diesen Berg gesammelt hatte, waren sehr unterschiedlich, und so hatten wir uns für alle Fälle ausgerüstet.

Der Regen war im Nu vergessen. In Windeseile packten wir alles zusammen und gingen drei Stunden weiter bis zu einem auffälligen Stein, der wie ein riesiges Vordach aus einem Hang herausragte. Dort machten wir eine Pause und zogen dann noch einmal etwa zweieinhalb Stunden weiter, bis wir den lichten Wald auf der Baumgrenze verließen und unser Camp praktisch direkt am Fuß des Berges aufschlugen. Wir hatten es trotz widriger Umstände bis hierher geschafft. Ich war sicher, dass wir den schlimmsten Teil nun hinter uns hatten. Keine Schlangen, keine Menschenfresser. Selbst Toni freute sich inzwischen schon wieder.

Der Puncak Trikora spielt im Zusammenhang mit den Seven Second Summits eine etwas eigenartige Rolle. Wäre er nicht Teil meines Projekts gewesen, dem inzwischen auch andere Bergsteiger nacheiferten, hätte seine Höhe für mich allenfalls eine untergeordnete Bedeutung gehabt. Doch inzwischen interessierten mich die verschiedenen Angaben etwas näher. Auch wenn ich daraus nicht recht schlau wurde, denn ich stellte mir immer wieder die Frage, wer denn eigentlich berechtigt ist, eine sogenannte offizielle Höhe zu veröffentlichen, und wo diese Veröffentlichungen stattfinden. Früher war mal ein Atlas oder eine Landkarte das Maß aller Dinge. Heute darf dieses Maß wohl überall und von jedem angelegt werden. Es gibt Quellen, darunter auch das zuständige Ministerium Indonesiens, in denen wird die Höhe mit 4750 Metern angegeben. Andere Quellen nennen 4730 Meter, wieder andere sogar nur 4711 Meter Höhe. Und es gab 2011 gleich mehrere Veröffentlichungen, denen klar und deutlich zu entnehmen war, dass der Puncak Trikora nach der Carstensz-Pyramide der zweithöchste Gipfel des Kontinents Australien-Ozeanien ist. Das allein war und ist für mich relevant. Selbst das Ministerium Neuguineas hat mir das bestätigt. Wenn ein Ministerium in Deutschland mir bescheinigt, dass die Zugspitze der höchste Berg des Landes ist, dann sollte ich dies wohl als offiziell annehmen dürfen.

4750, 4751, 4730, 4711 – diese Unterschiede in den Höhenangaben klingen fast lächerlich. Selten ist der Ursprung dieser Angaben klar belegt. Es gibt auch eine sogenannte SRTM-Radarmessung der NASA. Sie stammt aus dem Jahr 2000, erhebt allerdings auch keinen Anspruch auf abschließende Genauigkeit. Denn dieses Verfahren hat den gravierenden Nachteil, dass die gemessenen Höhendaten sich auf die Oberflächenstruktur des Messfeldes beziehen. Es ist also nicht sicher davon auszugehen, dass während der Messung das Radar auch genau den höchsten Punkt eines Berges getroffen hat. Solange mir also keine andere offiziell anerkannte Stelle sagt, welche Höhe der Puncak Trikora tatsächlich hat, gilt für mich die Angabe des Ministeriums, dass der Trikora der zweithöchste Berg des Kontinents ist. Es war für mich allerdings interessant zu beobachten, wie plötzlich in Foren und auf Internetseiten Angaben verändert, korrigiert und »hingebogen«

wurden, nachdem 2012 plötzlich eine öffentliche Diskussion um die Seven Second Summits entstand.

Eines der besten Beispiele dafür waren die Einträge in der Internet-Enzyklopädie Wikipedia. In der englischsprachigen Ausgabe war der Puncak Trikora lange mit 4751 Metern und deutlich gekennzeichnet als zweithöchster Berg des australisch-ozeanischen Kontinents beschrieben. Dann wurde das plötzlich geändert, und man wollte sich auf die genaue Höhe nicht mehr festlegen. Nun soll der Puncak Mandala angeblich geringfügig höher als der Puncak Trikora sein. Der deutschsprachige Dienst von Wikipedia beruft sich hingegen auf verschiedene »Quellen« und weist darauf hin, dass die NASA-Messungen nicht eindeutig seien. Wörtlich heißt es dort: »Das verwendete Messverfahren ist allerdings nicht zur Vermessung exakter Geländepunkte vorgesehen, sondern vermisst kleine Flächenabschnitte, beide Höhenangaben (P. Mandala: 4737 m; P. Trikora: 4711 m) sind daher nur Näherungswerte, die einer zufälligen Abweichung unterliegen.« Dieses Zitat stammt jedoch wiederum aus einem Artikel im deutschen Nachrichtenmagazin *Der Spiegel*.

Was soll man von all dem halten? Bis heute kann mir dazu niemand eine verlässliche und vor allem gesicherte Auskunft geben. Sämtliche Quellen versuchen, sich einen seriösen und möglichst offiziell klingenden Anstrich zu geben. Doch wer ist denn offiziell? Wikipedia etwa, das sich alle zwei Minuten umschreiben lässt? Oder selbst ernannte Landvermesser? Chronisten, die Zahlen notieren? Bergsteiger mit technischem Gerät, auf deren Genauigkeit offenbar auch nicht immer Verlass ist? Die NASA als US-Bundesbehörde? Wer entscheidet eigentlich, wie hoch ein Berg ist? Wer darf das? Wer kann das verlässlich? Mit diesen Fragen bin ich bislang allein geblieben. Und allen Versuchen, sich mir gegenüber glaubhaft zu machen, haftete am Ende immer auf gewisse Weise ein ganz persönliches Interesse an der eigenen Wahrheit an. Schon bei der Besteigung der Seven Summits, also der jeweils höchsten Berge aller sieben Kontinente, kam es seinerzeit zu gravierenden Irritationen. Auch damals lag der strittige Berg der sieben Gipfel in Australien-Ozeanien; darüber habe ich in diesem Buch zu Anfang berichtet. Doch bei den höchsten Bergen der Erdteile konnten die Differenzen schneller und vor allem eindeutiger geklärt werden. Bei den zweithöchsten ist es noch immer strittig.

Über die Erstbesteigung des Puncak Trikora ist nicht sehr viel bekannt. Eine dreiköpfige Bergsteigergruppe erreichte den höchsten Punkt am 21. Februar 1913. Damals gab es auf dem Gipfel noch eine große und dicke Eisfläche, und die Besteigung scheint deshalb durchaus alpinen Charakter gehabt zu haben. Die drei Männer hießen Alphons Franssen Herderschee, Paul François Hubrecht und Gerard Martinus Versteeg. Alle drei waren Mitglieder einer niederländischen Neuguinea-Expedition, die 1912 und 1913 insgesamt acht Monate unterwegs war, um vor allem Flora und Fauna zu erkunden und ethnologische Erkenntnisse zu gewinnen. Fast 250 Teilnehmer durchkämmten systematisch das Land, und drei von ihnen bestiegen dann auch den Puncak Trikora. Alle diese wenigen Fakten entstammen einem Newsletter des Zentrums für pazifische und asiatische Studien der Radboud Universität in Nijmegen/ Niederlande. Ich denke, das zumindest kann man im Zusammenhang mit dem Puncak Trikora als glaubhaft annehmen.

Am Fuß des Berges errichteten wir eine Art Basislager. Es waren dort Spuren anderer Bergsteiger zu erkennen, die ebenfalls diesen Platz als Ausgangspunkt gewählt hatten. Ich glaubte nicht, dass wir lange dort bleiben müssten, denn der Berg schien uns keine besonderen Aufgaben stellen zu wollen. Wir schrieben den 16. April, und nun schien alles besser zu werden. Doch in der folgenden Nacht goss es erneut wie aus Kübeln. Es hörte diesmal fast überhaupt nicht mehr auf. Am Morgen hingen dichte Wolken direkt über unseren Köpfen. Ich hatte den Wecker auf 5 Uhr gestellt und am Abend zuvor für diese Zeit bei unserem Dolmetscher Sadrak Kaffee und ein ganz kleines Frühstück bestellt. Wenn sich auch nur ansatzweise die Chance für eine Besteigung ergeben sollte, wollte ich sie unbedingt nutzen. Aber es regnete auch um halb sechs in der Früh noch immer, und Sadrak winkte ab.

Wir frühstückten bis halb sieben und halfen dann den Trägern beim Holzholen. Es ist fast unglaublich, was sie dabei oft aufführten. Mit der Axt oder den gewaltigen Buschmessern schlugen sie auf Äste direkt neben ihren Fußknöcheln ein. Ein falscher Hieb, und sie hätten sich ins Bein gehackt. Oder sie bogen dünne Bäume um und metzelten sie dann so gefährlich nieder, dass mir angst und bange wurde. Das waren wirklich Heimwerker der ganz gefährlichen Sorte. Es war ein schieres Wunder, dass nie etwas passierte. Aber sie schienen diese Dinge im Griff zu haben. Genauso wie das Feuer, das sie aus dem nassen Holz entfachten und dann hüteten wie einen kostbaren Schatz. Es rauchte jedes Mal enorm, wenn sie es entzündeten, aber am Ende brannte es. Toni hat mir erzählt, dass seine Bergschuhe, die er manchmal, aber wirklich nur ganz selten, anstelle der Gummistiefel bei dieser Expedition trug, noch im Winter danach, als wir längst wieder in Südtirol zurück waren, wie frisch geräuchert rochen. Seine Klamotten habe er zweimal gewaschen, bis er den Geruch wieder rausbekam.

Vom Trikora sahen wir nun nichts mehr. Und so verbrachten wir die nächsten Stunden am Feuer. Wir versuchten uns mit Händen und Füßen mit den Trägern zu unterhalten, warfen ab und zu mal ein feuchtes Scheit Holz ins Feuer und hatten dabei viel Spaß, obwohl wir fast nichts von dem verstanden, was die Männer uns zu erklären versuchten. Erst um die Mittagszeit wurde es ein wenig heller, und kurz riss es sogar einmal auf. Sofort waren wir in den Schuhen und versuchten einen extrem steilen Grashang zu überwinden, an dessen oberen Rand die Felsen begannen und wir vielleicht ein wenig die Route zum Gipfel erkunden könnten. Doch diese ersten gut 150 Höhenmeter hatten es in sich. Es gab nur ganz wenige Steigspuren. Dicke Grasballen mussten als Tritte genügen, und meist waren wir sogar gezwungen, uns mit den Händen zu halten und richtig zu klettern. Das Gras war nass und schlüpfrig. Man mag es kaum glauben, aber das war ernst zu nehmendes Absturzgelände. Wir mussten aufpassen, dass uns die Graspolster nicht wegbrachen und wir plötzlich in die Tiefe stürzten. Manchmal schauten aus dem Gras ein wenig die Felsschrofen heraus, und überall gab es schwarze Schlammgräben. Jedenfalls war es nicht ganz so einfach, dort hinaufzukommen. Unser Koch Bramuka begleitete uns, barfuß natürlich, und ich musste feststellen, dass er sich in diesem schwierigen Gelände extrem geschickt bewegte. Wir trugen Gummistiefel, aber besser wäre es gewesen, wie er mit nackten Füßen zu gehen. Oben auf dem Absatz fanden wir wieder Steigspuren, die allerdings in Richtung Westen und zum Normalweg wiesen. Ich hatte indessen längst beschlossen, direkt durch die Wand zu steigen, die sich da so wunderbar über uns präsentierte. Als wir von unserem steilen Ausflug zurückkamen, hatten sich unsere Begleiter eine Waldhütte gebaut, in der es einigermaßen trocken und gemütlich war. Daran hatten sie gut getan, denn inzwischen hatten wir auf über 3900 Meter eine Höhe erreicht, in der es nachts schon empfindlich frisch wurde, und nach wie vor waren natürlich auch unsere Sachen nicht richtig getrocknet. Wir schliefen jedoch erneut im Zelt, und es regnete selbstverständlich auch wieder an diesem Abend und in der Nacht. Doch jetzt kam zusätzlich ein zunächst leichter, später kräftiger werdender Wind auf. Das machte mir ein wenig Hoffnung, denn so wurden womöglich die Regenwolken vertrieben werden.

Wieder standen wir um 6 Uhr auf. Diesmal war es wenigstens am Morgen besser. Am Abend vorher hatte unser Guide angedeutet, dass einige Träger und vor allem der Koch uns begleiten wollten, um uns bei der Besteigung zu unterstützen. Wahrscheinlich hatten sie tags zuvor unsere Versuche in dem steilen Grashang beobachtet und trauten uns nun absolut gar nichts mehr zu. Als sie dann noch mitbekamen, dass ich direkt durch die Wand wollte, hegten sie vielleicht die Hoffnung, mich im letzten Moment noch davon abbringen zu können. Doch ich ließ Sadrak wissen, dass wir keine Unterstützung benötigten und das auch nicht wollten. Während wir uns nun für den Aufbruch fertig machten, kam Bramuka, der freundliche Koch, auf Toni zu und bat ihn um seine getragenen Socken. Toni verstand zwar nicht, was das bedeuten sollte, aber gab sie ihm schließlich lachend. Mich wunderte das ein wenig, denn bis dahin war Bramuka während der ganzen Zeit immer barfuß unterwegs gewesen. Und er hatte wirklich sehr beeindruckende Füße, nicht nur was Größe und Breite betraf. Er verfügte über eine Hornhaut, die zäher als das zäheste Leder zu sein schien. Als wir am ersten Abend der Trekkingtour unser Zelt aufgeschlagen hatten, fand ich in der Ausrüstung keine Heringe, mit denen man das Zelt hätte abspannen können. Aber das war überhaupt kein Problem. Ich schnitt mit einem Messer ein paar Stücke Holz zurecht, die leicht den gleichen Dienst erfüllen konnten. Während ich nun diese kleinen Holzpfähle, spitz wie ein Kugelschreiber, mit einem Beil in den Boden versenkte, eilte hilfsbereit unser Bramuka herbei und trat sie einfach mit seinen bloßen Fußsohlen in den Boden. Ich konnte fast nicht hinschauen, als ich das zum ersten Mal sah. Nun verschwand Bramuka mit seinen neuen Socken kurz – und stand nur wenige Minuten später wieder vor uns. Voll ausgerüstet. Er trug einen fast bodenlangen Mantel, in dem er aussah wie ein Cowboy vor dem Saloon, etwa wie Wyatt Earp in den bekannten Filmen. Seine Füße steckten in Tonis Socken und die wiederum in den zerschnittenen Gummistiefeln seines Freundes. Aus diesen Ritzen schaute die Hälfte seiner Zehen heraus. In der Hand trug er einen langen Stock, etwa so wie unsere Hochalpenstangen, und einen Rucksack, der mir verdächtig voll vorkam. Ich hatte diesen Mann inzwischen wirklich von Herzen gern und dachte mir, soll er doch mitkommen bis zum Einstieg. Dort wollte ich ihn dann bitten, vorsichtig wieder hinunterzugehen. Was wir jedoch dann mit ihm erlebten, werde ich ganz sicher mein Leben lang nicht vergessen.

Wir stiegen vorsichtig wieder diesen steilen Grashang hinauf. Schritt für Schritt tasteten wir uns nach oben, um nur nicht auf eines dieser instabilen Graspolster zu treten. Es waren fast zwei Gehstunden bis zum Fuß der eigentlichen Wand, denn an das erste steile Stück schloss sich noch ein weites normales Gehgelände an. Bramuka verhielt sich so geschickt wie ein Steinbock und als würde er jeden Tag dort hinaufmüssen. Ganz im oberen Teil des Hangs verschluckte uns drei der Nebel, und wir sahen auf dem restlichen Zustieg teilweise kaum mehr zwanzig Meter weit. Das war der Grund, warum wir den Einstieg verfehlten, den wir tags zuvor klugerweise noch wenigstens von der ungefähren Richtung her ausgekundschaftet hatten. Doch das nützte uns jetzt gar nichts mehr. Wir mussten schließlich fast hundert Meter wieder absteigen, bis wir dann doch noch die Stelle fanden. Dort legten wir die Klettergurte an und banden uns in ein ziemlich dünnes Seil ein. Es war nur sechs Millimeter stark, und ich hatte dabei nicht wirklich ein gutes Gefühl, denn der Fels am Puncak Trikora ist ganz eigenartig. Der gesamte obere Teil des Bergs wurde aus Erosionsgestein geformt. Regen und Wind, Schnee und Gletscherabfluss haben den Fels im Lauf von Jahrmillionen so werden lassen, wie er heute ist: kantig, messerscharf, extrem spitz und mit Vorsicht zu genießen. Es kam mir vor, als müsse man ständig auf abgeschlagenen Glasflaschen klettern. Das war für die Hände und natürlich auch für das Seil nicht gut. Eine Sturzbelastung über eine dieser rasiermesserscharfen Kanten hätte sicher kein Kletterseil überlebt, ganz gleich, wie dick es gewesen wäre. Der Koch beobachtete ganz genau, wie wir uns zum Klettern fertig machten. Er schien interessiert und belustigt zugleich. Bereits zweimal war er auf dem Gipfel des Trikora gewesen, aber immer über den Normalweg, und einen solchen Aufwand war er von seinen Besteigungen sicherlich nicht gewohnt. Ich bedeutete ihm schließlich mit Händen und Füßen, dass er doch jetzt wieder hinuntergehen möge, um dort auf uns zu warten. Ich versuchte ihm auch zu erklären, wie sehr wir uns bei der Rückkehr über einen warmen Tee von ihm freuen würden oder vielleicht sogar über Kaffee. Er schaute mich entgeistert an, ging aber in die Richtung, in die ich gedeutet hatte.

Bramuka drehte sich noch ein paarmal um, blieb dann stehen und beobachtete, wie wir nun in diese Wand einstiegen. Die ersten beiden Seillängen verliefen noch in einem grasdurchsetzten Schrofengelände. Wenn ich zwischendurch hinunterschaute, sah ich den Koch im Gras sitzen und zu uns heraufblicken. Zwei weitere Seillängen verliefen im Fels, dann verschluckte uns dichter Nebel. Ich konnte Bramuka jetzt nicht mehr sehen. Weitere vier Längen kletterten wir immer weiter hinauf, wohl wissend, dass es nicht mehr sehr weit zum langen Gipfelgrat sein konnte, an dem wir auf die Normalroute treffen würden. Der Fels war durch seine besondere Beschaffenheit natürlich extrem griffig, sofern man überhaupt davon sprechen kann. Denn mit Greifen hatte das nicht viel zu tun. Es war eher ein vorsichtiges Tasten, immer darauf bedacht, sich nicht die Hände aufzuschneiden. In den Kalkplatten an der Neunerspitze in der Fanesgruppe der Dolomiten oder auch an der Seekofelplatte am Pragser Wildsee ist der Fels ähnlich scharf. Freunde haben mir erzählt, in der Paklenica-Schlucht im kroatischen Velebit sei es auch so. Ich habe ein Stück dieses Trikura-Felsens mit nach Hause genommen, und wenn ich Besuch in meinen Büro habe, fassen die Leute diesen Stein immer ganz ungläubig an, weil sie sich fast nicht vorstellen können, wie man daran klettern können soll. Nach den paar Seillängen, die nie schwerer zu klettern waren als im vierten Schwierigkeitsgrad, stieg ich oben auf dem Grat aus der Wand heraus. Und während ich dort oben stand und Toni nachsicherte, traute ich meinen Augen nicht. Im dichten Nebel und im leichten Regen kam auf einmal der Koch daher. In seinem langen Mantel, mit den ruinierten Gummistiefeln an den Füßen, dem Stecken in der Hand und seinem Rucksack auf den Schultern. Fast wäre ich im dichten Nebel mit ihm zusammengestoßen. Er beobachtete wieder sehr interessiert, was ich mit dem Seil tat. Dann schaute er die Wand hinunter, wo Toni heraufkam, und strahlte über das ganze Gesicht. Alle noch da.

Ich hatte keinen Hubschrauber gehört. Wie um Himmels willen war dieser Mann nur so schnell da heraufgekommen? Und vor allem, über welchen Weg? Es kam mir fast vor wie das klassische Hase-und-Igel-Spiel. Bramuka schien sichtlich froh und erleichtert, dass er uns bei bester Gesundheit gefunden hatte und er nun wieder auf uns aufpassen konnte. Vor uns lag nun noch eine längere Gehstrecke auf dem Grat. Der Koch begleitete uns unverdrossen. Ein Stück unter dem Gipfel steilte der Berg noch einmal stark auf. An dieser Stelle gab es ein paar Steinhaufen. Dort blieb Bramuka zurück. Ich bin sicher, das hatte religiöse Gründe. Denn er nahm seinen Rucksack von den Schultern, kramte ein paar Geldscheine hervor und eine Zigarette. Er steckte das alles wie eine Art Opfergabe zwischen die Steine und setzte sich auf den Boden. Er deutete in die Richtung, in die wir nun gehen sollten, und schien auf einmal volles Vertrauen in die Fähigkeiten von Toni und mir zu haben. Jedenfalls entließ er uns ganz beruhigt und allein auf den Rest des Weges.

Es regnete nun wieder stärker, aber trotzdem war es nie kalt. Wir fanden zwar so gut wie keine Begehungsspuren, aber der Rest der Aufstiegsroute war logisch zu finden, und wir stiegen so weit hinauf, bis es an allen Seiten nur noch abwärtsging. Wir hielten uns nicht lange dort oben auf, denn dazu war es dann doch zu unfreundlich, sondern stiegen rasch wieder zu unserem Koch ab. Voller Freude präsentierte er uns den Inhalt seines Rucksacks: Coca-Cola und Kekse. Sein Buffet war angerichtet.

Weil ich ein paar Schlingen zur Absicherung dabeihatte, beschloss ich spontan, wieder über die Wand abzuseilen und abzuklettern. Nicht genau über die Aufstiegsroute, aber durch ein schluchtartiges Couloir, das ich von unten aus gesehen hatte. Das schien mir gut möglich und vor allem spannender, als über den Normalweg abzusteigen. Es interessierte mich auch, ob dort möglicherweise eine andere Route als unsere hinaufführte. Toni Mutschlechner wollte unbedingt den Koch begleiten. Auch weil er wissen wollte, wie Bramuka so schnell auf den Grat gekommen war. Nachdem ich den Wandfuß wieder erreicht hatte, stieg ich weiter ab bis zu der Stelle, an der das Gelände steil in den Grashang abfiel. Dort setzte ich mich hin. Von da oben konnte ich das Camp sehen und das Feuer, dessen Rauch fast bis zu mir heraufstieg. Ich wollte auf Toni und den Koch warten. Aber die beiden kamen einfach nicht. Ich wartete und wartete. Fast machte ich mir schon Sorgen. Zeitweise hielt ich es auch nicht für ausgeschlossen, dass sie vielleicht schneller gewesen sein könnten als ich. Doch dann kamen sie schließlich daher. Toni schüttelte den Kopf. Der Abstieg über den Normalweg sei endlos lang gewesen, berichtete er. Und tatsächlich, sie hatten über drei Stunden vom Grat bis zu mir gebraucht. Das bedeutete, Bramuka konnte unmöglich den Normalweg als Aufstieg genommen haben, während wir durch die Wand auf den Grat geklettert waren. Das hätte er nicht geschafft, selbst wenn er da hinaufgerannt wäre. Also gab es nur eine Lösung: Der Koch musste – vielleicht ein wenig abseits oder sogar fast auf unserer Route – ebenfalls durch die Wand gestiegen sein. Anders, sagte Toni, sei das nicht möglich gewesen.

Ich glaubte das inzwischen auch. Bramuka war also wahrscheinlich direkt nach uns die Zweitbegehung unserer Route gelungen. Noch während wir kletterten und ich vorsichtig über diesen scharfkantigen Fels an Höhe gewann, hatte ich mir gedacht, dass es wohl dauern würde, bis jemand diese Route wiederholt. Aber auch da wurde ich eines Besseren belehrt. Der Wiederholer war uns von Anfang an direkt auf den Fersen. Nun glaubte ich auch zu verstehen, warum Bramuka unter dem Gipfel 50 000 indonesische Rupien, einen ganzen Tageslohn, sowie eine seiner geliebten Zigaretten geopfert hatte. Der gute Mann war wohl einfach nur froh, dass er sein Abenteuer unbeschadet überstanden hatte. Vorsichtig stiegen wir gemeinsam über den nassen Grashang wieder hinunter. Im Camp wurden wir mit Tee erwartet. Und natürlich regnete es aus allen Wolken, als wir ankamen.

Der Puncak Trikora endete für mich, wie ich es erwartet hatte. Nicht sosehr der Berg, nicht die Besteigung, nicht die alpine Leistung, sondern vielmehr das Gesamterlebnis machte den Wert dieser Reise aus. Dieser Gipfeltag mit dem Koch Bramuka war eine derart wunderbare Geschichte, dass ich sie nicht missen möchte. Dazu der Weg, der uns zum Berg hingeführt hat. Der ständige Regen. Die Gummistiefel. Dieses auf so erfrischende Weise einfache

Team. Toni und sein ewig nasses Zelt. Sein verzweifeltes Flehen nach besserem Wetter. Das alles waren tief gehende Erlebnisse. Nass und trotzdem jede Menge Spaß, könnte man sagen. Der Busch, der Urwald, diese zauberhaften Hochmoore, das alles hatte uns bunte und farblich zum Teil intensive Stunden beschert. Das alles erlebt zu haben war eine wertvolle Bereicherung für mich.

Was mir jedoch am stärksten in Erinnerung blieb, waren diese phantastischen Menschen. Ich hatte noch nie zuvor derart intensiv das Gefühl, dass jemand so gut, so genau und so umsorgend auf mich aufgepasst hat. Ganz sicher waren meine Eltern so aufmerksam, als ich noch klein war. Aber daran habe ich kaum noch eine genaue Erinnerung, weil meine Mutter starb, als ich erst zehn Jahre alt war. Deshalb auch fiel mir die Sorge unserer Begleiter vielleicht so deutlich auf. Wir verließen einen Tag später unser Basislager und gelangten nach einem langen, flotten Wandertag bis zu der Stelle, an der wir fünf Tage zuvor unser erstes Camp aufgeschlagen hatten. Dort schien dann auf einmal die Sonne. Wir streckten uns auf unseren Isomatten aus, versuchten endlich einmal unsere Sachen zu trocknen und genossen einen sehr angenehmen Abend.

Am nächsten Vormittag erreichten wir wieder den See, dort verabschiedete sich ein Teil unseres Teams, die anderen fuhren mit uns bis nach Wamena. Nun hatten sie alle ein wenig Geld verdient und wollten damit einkaufen gehen. Vielleicht, nein, ganz sicher kauften sie sich dann auch ein paar Betelnüsse. Während der vergangenen Tage hatte ich unsere Freunde gar nicht mehr spucken sehen. Wie fast eine halbe Milliarde anderer Menschen im asiatischen und afrikanischen Raum kauen auch viele Männer und Frauen in Papua Betelnüsse. Sie werden als noch unreife Frucht in kleine Stückchen gehackt, dann mit gelöschtem Kalk in die Blätter der Betelpfefferpflanze gerollt und ordentlich durchgekaut und ausgesaugt. Dieser Extrakt hat offenbar eine berauschende Wirkung und hilft gegen Müdigkeit. Der tiefrote Saft der Betelnüsse verfärbt aber auch die Zähne und den Speichel. Wenn das Betelpäckchen durchgekaut ist und seine Wirkung entfaltet hat, werden die fürchterlichen Reste einfach ausgespuckt. Es ist egal, wo Mann oder Frau dann gerade geht oder steht. Hauptsache raus damit. Schon in Wamena waren die Straßen geradezu übersät mit diesen ekligen Hinterlassenschaften. Als der erste Platsch mehr als handtellergroß direkt vor Tonis Füßen landete, machte er einen Sprung zur Seite, und wir schauten uns beide ganz erschrocken an, weil wir glaubten, die Frau vor uns spucke Blut. Dabei war es nur scharlachroter Betel. Unsere Begleiter boten uns immer mal wieder so ein Päckchen an, wir sollten das unbedingt probieren. Doch es war wohl besser, dass wir das nicht taten, denn einem »Ungeübten« kann offenbar richtig schlecht davon werden.

Spannung in vielerlei Hinsicht

In der Antarktis zwischen Daunentouristen, großer Abgeschiedenheit und einer Menge Zwist

- Antarktis
- Antarktis
- Sentinel Range
- Mount Tyree
- 4852 m
- Erstbesteigung am 6. Januar 1967 durch John P. Evans und J. Barry Corbet (beide USA)

Mit einer Fläche von 13,2 Millionen Quadratkilometern ist die Antarktis zwar der fünftgrößte Kontinent der Erde und größer als Europa, doch eigentlich lebt dort kein Mensch. In den mehr als achtzig Forschungsstationen befinden sich im Sommer rund 4000 und im Winter kaum tausend Personen. Als Antarktis werden die den Südpol umgebenden Gebiete bezeichnet. Wie viel Festland es tatsächlich gibt, ist nicht bekannt, denn ein bis zu 3000 Meter dicker Eispanzer liegt über der Antarktis. Es ist das Land der Pinguine und der Robben, der Seelöwen und der Wale. Es gibt dort phantastische Gebirge. Mit 4892 Metern und damit etwa so hoch wie der Mont Blanc in den Alpen ist der Mount Vinson die höchste Erhebung der Antarktis. Der zweithöchste Berg des Kontinents ist nur rund vierzig

Meter niedriger und steht gerade dreizehn Kilometer Luft-linie entfernt vom Mount Vinson. Er wurde 1967 zum ersten Mal und nach 1997 nicht mehr bestiegen.

Auch wenn man schon mal in der Antarktis gewesen ist, bedeutet das nicht, dass man sie verstanden hat oder gar kennt. Das gilt im Übrigen für alle sieben Erdteile. Je länger meine Reise über die Kontinente andauerte, umso mehr wurde mir bewusst, wie klitzeklein die Mosaiksteinchen gewesen sind, die ich gesehen habe – Miniausschnitte des großen Ganzen, mehr nicht. Ich gewann dabei sehr viele Eindrücke und konnte mir nun besser vorstellen, wie schön unser Planet in seiner Gesamtheit ist – und wie begrenzt die Möglichkeiten eines menschlichen Lebens, die Welt zu entdecken. Die Antarktis aber ist ganz und gar besonders. Mit nichts anderem vergleichbar. Nirgendwo anders, sagen Forscher und Wissenschaftler, liegen wahrscheinlich so viele Geheimnisse unserer Vergangenheit verborgen wie in der Antarktis. Jede Schicht Schnee bietet Erkenntnisse über die erdgeschichtliche Entwicklung.

Die Antarktis ist wie ein Archiv unserer Erde. Nahezu alles, was sich in den vergangenen 200 Millionen Jahren auf unserer Erde ereignet hat, schlug sich auf bestimmte Weise im ewigen Eis nieder und wurde dort gespeichert. Inzwischen wird dieser Schatz gehoben. Mit Bohrungen und Messungen, Untersuchungen und Beobachtungen versucht man dem Eis die Geheimnisse zu entlocken. Die sensible Region der Antarktis, diese riesige weiße Fläche, ist inzwischen zur Messstation und zum Seismografen menschlicher Sündenfälle geworden. 99 Prozent der Antarktis sind dauerhaft von Schnee und Eis bedeckt. Einerseits bedeutet dies, dass dort das größte Süßwasserreservoir der Erde eingefroren ist, andererseits beobachten immer mehr Menschen mit Besorgnis, wenn in der Antarktis die Gletscher abschmelzen und die Pegel der Ozeane steigen.

Die Antarktis entstand vor rund 180 Millionen Jahren, als auf der südlichen Halbkugel der Urkontinent Gondwana zerbrach. 180 Millionen Jahre – was bedeutet es da schon, wenn jemand auf eine 4852 Meter hohe Erhebung steigt, die es damals noch nicht einmal gab? Der Mensch ist klein in dieser großen Geschichte. Doch was er heute tut oder auch unterlässt, ist von großer Wirkung in diesem kleinen Teil der Geschichte. Ich denke, kaum anderswo sehen Experten das so gut wie in der Antarktis.

Eine Reise in diese abgelegene Region ist immer schon eine logistische Herausforderung gewesen. Das mussten bereits der Norweger Roald Amundsen und der Engländer Robert Falcon Scott bei ihrem Wettlauf zum Südpol erkennen. Scott setzte auf Motorschlitten, deren Getriebe ausfielen, und auf Ponys, die in der Kälte verendeten. Amundsen vertraute stattdessen Schlittenhunden und erreichte als erster Mensch den Südpol – 35 Tage vor Scott. Bis heute ist das eine der spannendsten und eindrucksvollsten Geschichten zweier rivalisierender Abenteurer. Längst sind Schlittenhunde in der Antarktis verboten. Man befürchtet, sie könnten Krankheiten einschleppen, die Pinguine und Robben, Albatrosse und Sturmvögel an den Küstengebieten gefährden. Also bleibt nur die motorisierte Fortbewegung mit Hubschraubern oder Kleinflugzeugen für die Antarktis selbst und mit Großflugzeugen für die Anreise dorthin. Das klingt modern, ist jedoch der Umwelt – wie meist bei Reisen – nicht gerade zuträglich und vor allem sehr teuer. Ich glaube, diese Expedition zum Mount Tyree, dem mit 4852 Metern zweithöchsten Gipfel der Antarktis, war eines der kostspieligsten Unternehmen meiner gesamten Bergsteigerei. Es war daher auch keineswegs verwunderlich, dass ich mich so schwer damit tat, einen Partner für den Tyree zu finden. Die Seven Summits, die Seven Second Summits und damit auch der Trip in die Antarktis sind eigentlich Reisen für vermögende Alpintouristen, allenfalls auch noch für Profibergsteiger.

Doch trotz der erheblichen Kosten steigt die Zahl der Reisenden in der Antarktis. Seit 1990, als 1055 Besucher die Einreise beantragten, ist die Zahl derer, die jedes Jahr in den beiden einzigen halbwegs erträglichen Monaten Dezember und Januar in die Antarktis kommen, um fast das Fünfzigfache gestiegen. Die meisten der dick vermummten Daunentouristen wollen zum Südpol. Ein paar zieht es in das Zeltlager nahe den Patriot Hills, wo einst Reinhold Messner und Arved Fuchs zu ihrer Tour zum Südpol starteten, und von dort gehen einige auch zum mehr als hundert Kilometer entfernten Mount Vinson, dem höchsten Berg der Antarktis. Ein paar wenige, besonders hart gesottene Ausdauersportler sind Teilnehmer am alljährlichen Antarktis-Marathon – 42,195 Kilometer, 1600 Höhenmeter, wenigstens minus fünfzehn Grad und ein Zeitlimit von maximal 6,5 Stunden. Kostenpunkt: 11 300 Euro. Ganz gleich also, was man in dieser weißen Einöde vorhat, man muss dafür sehr tief in die Tasche greifen.

Als ich das Projekt der Seven Second Summits begann, tat ich das vor allem für mich, weil ich etwas erleben wollte und die Möglichkeiten dazu hatte. Aber ich hatte schon auch im Kopf, dass all diese Reisen und Erlebnisse Stoff für einen unterhaltsamen Vortrag bringen könnten und vielleicht sogar für ein Buch. Hätte ich allein eine kommerzielle Idee verfolgen wollen, hätte es dafür andere, noch viel spektakulärere, vor allem aber kürzere und weniger kostspielige Möglichkeiten gegeben, als einmal um die ganze Erdkugel zu reisen. Für all die anderen Ziele war es mir bis dahin verhältnismäßig leichtgefallen, einen Partner zu finden. Die Antarktis stellte nun aber auch in dieser Hinsicht ein ernstes Problem für mich dar. Es gehört für mich mit zum Wichtigsten überhaupt, eine Expedition in einem angenehmen Umfeld zu planen und durchzuführen. Dabei spielen vertraute Partner, gute Freunde, enge Bekannte eine ganz entscheidende Rolle.

Im Lauf der vielen Jahre hat sich eine Gruppe um mich herum gebildet, bei der ich jedem Einzelnen mein Leben anvertraut habe. Und ich glaube, alle diese Freunde sind stets gern mit mir unterwegs gewesen. Doch als ich 2011 die Kosten für die Antarktis kalkulierte und dabei auf rund 40 000 Euro kam, erschrak ich selbst. Fast niemand aus meinem Freundes- und Bekanntenkreis – viele sind Bergführer – verfügt über die finanziellen Mittel, sich solch eine Expedition leisten zu können, keiner über die Möglichkeiten, derart hohe Beträge zu refinanzieren. Und wenn, dann doch nicht für ein derartiges Ziel. Vielleicht für zwei, drei spannende Erstbegehungen in der an Möglichkeiten noch immer so reich gesegneten Antarktis. So wie es beispielsweise die deutschen Spitzenkletterer Alexander und Thomas Huber 2008 zusammen mit dem Schweizer Ausnahmekönner Stephan Siegrist gemacht haben. Aber doch nicht für den Mount Tyree, dessen technischer Anspruch vielleicht mit der Nordwand des Ortler zu vergleichen ist und dessen wirklich ernste Probleme allenfalls aus der Abgeschiedenheit, der Höhe und der enormen Kälte resultieren.

Es kamen noch weitere Faktoren hinzu, die meine Partnerwahl erschwerten. Zum einen war die Reisezeit alles andere als familienfreundlich, denn meinen Aufbruch plante ich unmittelbar vor Weihnachten. Zum anderen, und das war mir neu, darf man in der Antarktis inzwischen nur noch zu dritt unterwegs sein. Das hat vor allem Sicherheitsgründe. Doch zwei weitere Teilnehmer für dieses Unternehmen aus eigener Tasche zu finanzieren, sprengte jeden für mich vertretbaren Finanzrahmen. Ich befand mich in einer schwierigen Situation. Kurzzeitig deutete sich einmal eine Teillösung an. Ein Bekannter aus dem Tauferer Ahrntal, der Unternehmer Christian Gartner, signalisierte sehr großes Interesse daran, mich in die Antarktis zu begleiten. Er wollte zwar nicht mit auf den Berg steigen, aber die Reise lockte ihn sehr. Doch dann musste er sich einer Sehnenoperation an der Hand unterziehen und bekam von seinem Arzt kein grünes Licht für ein derartiges Unternehmen weitab von medizinischen Versorgungsmöglichkeiten.

Ich war ratlos und wusste nicht recht, wie ich mein Projekt der Seven Second Summits unter diesen Umständen zu Ende führen sollte. Anfang Oktober 2011 hatte ich mich mit einer Wandergruppe eine Woche lang am Würzjoch einquartiert. Die »Gipfel- und Gaumengenüsse« unter der Nordwand des Peitlerkofel, des nördlichsten Dolomitengipfels, sollten meine letzte Tourenwoche des Jahres werden. Bald danach würde ich zu einer mehrwöchigen Vortragstournee starten, und dann wollte ich mich intensiv mit dem Mount Tyree beschäftigen. Gleich in der ersten Nacht schneite es am Würzjoch unglaubliche fünfzig Zentimeter, und wir mussten uns für unsere erste Tour etwas einfallen lassen. Wir verzichteten auf den anvisierten Gipfel und stapften mit Schneeschuhen durch eine tief winterliche, so gar nicht mehr herbstlich bunte Almregion. An diesem Tag erhielt ich den Anruf meiner Büromitarbeiterin Birgit Reifer. Sie wollte mich unbedingt von einer eingegangenen E-Mail in Kenntnis setzen. Diese Mail stammte von Christian Stangl, dem österreichischen Bergsteiger und Bergführer, der in den vergangenen Jahren immer wieder als »Skyrunner« für Schlagzeilen in der alpinen Szene gesorgt hatte. Zuletzt jedoch war er als zentrale Figur eines mittelschweren Bebens in Bergsteigerkreisen und weit darüber hinaus bekannt geworden.

Stangls Bestreben seit 1995 war es, attraktive Berge möglichst schnell zu besteigen und dabei immer wieder neue Rekorde aufzustellen. Wenn man all den veröffentlichten Zahlen Glauben schenkte, musste Stangl ein wahres Wunder an Kondition, Kraft und Willen sein. Doch immer wieder mischten sich auch Zweifel in das Staunen über seine phänomenalen Leistungen. In mir selbst stiegen sie auf, als Christian Stangl 2006 seine Besteigungszeit für den Mount Everest mit 16 Stunden, 42 Minuten angab und unwidersprochen verbreitet wurde, dies sei Weltrekord, obwohl bekannt war, dass in meinem Buch *Bergsüchtig* meine Besteigungszeit mit 16 Stunden, 40 Minuten angegeben war. Mir ging es 1996 bei meinem Everest-Erlebnis weniger um die Aufstiegszeit. Über die freute ich mich auch, denn sie lag damals fünf Stunden unter dem, was bis dahin möglich gewesen war. Doch diese Zeit war nur Teil des Ganzen. Ich hatte damals viel mehr Spaß damit, dass mir nach dem Gipfel auch die Skiabfahrt vom Everest gelungen und ich in weniger als 24 Stunden wieder am Ausgangspunkt im Vorgeschobenen Basislager auf der tibetischen Seite des Berges zurück war. Ich verstand nicht, warum Christian Stangl mit 120 Sekunden spielen wollte, die an einem so großen Berg nun wirklich eine Nichtigkeit sind. Doch ich ließ die Sache auf sich beruhen.

2010 wollte Stangl am 12. August um 10 Uhr auf dem Gipfel des K2 angekommen sein. Er gab an, insgesamt siebzig Stunden für den Aufstieg zum zweithöchsten und schwierigsten aller Achttausender benötigt zu haben. Das wäre die schnellste bis damals gelungene Besteigung gewesen. Die Welt staunte, und die Medien feierten wieder den »Skyrunner«. Kaum ein Fachmagazin, keine noch so seriöse Tageszeitung, die sich nicht über diese außergewöhnliche Story hermachte. Dass anwesende nepalische Sherpa noch im Basislager des K2 Zweifel an der Richtigkeit der Angaben hegten, dass sie sogar die Besteigung des Gipfels an sich infrage stellten, wurde im allgemeinen Medien-Hype übersehen.

Doch dann meldeten sich auch drei andere Bergsteiger zu Wort, allen voran der kasachische Alpinist Maksut Zhumayev, die zur gleichen Zeit mit Stangl am K2 unterwegs gewesen waren. Sie hätten auf der von Stangl beschriebenen Route keine Begehungsspuren gesehen. Auf der angegebenen Route könne er also nicht unterwegs gewesen sein. Als Beweis für die erfolgreiche Gipfelbesteigung hatte Stangl eine Aufnahme veröffentlicht, für die er sich offensichtlich die Kamera vor sein Gesicht gehalten hatte. Die Kamera spiegelt sich in einer Skibrille. Die Wettersituation auf diesem Selbstporträt passte offenbar ebenfalls nicht zu den Angaben anderer Bergsteiger, die den 12. August 2010 ganz anders in Erinnerung hatten. Alpinisten im Basislager wunderten sich auch darüber, dass der Österreicher nach seiner Rückkehr von der Besteigung keinerlei Ermüdung zeigte. Im Gegenteil, Stangl soll nach Angaben anderer Expeditionen noch am selben Tag das Basislager verlassen haben, um den Heimweg anzutreten. Als die Zweifel sich schließlich verstärkten, ließ Stangl zunächst ausrichten, er wolle sich zum Thema K2 nicht äußern. Dann erklärte er, allein auf dem Gipfel gewesen zu sein und im Abstieg »teilweise eine andere Route« genommen zu haben. Deshalb habe er anderen Bergsteigern gar nicht begegnen können.

Am 7. September schließlich, fast einen Monat nach seiner ersten Darstellung der Besteigung und als der Druck immer größer wurde, lud er die Medien zu einer Pressekonferenz, in deren Verlauf er zu Protokoll gab, den Gipfel nie erreicht zu haben. Das angebliche Foto vom zweithöchsten Punkt der Erde sei rund tausend Meter tiefer aufgenommen worden. Er habe in dieser Zeit enorm unter Druck gestanden. Die *Frankfurter Allgemeine Zeitung* zitierte Stangl damals wörtlich so: »Ich war in einem tranceartigen Zustand und dachte, ich sei am höchsten Punkt des Berges.« Furcht vor Versagen und körperliche Existenzangst hätten sein Bewusstsein verändert. Doch damit war das Medienecho nicht beendet, denn nun wurde berichtet, Stangl habe während der betreffenden Zeit das Basislager gar nicht verlassen, das Foto stamme von einem früheren Versuch, es sei in der Nähe des dritten Hochlagers aufgenommen. Und es hieß sogar, man habe Stangls »Unterschlupf« gefunden, in dem er drei Tage lang ein Buch gelesen haben soll. Es war bald nicht mehr zu unterscheiden, was da Wahrheit, was Gerücht und was zusätzlich aufgebauscht worden war.

Auf einmal jedoch wurden nun auch alle anderen Leistungen kritisch hinterfragt. So soll seine Solo-Besteigung der Shisha Pangma in Tibet kein Alleingang gewesen, sondern mit einem baskischen Bergsteiger gemeinsam erfolgt sein. Auch beim angeblichen Alleingang am Cho Oyu habe er sich der Infrastruktur eines italienischen Alpinisten bedient, als er in dessen Zelt übernachtete. Und schließlich gerieten sogar seine Angaben zum Mount Everest ins Wanken. Zwei seiner österreichischen Bergführerkollegen gaben an, Stangl habe seinen Rekordversuch nicht, wie behauptet, vom Vorgeschobenen Basislager in 6400 Meter Höhe, sondern vom Nordcol in knapp 7100 Meter Höhe aus begonnen. Es schien, als würde mit Getöse ein ganzes Kartenhaus zusammenbrechen, und Christian Stangl konnte einem unter der Last all dieser Angriffe und Anschuldigungen fast leid tun. Nach dem Skandal um seine K2-Besteigung wurde es ruhig und frostig um den gebürtigen Steirer aus Landl.

Stangls mehrmalige Versuche, den K2 zu besteigen, waren auch nach 2010 der schwierigste Teil seines ehrgeizigen Projekts. (Er bestieg den zweithöchsten Berg der Erde schließlich am 1. August 2012.) Nachdem er 2007 mit dem Mount Vinson in der Antarktis die jeweils höchsten Gipfel aller sieben Kontinente bestiegen hatte, nahm er sich vor, auch die sieben zweithöchsten und später, nach der K2-Geschichte, auch noch die dritthöchsten Berge aller Erdteile zu erreichen. Er nannte dieses Projekt »21 Weltgipfel – Triple Seven Summits«. Ein paar Monate zuvor hatte ich erstmals öffentlich gemacht, dass ich vorhatte, die Seven Second Summits zu besteigen, auch weil das bisher noch niemandem gelungen sei. Wir waren also auf eine gewisse Weise zu Konkurrenten geworden, auch wenn wir beide das wohl nicht so recht wahrhaben wollten. Als nun 2011,

Mount Tyree

Vom Meer ins Eis: *am Strand von Punta Arenas, dem südlichsten Zipfel in Südamerika*

Viel Stauraum, wenige Sitzplätze: *Die Iljuschin befördert maximal 60 Personen, aber jede Menge Gepäck.*

◀ **Mount Tyree:** *2200 Meter Wandhöhe am zweithöchsten Berg der Antarktis*

Riesenvogel: *Mit einer russischen Transportmaschine fliegen die Aspiranten zum Union-Gletscher in der Antarktis.*

Luxusherberge: *Von diesem Camp am Union-Gletscher geht es mit kleinen Gletscherflugzeugen hinaus in die Einsamkeit.*

Basislager: *Am Fuß der steilen Tyree-Wand entsteht eine einigermaßen komfortable Unterkunft für diese Expedition.*

Eis- oder Felsflanke: *Die Entscheidung ist für mich ganz leicht zu treffen – das Eis erscheint mir wesentlich sicherer.*

◀ **Endlos:** *In dieser Landschaft wird der Mensch zum Punkt.*

Aussichtskanzel: *Man kann sich beim Blick in dieses endlose Meer aus Gipfeln, Eis und Schnee kaum sattsehen.*

Klassisches Gelände: *Dort ist ein rasches Fortkommen möglich, Robert Miller und Christian Stangl im Nachstieg.*

Die letzten Schritte: *Robert Miller machte dieses Foto von mir kurz vor dem Gipfel, ganz oben stand ich allein.* ▶

Anfang Oktober während meiner Wanderwoche am Würz-joch, diese E-Mail-Nachricht von Christian Stangl eintraf, war ich nicht nur ziemlich überrascht, ich wusste auch, dass er zuvor bereits zweimal am Mount Tyree gescheitert war.

Was Christian Stangl mir nun mitteilte und vorschlug, kam mir jedoch in gewisser Weise durchaus gelegen. Er suchte einen dritten Mann und war im Grunde in den gleichen Nöten wie ich. Es kam mir zwar bemerkenswert vor, dass er sich ausgerechnet mit mir zusammentun wollte, denn er wusste, wenn mir der Mount Tyree gelänge, würde ich meine Sammlung der sieben zweithöchsten Gipfel der Erde komplettiert haben, während ihm zu diesem Zeitpunkt noch immer der K2 und damit der gewaltigste Brocken dieses Projekts fehlte. Andererseits musste es aus Sicht von Christian Stangl naheliegend gewesen sein, bei mir anzuklopfen, denn er konnte sich wohl denken, dass ich ebenfalls nicht leicht ein Dreierteam für einen vergleichsweise eher unattraktiven, aber sehr teuren Berg auf die Beine bringen würde.

Ich hatte Stangl im Zusammenhang mit seiner Nichtbesteigung des K2 in einem Interview hart kritisiert, aber das schien ihm offenbar nicht sehr viel auszumachen. Unterdessen dachte ich auch, dass ihm in der alpinen Szene die Chance auf einen Neuanfang zustünde. Das hatte ich zwar nicht zu entscheiden, aber wenn ich daran mitwirken konnte, dass er vielleicht sein ramponiertes Renommee etwas aufpolieren konnte, hatte ich nichts dagegen.

Am 20. Mai 2011 hatte Stangl den Gipfel des Kangchendzönga erreicht. Das ist der dritthöchste Achttausender und ein wirklich gewaltiger Berg. Stangl kokettierte in keiner Weise mit diesem jüngsten Erfolg. Auf seiner Homepage erschien sogar zunächst nur ein umkommentiertes Foto zu diesem Thema, obwohl er auch am Kangchendzönga wieder einen ungewöhnlichen Weg gewählt hatte. Er war direkt am Indischen Ozean, nicht weit von Kalkutta, bei null Höhenmetern gestartet, dann mit dem Fahrrad bis in den Osten Nepals gefahren und schließlich auf den Gipfel gestiegen. Das gefiel mir.

Und so nahm ich Kontakt mit Christian Stangl auf. Dabei stellte sich heraus, dass ihm, wie ich bereits vermutet hatte, ein dritter Mann in seinem Team fehlte, nachdem ein anderer Bergsteiger aus Kostengründen abgesprungen war. Die finanziellen Konditionen, die Stangl kalkuliert hatte, waren in einem annehmbaren Rahmen, und so trafen wir uns im Lauf des November 2011 zu einem kurzen persönlichen Gespräch in Österreich. An diesem Tag war auch Robert Miller anwesend, ein österreichischer Bergführer und der dritte Mann in unserem Bunde. Ich hatte Christian Stangl seit unserer letzten Begegnung am Mount Logan nicht mehr gesehen. Er wirkte auf mich verändert. Aber vielleicht war es auch nur der Unterschied, dass wir uns im Tal und nicht an einem Berg trafen. An diesem Tag vereinbarten wir, gemeinsam in die Antarktis zu reisen. Wir gingen eine Zweckgemeinschaft ein. Mehr nicht. Er bekam seinen dritten Mann ins Team. Ich war meinerseits nun auch »zu dritt«. Ich »buchte« die Reiseorganisation, behielt mir jedoch die Möglichkeit offen, am Berg jederzeit selbstständig entscheiden zu können.

Ich muss zugeben, dass mir die Entscheidung, mich mit Christian Stangl zusammenzutun, nicht ganz so leichtgefallen ist, wie es sich nun vielleicht liest. Ich habe das ein paarmal überdacht, das Für und Wider abgewogen und mir überlegt, was das wohl für Reaktionen in meinem Umfeld nach sich ziehen würde. Ich muss sagen, sie waren teilweise heftig. Fast wie in einem kollektiven Aufschrei wurde ich von allen Seiten gefragt, wie ich ausgerechnet mit Christian Stangl zu dieser Expedition gehen könne. Mit einem direkten Konkurrenten und noch dazu einem, der in der Bergsteigerszene fast komplett isoliert war. Wenn ich seine Aktion am Kangchendzönga als Argument anführte, blieb das meist ebenso wirkungslos wie mein Hinweis, er habe doch eine zweite Chance verdient, oder dass dies für mich einfach auch eine finanzielle und organisatorische Entscheidung sei. Stangl war in alpinen Kreisen nach wie vor ein Enfant terrible, abgestempelt als Schwindler und Nestbeschmutzer. Er selbst schien bitter an diesem Zustand zu nagen. Als ich ihm zu seiner Kangchendzönga-Besteigung gratulierte, nahm er das mit einem fast gequälten Lächeln zur Kenntnis.

Am 25. Dezember begann unsere Reise in die Kälte. Ich flog an diesem Tag von Hamburg nach München. In Hamburg hatte ich zuvor meine Tochter Zara, ihre Mutter und Zaras Großeltern zu Weihnachten besucht. Der Abschied von Zara fiel mir so schwer wie selten zuvor. Sie war damals vier Jahre alt, und auch ihr war es deutlich spürbar nicht recht, dass ich ausgerechnet an diesen schönen Weihnachtstagen einfach fortging. Ein wenig traurig stieg ich in das Flugzeug. Ich war zudem so schlecht vorbereitet wie wohl bei keiner anderen Expedition zuvor. Hinter mir lagen fünf anstrengende Wochen mit Vorträgen und langen Autofahrten. Fast jeden Abend hatte ich in einem anderen Saal von meinen Erlebnissen erzählt, und als ich dann nach Hause zurückkehrte, lag im Büro noch stapelweise Arbeit, die dringend vor Weihnachten erledigt wer-

den musste. Ich hatte praktisch keinen einzigen Trainings-
tag gehabt und fühlte mich entsprechend unwohl.

Dieses Gefühl wurde dadurch bestärkt, dass ich meine
beiden Mitreisenden praktisch überhaupt nicht kannte und
ich nicht im Geringsten einschätzen konnte, was mich in
den nächsten Wochen mit ihnen erwarten würde. Gegen 16
Uhr wurde ich von Christian Stangl und Robert Miller am
Münchner Flughafen »Franz Josef Strauß« erwartet. Robert Miller ist wie Christian Stangl österreichischer Bergführer und im Hauptberuf Zahnarzt. Die beiden kannten
sich ebenfalls nicht sehr gut. Robert Miller stammt aus Bad
Goisern und hat 2010 den Mount Everest bestiegen. In seinem Tourenbuch stehen aber auch die Seven Summits und
schwere Wände am Eiger und den Grandes Jorasses. Vor
uns lagen nun mit Unterbrechungen 32 Stunden Flugzeit,
bevor wir über Paris und Santiago de Chile endlich Punta
Arenas am südlichsten Zipfel Chiles erreichen würden.

Die Einwohner von Punta Arenas weisen gern darauf
hin, dass sie in der südlichsten Stadt der Welt wohnen.
Früher war der Ort einmal eine Strafkolonie, heute ist Punta Arenas eine lebendige Stadt, deren etwa 125 000 Einwohner ebenso bunt gemischt sind wie die verschiedenen
Kulturen, die von der wechselhaften Geschichte zeugen.
Punta Arenas liegt genau gegenüber von Feuerland und
direkt an der Magellanstraße. Durch diese führte einst eine
der wichtigsten Handelsrouten der Welt, die erst an Bedeutung verlor, als 1914 der Panamakanal in Mittelamerika
eröffnet wurde. Seefahrer schätzten die Magellanstraße,
weil sie dort die gefürchtete Umschiffung des berüchtigten
Kap Hoorn vermeiden konnten. Wir nutzten den Vormittag
des 27. Dezember, um uns in Punta Arenas mit Lebensmitteln einzudecken, einen kurzen Stadtbummel zu unterneh-

men und unser Gepäck neu zu sortieren. Am Nachmittag schlenderten wir am Strand entlang und genossen die Farben des Meeres, des Himmels und der nahen Stadt. Bald würde alles um uns herum nur noch weiß sein.

Am 28. Dezember mussten wir zu einem Briefing. Diese wichtige Unterweisung wird seit 1994 nach für alle Besucher gleichermaßen gültigen Richtlinien durchgeführt. Die Antarktis gilt in vielerlei Hinsicht als einzigartig und kann mit beeindruckenden Superlativen aufwarten. Nirgendwo anders auf der Welt wurden jemals Temperaturen bis zu minus neunzig Grad gemessen – nur hier. Ab minus sechzig Grad gefriert sogar Petroleum. Die Windgeschwindigkeit kann bis zu 300 Stundenkilometer erreichen. Die Antarktis ist mit rund 53 Millionen Quadratkilometer Fläche die größte Wildnis und die größte Naturfläche der Erde. Sie ist noch immer nicht vollständig erforscht.

Der Paragraf 1 des Antarktisvertrags ist wohl einzigartig, denn dort heißt es: »Es liegt im Interesse der gesamten Menschheit, dass die Antarktis für alle Zeiten ausschließlich friedlichen Zwecken dient und nicht Schauplatz oder Objekt internationaler Zwietracht wird.« Wer mag aber auch der Zwietracht frönen bei derartigen Stürmen und diesen Temperaturen? Im Umweltschutzprotokoll wurde die Antarktis 1991 zu einem »dem Frieden und der Wissenschaft gewidmeten Naturreservat« erklärt. Das vor allem ist der Grund, warum auf die Einhaltung der Richtlinien für Besucher so großer Wert gelegt wird. Gelegt werden muss, denn der »weiße Kontinent« ist extrem sensibel. Aufgrund der klimatischen Gegebenheiten verwest und verrottet dort nichts. Fußstapfen in den Moosen und Flechten haben eine »Haltbarkeit« von mehr als hundert Jahren. Die sensible Tierwelt reagiert auf die geringste

Störung, und die Unberührtheit der Antarktis gilt als höchstes Gut. Wir wurden darauf aufmerksam gemacht, dass wir vor dem Einstieg in das Flugzeug über desinfizierte Matten zu gehen hätten und peinlich darauf achten müssten, dass sich keine Erde an unseren Schuhen befindet. Man darf sich nicht zu weit vom Camp entfernen und muss unbedingt die bereitgestellten Chemietoiletten benutzen, weil in der Antarktis selbst Fäkalien nicht verrotten. Es gibt strenge Auflagen für den Umgang mit dem eigenen Müll, und ich habe während der gesamten Zeit in der Antarktis nicht einen Zigarettenstummel gesehen.

Nach dem Briefing wurde unser Gepäck abgeholt. Wir glaubten schon, wir würden nun bald von Punta Arenas aus zum Union Glacier Camp fliegen, der einzigen Station in der Antarktis, die keinem wissenschaftlichen Zweck dient, sondern eine touristische Aufgabe erfüllt. Das Camp wird von der Antarktis Logistics & Expeditions (ALE) betrieben, einem Unternehmen, das Expeditionen unterstützt und Touren in die wenigen freigegebenen Gebiete der inneren Antarktis organisiert. Doch aus dem Flug wurde nichts. Wegen eines 135 Stundenkilometer starken Sturms über Punta Arenas wurde er abgesagt. Es hieß, das habe es dort seit achtzehn Jahren nicht mehr gegeben, und wir mussten warten bis zum anderen Morgen. Zusammen mit weiteren Antarktis-Aspiranten fuhren wir am nächsten Tag mit einem modernen Reisebus zum Flughafen und bestiegen dort eine russische Iljuschin Il-76, die im Gegensatz zum Bus ihre besseren Tage längst hinter sich zu haben schien. Die Iljuschin Il-76 diente in der Sowjetunion vor allem dem Transport von Panzern und Geschützen. Die offizielle Produktion lief 1992 aus, doch viele der als sehr robust und zuverlässig geltenden Maschinen sind

214

nach wie vor im Einsatz. Seit 2005 wird die Maschine sogar wieder in Serie produziert. Aber selbst der legendäre Ruf dieses mit vier Düsentriebwerken ausgestatteten Monstrums konnte mich nicht vollständig beruhigen, als ich seinen Bauch betrat. Die allermeisten der beeindruckend dicken Kabelstränge, Schläuche und Versorgungsleitungen hingen frei von der Decke. An den Verkleidungen hatte man wohl gespart. Ein Bordingenieur überwachte, offenbar ohne direkten Kontakt zum Piloten, eine beachtliche Instrumentenpalette und beobachtete gleichzeitig unseren Einstieg. Die Sitze machten einen sehr komfortablen Eindruck, doch erst als dieses Ungetüm schließlich mit unvorstellbar lautem Motorengetöse vom Boden abhob und sich in der Luft verhielt wie jedes andere Flugzeug auch, wurde ich etwas entspannter. Und als mich Robert Miller in dem Höllenlärm breit angrinste, war ich beruhigt. Manchmal gelang mir ein kurzer Blick durch eines der ganz wenigen, sehr kleinen Fenster. Viel konnte ich dabei nicht sehen. Ich stellte mich derweil auf eine sehr harte Landung ein. Doch nach mehr als vier Stunden Flugzeit setzte der Pilot seine Maschine ganz sanft auf das Eis der Antarktis. Gelandet. Angekommen in einem der letzten unberührten Gebiete der Erde, in dem die Farbe Grün einfach nicht existiert.

Mit uns waren rund sechzig weitere Personen zum Union Glacier Camp geflogen, darunter viele Südpol-Aspiranten. Auch sie zahlen fast 40 000 Euro für den achttägigen Trip zum Pol. In ihren edlen, mit Pelzkragen besetzten Daunenjacken und mit der Anspannung im Gesicht schienen sie vor allem darauf zu warten, wie kalt es denn tatsächlich an diesem entlegenen Ort sein würde. Nur in den Monaten November bis Januar, wenn das Wetter am we-

nigsten feindselig ist, werden diese Charterflüge von Punta
Arenas in das Glacier Camp betrieben. Eine Gruppe Russen war mit rückenbreiten Aufnähern und feuerroten Jacken
eindeutig gekennzeichnet. Ziel: der Mount Vinson und die
Seven Summits. Wir hätten uns im Vergleich zu ihnen mit
unserem schmalen Gepäck durchaus armselig vorkommen
können.

Nach der Landung auf der Gletscherpiste fuhren wir auf
den Anhängern hochmoderner Pistenraupen acht Kilometer in das Camp, das 760 Meter über dem Meeresspiegel in
den Ellsworth Mountains der Westantarktis und mitten im
Eis liegt. Dort standen viele Zelte. Spitze und runde, rote
und blaue, große und kleine. Die Gemeinschaftszelte
waren lang gestreckte Tunnelhöhlen mit doppelwandiger
Haut, Heizung und Schornstein. Dort gab es eine Küche,
es wurde in einer Mensa gegessen, und von hier aus wurde auch die Kommunikation mit der Welt aufrechterhal-
ten. Es gab sogar einen Arzt, und als Toiletten dienten
blaue Metallcontainer. Wo nicht die nahe gelegenen Berge
die Sicht versperrten, eröffnete sich bis zum Horizont die
unendlich wirkende antarktische Weite.

Das gesamte Szenario in diesem Camp und um es herum
wirkte weder einladend noch abweisend, es hatte allerdings etwas Unwirkliches. Wäre nicht fast alles so glei-
ßend weiß gewesen, hätte man glauben können, man sei
auf dem Mond gelandet. Die vielen Zelte und Infrastruktu-
ren in dieser gewaltigen, urwüchsigen, ganz einfachen
Landschaft hatten etwas von einem vollkommen unnöti-
gen und überflüssigen chirurgischen Eingriff. Andererseits
konnte jeder Einzelne froh sein, dass es dies alles gab.
Denn ungeordnetes Chaos kann die Antarktis ganz sicher
nicht gebrauchen.

Immer mal wieder starteten direkt aus dem Union Glacier Camp heraus kleinere und größere zweimotorige Turboprop-Flugzeuge. Auch wir kletterten gegen 21 Uhr in eine der Maschinen, die uns noch 200 Kilometer tiefer in diese so sehr beeindruckende Landschaft flog. Es war taghell, die Sonne schien, und wir genossen eine phantastische Aussicht. Wie aus einem weißen Meer heraus erhoben sich immer neue Gebirgsketten, Massive und Hügel aus dem Schnee und Eis. Noch nie zuvor hatte ich Gletschergebiete von solch grandiosen Ausmaßen gesehen. Wo der Wind die Gipfel peitschte, waren sie oft schneefrei, sodass das Auge wenigstens manchmal einen Halt fand, obwohl auch dann die wahren Dimensionen nicht wirklich begreifbar wurden. Selbst Christian Stangl, der schon zweimal zuvor in der Antarktis gewesen war, wurde nicht müde, aus dem Fenster zu schauen. Robert Miller filmte fast unaufhörlich. Genau wie er fand ich nicht mal die Zeit, meine Daunenjacke auszuziehen, denn auch ich filmte und fotografierte ständig. Immer tiefer flogen wir in die Sentinel Range, den nördlichen Teil des Ellsworth-Gebirges. Dort musste der Pilot einige hartnäckige Wolkenbänke durchfliegen und erklärte uns schließlich, er könne nicht bis ganz an den Mount Tyree heranfliegen. Doch er deutete nach vorn, und nun sahen auch wir die mächtige Pyramide aus Fels und Eis vor uns. Bei der Landung machte sich eine gewisse Spannung breit, denn im diffusen Licht musste der Pilot immer wieder abdrehen und neu ansetzen. Schließlich ging er ganz tief hinunter und streifte mit den Kufen sogar den Schnee. Auf diese Weise markierte er sich den Punkt zum Aufsetzen und seine ungefähre Landebahn. Dann zog er seine Twin Otter wieder hoch, flog einen weiteren Bogen und landete schließlich ganz sanft auf einem weiten Gletscherfeld. Wie schon in Kanada hatte ich einen weiteren Künstler der Luft erlebt.

Es wurde fast Mitternacht, bis wir unsere Zelte aufgebaut hatten und es uns dort drinnen gemütlich machen konnten, während es draußen noch immer taghell war und die Berge von der tief stehenden Sonne in ein goldenes Licht getaucht wurden. Den Mount Tyree nun schon fast direkt vor meinen Augen, schlief ich nach einem langen Tag sehr zufrieden ein. Ich war am Berg angekommen. Nun war es nur noch eine Tagesetappe zu Fuß, dann konnte die Besteigung beginnen.

Der Mount Tyree wurde, wie so vieles andere in der Antarktis auch, aus dem Flugzeug entdeckt. Ein Aufklärungsgeschwader der US Navy betrachtete 1958 während eines Überflugs der bereits 1935 ebenfalls aus der Luft entdeckten Ellsworth-Kette die einzelnen Gipfel etwas genauer. Im höchsten Gebirge der Antarktis erreichen der Mount Vinson, der Mount Tyree, der Mount Shinn und der Mount Craddock eine Höhe jenseits von 4650 Metern. Es sind vor allem die Kälte, die Stürme, die Abgeschiedenheit und weniger die technischen Schwierigkeiten, die diese Berge zu etwas so Besonderem machen. Bis zum Südpol sind es nur noch rund 1200 Kilometer Luftlinie. Nachdem das Navy-Geschwader zu seinem Stützpunkt zurückgekehrt war, wurden die Gipfel noch im selben Monat in einer Karte verzeichnet. Der Tyree erhielt seinen Namen von einem US-Konteradmiral namens David M. Tyree, der in der Antarktis stationiert war. Erst acht Jahre später wurde der Mount Tyree erstmals bestiegen. Im Dezember 1966 machte sich eine American Antarctic Mountaineering Expedition auf den Weg in die Ellsworth Mountains. Nicholas Clinch war der Leiter dieses mutigen Unternehmens, zu seinem Team gehörten neun weitere Bergsteiger. Ihr Ziel war natürlich zunächst der damals noch unbestiegene Mount Vinson. Dessen Gipfel erreichten am 18., 19. und 20. Dezember 1966 nacheinander alle Mitglieder des Teams, obwohl ihre bergsteigerischen Fähigkeiten durchaus Unterschiede aufwiesen. Nach diesem beachtlichen Expeditionserfolg ließen die US-Amerikaner nicht locker. Am 21., 22. und 24. Dezember bestiegen nacheinander wiederum alle Mitglieder den benachbarten Mount Shinn. Am 31. Dezember sowie am 2. und 7. Januar erreichten alle den Gipfel des Mount Gardner. Und am 6. Januar kletterten John P. Evans und J. Barry Corbet schließlich auf den Mount Tyree. Spätestens da hätten sie ausreichend Grund gehabt, ausgiebig zu feiern. Doch wie zum Nachtisch servierten vier von ihnen am 12. Januar auch noch den Long Gables, und am selben Tag stiegen vier weitere Teammitglieder auf den Ostenso. Binnen drei Wochen waren so fast alle bedeutenden Gipfel der Ellsworth Mountains geknackt worden. Die weitere Besteigungshistorie des Mount Tyree hielt sich in den Jahren danach in einem leicht überschaubaren Rahmen. Denn bis 1997 gab es nur drei weitere Besteigungen. 1989 gelang Terry Stump ein Alleingang, 1997 kamen die beiden Franzosen Antoine de Choudens und Antoine Cayrol bis auf den Gipfel und später im selben Jahr die bekannten US-Amerikaner Alex Lowe und Conrad Anker. Als wir am 30. Dezember 2012 begannen, uns dem Mount Tyree zu nähern, hatten erst sieben Alpinisten den Gipfel betreten, und mittlerweile war er seit fünfzehn Jahren überhaupt nicht mehr bestiegen worden.

Noch lagen zwischen dem Lagerplatz, an dem uns der Pilot abgesetzt hatte, und dem Fuß des Tyree etwa fünf Gehstunden. Wir warteten bis gegen 10 Uhr. Dann kam die Sonne heraus, und die Temperaturen kletterten auf minus 25 Grad. Die Kälte machte mir eher wenig aus. Ich war sie von den vielen Himalaja-Expeditionen gewöhnt. Als viel schlimmer empfand ich wie schon am Mount Logan in Kanada die lästigen Schlitten, die wir nun über sanfte Anstiege bis in eine Höhe von etwa 2700 Metern ziehen mussten. Robert Miller hatte einen großen, speziell für diese Anforderungen konstruierten Schlitten hinter sich, Christian Stangl und ich jeweils zwei kleine. Und jeder von uns hatte rund vierzig Kilogramm Gepäck aufgeladen. Auch wenn das vielleicht nicht unbedingt eine besondere Leistung war, muss ich doch sagen, dass mir das Ziehen von Schlitten einfach immer schon viel zu anstrengend gewesen ist. Aber selbst wenn das nicht unbedingt meine Welt ist, musste ich irgendwie mit der gesamten Ausrüstung zum Berg hinkommen. Wir führten sehr viel technische Ausrüstung mit uns, weil wir nicht genau wissen konnten, wie die Verhältnisse am Berg sein würden. Und außerdem gehörte es da noch zu unserem Plan, nach der Besteigung des Mount Tyree die etwa zehn bis zwölf Tage lange Strecke zurück zum Glacier Camp zu Fuß und mit Ski auf uns zu nehmen. Also hatten wir auch entsprechende Mengen an Lebensmitteln und Brennstoff dabei. Vor allem deshalb waren die Schlitten so unangenehm schwer.

Während wir nun gemächlich im knirschenden, vollkommen trockenen Schnee auf Ski dahinglitten, hatte ich ständig die Ostwand vor Augen und reichlich Zeit, sie Stück für Stück zu studieren. Es schien an diesem Berg auf den ersten Blick fast keine logischere Linie zu geben als diese Route, die mit Varianten bereits die Franzosen und auch Alex Lowe und Conrad Anker genommen hatten. Christian Stangl war allerdings ganz anderer Meinung. Bis dahin war er schon zweimal, einmal auf der Route der Erstbegeher und einmal in der Ostwand, am Tyree gescheitert. Er hatte inzwischen seine ganz eigene Vorstellung von der Routenwahl. Das lag wohl vor allem an einem beinahe traumatischen Erlebnis, das er bei einem der beiden Versuche an diesem Berg gehabt hatte. Da waren er und sein Partner Tom Strausz nämlich in einen Steinschlag geraten, bei dem Strausz einen Unterarmbruch erlitt und der Rückzug zu einem offenbar äußerst schwierigen Unternehmen wurde. Thomas Strausz konnte damals erst mehr als zwei Wochen später in einem Krankenhaus behandelt werden. Diese Erinnerung saß offenkundig sehr tief in Stangls Gedächtnis. Und deshalb wollte er wohl auch von der logischen Route weg. Ihm schwebte vor, weit nach rechts auszuweichen, dort über eine in meinen Augen blitzgefährliche Sérac-Zone aufzusteigen, ein Zwischenlager einzurichten und dann auf den Gipfelgrat zu klettern, um schließlich über die Gratroute der Erstbegeher den Gipfel zu erreichen.

Ich machte mich hingegen sehr deutlich für die Ostwand stark. In diesen Diskussionen gewann ich jedoch zunehmend den Eindruck, als hätte Christian einen gewaltigen, viel zu großen Respekt, ja fast schon etwas Angst vor dieser Ostwand, denn er erzählte uns immer mal wieder wahre Horrorgeschichten von Steinschlag und anderen Gefahren. Als wir dann jedoch den Fuß der Wand erreichten, lag dort weit und breit nicht ein einziger Stein. Ich hielt es zu diesem Zeitpunkt nicht mehr für ganz ausgeschlossen, dass ich unter Umständen einen Alleingang versuchen würde, denn ich wollte unter gar keinen Umständen diese umständliche und unlogische Variante wählen, die mir zudem gefährlich vorkam.

Dieser Gedanke beschäftigte mich auch, während wir unsere Zelte am Fuß des Tyree aufstellten. Im Verlauf dieses Nachmittags kam es zu einem kleinen, eigentlich eher unbedeutenden Vorfall, der jedoch die ganze Expeditionszeit überschatten und schließlich zu einem Eklat führen sollte. Zuerst richteten wir zu dritt einen ebenen Platz für das größere Zelt von Christian Stangl und Robert Miller her, stellten es auf und fixierten es, damit der Wind es nicht davontragen konnte. Gleich nachdem dieses erste Zelt stand und Robert und ich begannen, es zu verankern, verschwand Christian mit einer Isomatte und einem Teil seines Gepäcks im Innern des Zeltes.

Bald danach begannen Robert und ich damit, einen weiteren Platz freizuschaufeln, um nun auch mein Zelt aufzubauen. Während dieser Zeit hörten wir in Christians Zelt den Benzinkocher surren. Ein angenehmes Geräusch angesichts von 25 Grad unter null. Fein, dachten Robert und ich, dann gibt es bald etwas Heißes zu trinken. Darüber war ich froh. Aber auf einmal schwieg der Kocher wieder. Als wir mit dem Aufbau fertig waren, bin dann auch ich in mein Zelt gekrochen, habe meinen Kocher angeworfen und mir etwas zu trinken zubereitet. Immerhin hatten wir vereinbart, dass wir uns getrennt versorgen würden und jeder für sich selbst kochen sollte. Mich störte das nicht im Geringsten, denn ich brauche nicht sehr viel und schaffe es leicht auch mal zwei Tage, ohne etwas zu essen. Während ich in kleinen Schlucken meinen heißen Kaffee trank, sprang auch im Zelt neben mir der Kocher wieder an.

Am Abend dann erzählte mir Robert Miller mit einem enttäuschten Gesicht, dass Christian für ihn nichts zu trinken zubereitet und ganz egoistisch nur an sich selbst gedacht habe. Dieses nicht ganz alltägliche Verhalten bei einer Expedition wunderte mich dann doch sehr. Allerdings störte es mich auch nicht sonderlich, dass Christian für mich nichts zu trinken gemacht hatte, da stand ich dann doch locker drüber. Aber für den eigenen Mitbewohner im Zelt nicht mitzukochen, während der draußen für den Aufbau sorgt, das wurmte Robert sichtlich und hinterließ Wirkung. Für mich war bereits in diesen Minuten zu spüren, dass die Harmonie in diesem kleinen Team gestört war. In der Abgeschiedenheit der Wildnis ist das ganz sicher nicht die beste Voraussetzung, um einen Berg zu besteigen. Man kann während der Expedition über so manches diskutieren und vielleicht sogar einmal mit ein paar sehr harten Worten streiten. Ich habe in dieser Hinsicht im Lauf der Jahre nicht sehr viel, jedoch das wenige sehr intensiv erlebt. Ich hielt mich allerdings damit zurück, die Situation weiter zu kommentieren, um nicht noch weiteres Öl ins Feuer zu gießen.

Es kam der 31. Dezember und somit der letzte Tag des Jahres. Christian Stangl bestand nach wie vor darauf, am Bergfuß in Richtung Norden über den Patton-Gletscher zu queren. Ich war bereit, mir das zumindest einmal anzusehen. Wir gingen also mit den Schlitten ein Stück abwärts, querten dann drei Stunden lang unter der mächtigen Ostwand und gelangten schließlich zu einem Gletscherbruch, durch den Christian hinaufwollte. Als ich näher dorthin kam und die Situation besser beurteilen konnte, war mir sofort klar, dass das nichts für mich war. Diese Linie war schon von der Gesamtstrecke viel zu aufreibend und einfach nur objektiv saugefährlich. Nichts reizte mich, dort

hinaufzusteigen. Das war für mich nicht einmal ein Thema
für weitere Diskussionen.

Auch Robert wollte von dieser Route absolut nichts
wissen. Er sah den Gletscherbruch und sagte sofort, dass
es sehr viel logischer sei, die direkte Route durch die Ostwand zum Gipfel zu wählen. Wir drehten schnell um, gingen das Stück wieder hinunter, das wir heraufgekommen
waren, umkurvten in respektvollem Abstand den Gletscherbruch und kehrten genau zu unserem Ausgangspunkt
zurück. Dort bauten wir am Nachmittag unser Lager noch
einmal komplett neu auf, nachdem wir in der Früh nach
dem Willen von Christian alle unsere Habseligkeiten auf
diesen unsinnigen Ausflug mitgenommen hatten. Dabei
hatte Robert noch am Morgen den Vorschlag gemacht, das
Lager und alles Material zurückzulassen und sich Christians Variante zunächst einmal nur anzuschauen. Aber auch
da war spürbar gewesen, dass Christian Stangl unbedingt
von der Ostwand-Route wegdrängte. Erst als Robert und
ich jetzt nachdrücklich darauf bestanden hatten, zum Fuß
der Ostwand zurückzukehren, gab Christian missmutig
nach.

Mir war das eigentlich eher egal, und ich wertete diesen
Tag wie einen Akklimatisierungsausflug, doch zwischen
Robert und Christian kam mir die Stimmung nach nur
zwei Tagen am Berg bereits richtig vergiftet und im Keller
vor. Mir gefielen die sich häufenden Unstimmigkeiten
ebenfalls nicht, aber ich hielt mich auch deswegen mit
einer Beurteilung der Routen eher ein wenig zurück, weil
ich bis dahin noch nie in der Antarktis gewesen war. Doch
nach allem, was ich bislang während der beiden Tage gesehen hatte, erschien mir die Ostwand mit ihrer klaren Linie
der sicherste Anstiegsweg. Egal wie das zwischen den bei-

den weitergehen würde, ich war mir sicher, dass ich diesen Weg wählen würde. Ich fürchtete dort selbst einen Alleingang nicht.

Am Silvesterabend lag ich im Zelt. Ich dachte an daheim, an meine Tochter Zara, ein bisschen an einen warmen Ofen und an all die guten Freunde, mit denen ich in den vergangenen Jahrzehnten meines Bergsteigens so viele harmonische Stunden in steilen und extrem schwierigen Wänden verbracht hatte. Nun aber war ich in einer phantastischen Landschaft, an einem der exponiertesten Plätze der Welt, und in dem Zelt nebenan konnten sich die beiden anderen aus dem Team fast nicht mehr riechen. Das lehrte mich, dass Zweckgemeinschaften nur dann und wenigstens auf Zeit funktionieren, wenn man sich auch ernsthaft darum bemüht, und ich nahm mir vor, unter solchen Umständen nie wieder auf eine Expedition zu gehen. Der Ausflug mit den ungeliebten Schlitten hatte mir aber zumindest gut getan und meinen schlechten Trainingszustand ein wenig verbessert. Am 1. Januar 2012 stiegen wir rund 800 Höhenmeter über einen klassischen Grat in kombiniertem Gelände hinauf. Dieser Grat war so herrlich zu begehen, dass wir auf der kompletten Strecke auf Seilsicherung verzichten konnten und jeder in seinem eigenen Rhythmus klettern konnte. Robert Millers Laune schien sich mit jedem Schritt aufwärts wieder zu bessern. Christian Stangl schwieg meist. Wir kehrten noch am selben Tag ins Basislager zurück. Oben, am Ende unseres Aufstiegs, hatten wir in einer kleinen Scharte mit großartiger Aussicht ein Depot mit Material angelegt und einen Platz für ein ganz kleines Zelt freigeschaufelt, das wir beim nächsten Mal dort aufstellen wollten, um im Notfall einen Zufluchtspunkt zu haben und um am Gipfeltag dort ein paar Stunden rasten zu können. Denn immerhin ist die Ostwand am Mount Tyree fast 2200 Meter hoch, da kann unterwegs viel passieren, und am Ende ist man froh, wenn man sich an einem halbwegs sicheren, geschützten Ort ein paar Stunden verkriechen kann.

Ein Anfang war also gemacht, und das neue Jahr begann bedeutend besser, als das alte geendet hatte. Am 2. Januar stiegen wir wieder über den Grat hinauf und stellten in 3300 Meter Höhe in der Scharte das Zelt auf. Wir wollten nun versuchen, den Gipfel zu erreichen. Das Wetter war herrlich, die Sonne schien in den meisten der 24 Stunden des Tages, es wurde nie dunkel, es war meist windstill und die Temperaturen deshalb durchaus erträglich. Inzwischen konnte ich Tag und Nacht kaum noch voneinander unterscheiden. Wenn ich mich manchmal wunderte, warum ich so müde war, und dann auf die Uhr sah, stellte ich fest, dass es bereits 3 Uhr in der Nacht war, aber noch immer die Sonne ganz oben auf den Bergen schien. Ich musste mich förmlich zu einem Tag-Nacht-Rhythmus zwingen, denn am liebsten wäre ich ständig unterwegs gewesen.

Ebenso einladend wie die äußeren Bedingungen präsentierte sich auch diese Route in der Ostwand. Wir wollten uns in dem Zelt ein paar Stunden aufhalten, ausruhen, Tee trinken und dann weiter in Richtung Gipfel aufsteigen. Doch noch bevor wir uns in das Zelt zurückzogen, kam es erneut zu einer Diskussion. Meine Idee war, im oberen Wandteil in eine Eisflanke hineinzuqueren, in der Christian schon im Jahr zuvor unterwegs gewesen war. Diese Flanke ging in ein Eiscouloir über. Ich hatte den Eindruck, dass man dort am schnellsten vorankommen könnte. Christian jedoch wollte unbedingt gerade hinauf in die Felsen, weil er in der Flanke Steinschlag befürchtete. Doch ich

226

wusste ja, dass am Wandfuß kein einziger Stein lag. Er kündigte schließlich an, sich von uns zu trennen, falls wir in die Flanke hinausquerten, denn dort wolle er unter gar keinen Umständen hinauf.

Ich erklärte ihm klipp und klar, dass jeder selbst entscheiden könne, welche Route er wähle, und dass ich über das Eisfeld aufsteigen würde, weil ich mich dort sicher wähnte und vor allem rasch weiterkäme. Wahrscheinlich noch immer geschockt von dem Unfall bei seinem vorangegangenen Versuch, war Christians Haltung fast schon destruktiv, denn er zog alles, was wir diskutierten, auf eine negative Schiene, während Robert die Dinge immer positiver beurteilte, je weiter wir hinaufkamen. Die Situation und auch die weitere Entwicklung waren nicht abschließend geklärt, als wir uns zur Ruhephase in das Zelt zurückzogen. Ich nahm mir aber vor, mich von dieser Stimmung nicht anstecken oder gar belasten zu lassen.

In dieser Nacht wurde es bitterkalt, und ich war froh, als gegen 4 Uhr endlich wieder die Sonne schien und mir wenigstens das Gefühl von etwas wärmeren Temperaturen gab. Ich trank etwas Kaffee, und gegen 6 Uhr verließen wir zu dritt das Zelt. Christian schien noch immer entschlossen, über die Felsen hinaufzuwollen. Wir hatten eine ganze Rolle dünne Reepschnur mit einer Stärke von nur sechs Millimetern und einer Länge von 200 Metern mit heraufgebracht, um im Notfall nicht vollkommen ohne Reserven für einen Rückzug dazustehen. Für den Fall, dass wir es zum Klettern verwenden müssten, wollten wir es doppelt nehmen. Wir stiegen gemeinsam noch etwa 300 Höhenmeter über eher leichtes Felsgelände hinauf. Dort wollten Robert und ich nach links in eine fünfzig Grad steile Eisflanke hineinqueren, und Christian hatte vor, so glaubte ich da jedenfalls noch, weiter über die Felsen aufzusteigen. Nach diesen 300 Höhenmetern begannen Robert und ich uns als Zweierseilschaft in das Seil einzubinden und uns für den weiteren Anstieg vorzubereiten. Man sah von dieser Stelle aus auch das Fixseil von Christian Stangls Versuch im Jahr zuvor. Ich begann zügig über die Flanke hinaufzusteigen und richtete nach etwa hundert Höhenmetern einen Standplatz ein. Ich fühlte mich bestätigt, dass dies die beste Routenwahl war. Als ich begann, Robert nachzusichern, sah ich, dass auch Christian sich fast gleichzeitig in Bewegung setzte. Ich vermutete, dass er von unten beobachtet hatte, wie zügig man in der Schneeflanke vorankam, und dass er in den Felsen zeitlich praktisch keine Chance hatte, um uns in dem Gelände Richtung Gipfelgrat nachzukommen. Überdies konnte man schon zu diesem Zeitpunkt eine Veränderung des Wetters beobachten, denn immer mehr drückten die Wolken in Richtung Mount Tyree. Das deutete auf eine Verschlechterung hin. Offenbar hatte Christian angesichts dieser Faktoren spontan seinen Plan wieder geändert und sich kurzerhand als dritter Mann hinter Robert in die Seilschaft eingebunden. Von dieser plötzlichen Wendung war ich doch recht überrascht, sicherte dann aber die beiden unter mir nach. Als sie unmittelbar hintereinander bei mir am Standplatz ankamen, eskalierte die Situation zwischen ihnen erneut. Robert schnauzte Christian lautstark an. Es passte ihm überhaupt nicht, auf diese Weise zu zweit am Ende des Seils klettern zu müssen. Jedenfalls war er richtig sauer. Dass Robert so reagierte, wunderte mich längst nicht mehr. Mir war immer wieder aufgefallen, wie wichtig ihm klare Absprachen waren, wie viel Wert er auf genaue Planung legte, wie viel Mühe er sich beim Packen seines Schlittens machte und wie genau er in allen Dingen war. Es war nun gar nicht mehr zu überhören, dass ihn die ständigen Wechsel und Planänderungen irritierten und schließlich richtig ärgerlich machten. Als sich Christian nun auch noch einfach bei uns angehängt hatte, riss ihm der Geduldsfaden.

Über kombiniertes Gelände gelangten wir bald in das 650 Meter hohe, zwischen fünfzig und sechzig Grad steile Eiscouloir. Dort waren die Verhältnisse ebenfalls vom Allerfeinsten. Am Anfang bewegten wir uns dort zwar auf blankem Eis. Da es aber fast so hart wie Granit war, fanden unsere speziell für senkrechte Eisfälle entwickelten Steigeisen mit ihren nadelspitzen Frontalzacken jedoch perfekten Halt. Später kamen wir auf gepresstem Schnee noch besser voran. Wir stiegen so nun einige Seillängen hinauf und überwanden mit dem langen Seil jeweils hundert Meter. Unterwegs fand ich auch die Haken von Christians vorangegangenem Versuch. Schließlich legte sich das Couloir etwas zurück, und wir konnten seilfrei weiter aufsteigen. Während ich noch das Seil aufnahm und verstaute, setzten sich Robert und Christian, der nun vorausging, bereits wieder in Bewegung. In dem jetzt etwas flacheren Gelände, in dem wir allerdings auch teilweise bis an die Knie im Schnee einbrachen, konnte man gut erkennen, wie stark Christian konditionell drauf war, wenn er die Spur anlegte.

Inzwischen war es sehr neblig geworden. Manchmal war die Suppe so dick, dass man kaum die Hand vor Augen sah. Doch dieser Nebel brach nun die Kälte, und das signalisierte uns erneut den bevorstehenden Wetterumschwung. Wir waren noch ungefähr 300 Höhenmeter vom Gipfel entfernt. Unser Anstiegsweg war weiterhin sehr logisch, und außerdem hatte Christian ein GPS-Gerät dabei. Teil seines

Projekts war es, alle Gipfel, die er bestieg, auch so genau wie nur irgend möglich zu vermessen. Ich hatte in den Tagen zuvor mehr und mehr den Eindruck gewonnen, dass er fast ein wenig darauf hoffte, nachweisen zu können, dass der Mount Tyree vielleicht etwas höher sein könnte als der nur zwölf Kilometer Luftlinie entfernte Mount Vinson. Der Tyree ist mit 4852 Meter Höhe verzeichnet, der Mount Vinson mit 4892 Metern. Neue Werte hätten natürlich die Besteigungsgeschichte komplett verändert, und wenn der Tyree sich tatsächlich als höher erwiesen hätte, wären Christian Stangl und Robert Miller die beiden ersten Bergsteiger der Welt gewesen, welche die Seven Summits bestiegen hätten, da Dick Bass dann 1985 auf den falschen Berg gestiegen wäre. Ich selbst bin kein Freund von all dem technischen Schnickschnack, irgendwie habe ich das Gefühl, mich lenken diese vielen Knöpfe, Displays und Batterien, die ständig leer sind, vom eigentlichen Abenteuer ab.

Trotz des dichten Nebels war der Anstieg weiterhin recht logisch, obwohl es nun immer schwieriger wurde, diese Logik auch in einen gangbaren Wegverlauf umzusetzen, der nicht unnötig viel Kraft kostete. Wir mussten auf den teilweise überwächteten Schneegrat gelangen, der uns dann konsequent zum Gipfel leiten würde. Auf den letzten hundert Höhenmetern unter dem Grat steilte das Gelände wieder bis zu sechzig Grad auf, und wir waren etwas zu weit nach links geraten. Wir erreichten den Grat deshalb etwas tiefer, als ich es eigentlich anvisiert hatte, was aber nicht weiter schlimm war. Die Hauptsache war, dass wir aus der Wand herauskamen und der Gipfel nun nicht mehr allzu weit entfernt sein konnte. Langsam tasteten wir uns weiter aufwärts. Ich war nun wieder voraus und sah auf einmal

230

vor mir die schattigen Umrisse einer hohen, offenbar sehr großen Wächte. Darauf hielt ich direkt zu. Kurz danach blies mir ein scharfer Wind entgegen, und Schneekörner peitschten mein Gesicht. Das musste eindeutig der Gipfel sein. Auch das GPS-Gerät von Christian signalisierte dies. Doch er hatte in seinen Erzählungen immer wieder von Felsen gesprochen, die es ganz oben geben sollte und die er auf Fotos gesehen hatte. Hier jedoch war alles weiß. Weißer Nebel, weißer Schnee, über mir weiß, unter mir weiß, vor mir, hinter mir. Ich sah fast nichts mehr. Für einen ganz kurzen Moment jedoch zeriss dann der Wind den hartnäckigen Nebel, und ich konnte vor mir, etwa vierzig, fünfzig Meter entfernt, einen Felsaufbau erkennen, etwas weiter oben gelegen und deutlich der höchste Punkt.

Während Robert und Christian nun auf der Wächte zurückblieben, ging ich selbst noch dieses Stück weiter über den Grat und bis hinauf auf den kleinen, geneigten Felsgipfel, der nicht viel größer als ein Küchentisch war. Dort nahm ich einen kleinen Stein und steckte ihn in meine Hosentasche. Wieder einer mehr in meiner Sammlung, die ich vor Jahren schon auf allen Gipfeln begonnen hatte, die auf unterschiedliche Weise eine besondere Bedeutung für mich hatten. Weder Christian noch Robert folgten mir bis hinüber zu diesem eindeutig höchsten Punkt des Mount Tyree. Robert filmte während dieser Zeit. Später erst hörte ich auf der Tonspur dieser Filmsequenz genauer, wie Robert mir dort oben im Wind zu den Seven Second Summits gratulierte. Christian stand hinter ihm und hantierte mit einem seiner beiden GPS-Geräte. Das andere hatte inzwischen den Geist aufgegeben.

Für mich waren diese paar Minuten dort oben am Gipfel vorerst das Ende eines fast endlos langen Wegs, der mich während sieben Reisen auf alle Kontinente unserer Erde geführt hatte. Ein phantastisches Gefühl, ganz anders als auf den Achttausendern. In einem Moment, in dem ich so gut wie nichts sah, erkannte ich dennoch, wie weit es bis hierhin, bis zum Gipfel des Mount Tyree, gewesen war. Ich fühlte mich in diesem kurzen Augenblick froh und erleichtert. Und ich ahnte nicht, wie viel Verdruss mir das alles noch bringen würde.

Inzwischen war es früher Nachmittag. Der Wind trieb uns die Schneeflocken ins Gesicht. Das Wetter hatte endgültig umgeschlagen, und wir mussten unbedingt schauen, dass wir von dort oben wegkamen. Vom Gipfel aus seilten wir zweimal ab und ließen dabei zwei Eisschrauben zurück. Die einfacheren Passagen kletterten wir ab, bis wir wieder in das Eiscouloir gelangten. Auch dort seilten wir ab, wann immer es möglich war. Wir hatten im Aufstieg ganz bewusst die Standplätze zurückgelassen, um den Abstieg zu erleichtern und um Orientierungspunkte zu haben. Das erwies sich nun als kluge Voraussicht, denn nach wie vor hüllte uns dichter Nebel ein. Schließlich erreichten wir wieder die kleine Scharte, in der noch unser Zelt stand. Nun war es bereits 18.30 Uhr. Aber natürlich taghell. Ich sagte, dass ich sofort weiter bis zum Wandfuß absteigen wolle, und begann meine Sachen zusammenzupacken. Ich wollte einfach nicht noch weitere Stunden in diesem für drei Mann viel zu engen Zelt und in dieser merkwürdig angespannten Stimmung verbringen.

Robert war zuletzt langsamer abgestiegen und hatte mir erklärt, dass er sehr vorsichtig sein müsse, weil er das Gefühl habe, bereits seine Reserven zu mobilisieren. Als er nun mitbekam, dass ich weiter nach unten wollte, sagte er zu mir, wenn ich einen Moment warten würde, ginge er mit mir. Spätestens jetzt wurde deutlich spürbar, wie aufgeladen die Stimmung zwischen Robert Miller und Christian Stangl inzwischen war. Teilweise rückwärts, manchmal auch mit dem Gesicht zum Tal, stiegen wir mit den nun wieder schwereren Rucksäcken die 800 Höhenmeter über den Grat immer weiter hinunter, bis wir gegen 21.30 Uhr, also nach drei weiteren Stunden, bei unseren Zelten im Basislager ankamen. Nun war auch ich müde von den vielen Stunden und den vielen Höhenmetern, vom Wind, der uns ausgesaugt hatte, und von dem Wetterumschwung. Doch als wir wieder bei den Zelten standen, vergaß ich rasch die Strapazen und die Anstrengung. Das waren Momente, in denen sogar ich alter Esel mich noch richtig freuen konnte. Uns war nach fünfzehn Jahren erstmals wieder eine Besteigung des Mount Tyree gelungen, überhaupt sind – mit uns – erst zehn Bergsteiger dort oben gewesen. Ein wenig getrübt wurde dieser Erfolg nur durch den raschen Witterungsumschwung, denn unser Gipfeltag war der einzige Schlechtwettertag bis dahin. Der Nebel hatte uns dort oben jedoch fast ans Limit getrieben. Dennoch waren das nun ganz starke Augenblicke am Ende eines großen Unternehmens. Christian war oben in der Scharte geblieben und übernachtete in dem kleinen Biwak. Er kam mit dem Zelt am nächsten Mittag zu uns herunter.

Am Morgen dieses 4. Januar rief ich mit dem Satellitentelefon meinen Berater Sigi Pircher in Südtirol an und berichtete ihm, dass nun auch der Mount Tyree gelungen sei. Er freute sich sehr über diese Nachricht und gab die Erfolgsmeldung als kurzes Statement an die Medien bei uns daheim weiter. Am 5. Januar erschien in der Südtiroler Tageszeitung *Dolomiten* ein Artikel mit dem Titel

»Sieben Zweithöchste auf einen Streich«. In der Unterzeile hieß es: »Hans Kammerlander schließt sein Projekt Seven Second Summits mit der Besteigung des Mount Tyree in der Antarktis ab.« Das sollte nicht ohne Folgen bleiben.

Wir verbrachten diesen letzten Tag am Fuß des Mount Tyree ganz gemütlich. Vor allem kochten wir sehr viel Tee, und Robert überraschte uns mit einem köstlichen Fruchtsalat, den er extra in Plastikbehältern mitgebracht hatte. Es war noch immer bewölkt, aber wir konnten unsere Wand recht gut einsehen. Der Blick zurück hatte etwas Zufriedenstellendes. Auch um uns herum gab es noch jede Menge schöne Berge, die ich nun erstmals in Ruhe und ohne die Ablenkung durch das eigentliche Ziel betrachtete. Die Antarktis mit ihrer reinen Luft, dem unglaublichen Licht mit seinen klaren Kontrasten, der ungeheuren Weite dieser phantastischen Landschaft und dieser beeindruckenden Bergwelt, das alles war für mich in jeder Hinsicht etwas ganz Besonderes. Dort würde ich sofort wieder hingehen, um ein neues Abenteuer zu erleben.

Mir tat diese Ruhe gut, und ich wähnte mich in einer tiefen Harmonie mit diesem herrlichen Kontinent. Aber es war nicht weit her mit dieser Harmonie. Gegen Abend rief Robert Miller Christian Stangl zu sich. Und dann hielt er ihm eine Gardinenpredigt, die mich zunächst beeindruckte, die mir dann aber in ihrem weiteren Verlauf selbst zu viel wurde. Robert hatte sich für diesen Auftritt sogar schriftliche Notizen gemacht, und nun brach der Damm. Von dem nicht gekochten Tee während des Zeltaufbaus ganz zu Beginn der Expedition über den sinnlosen Gletscherausflug und die endlosen Diskussionen über die Routenwahl bis hin zu dem Umstand, dass sich Christian kurzerhand einfach in unser Seil eingehängt hatte – Robert rieb Christian nun gnadenlos alles unter die Nase, was ihn in den vergangenen Tagen gestört, verärgert und wütend gemacht hatte. Ihm platzte regelrecht der Kragen.

Eigentlich hatte ich angenommen, dass sich die erhitzten Gemüter nach dem Gipfelerfolg nun wieder beruhigt hätten. Aber dem war offenkundig nicht so. Als Robert dann innehielt, war mir klar, dass ich auf dem schnellsten Weg von hier weg, in das nächste Flugzeug steigen und nach Hause wollte. Es wäre ein Ding der Unmöglichkeit gewesen, unter diesen Umständen noch den einen oder anderen Gipfel in der Umgebung zu besteigen, und ich wollte auch nicht mehr mit dem Schlitten diese vielen Kilometer zu Fuß bis zurück zur Station gehen. Am nächsten Tag erklärte ich, dass dies alles so keinen Sinn mehr habe und ich mit dem nächsten möglichen Flug vom Mount Tyree zum Union Glacier Camp, von dort aus nach Punta Arenas und weiter nach Hause fliegen wolle. Ich sagte auch, dass ich mir wie in einem Kindergarten vorkäme.

Für Christian kam eine Fortsetzung der Tour ebenfalls nicht mehr infrage. Robert war deswegen erneut sehr erbost und ließ Christian wissen, dass er diese sehr teure Tour bei ihm nicht nur wegen des Mount Tyree gebucht habe, sondern dass auch noch andere Dinge ausgemacht gewesen seien. Er drohte sogar damit, unter diesen Umständen nicht in das Flugzeug einzusteigen, denn es sei vereinbart gewesen, dass er die Möglichkeit habe, noch andere Touren in der Antarktis zu erleben. Er mahnte nun den gemeinsamen Rückweg zu Fuß an. Auch deswegen sei er in der Antarktis. Ein Boykott des Rückflugs seinerseits hätte sicher zu Problemen geführt, weil der Pilot nicht einfach ein Expeditionsmitglied in dieser Wildnis zurücklassen kann.

So schaukelte sich das alles noch eine Zeit lang hoch, bevor wir endgültig beschlossen, die Tour zu beenden, den Piloten anzurufen und zum Union Glacier Camp zurückzukehren. Doch das sollte zwei Tage dauern. Durch die Streitereien und endlosen Diskussionen hatten wir an diesem Tag so viel Zeit vertan, dass wir nicht mehr vom Fuß des Mount Tyree wegkamen. Als das Flugzeug dann am übernächsten Tag kam, flog der Pilot mit uns durch die Wolken und in den blauen Himmel hinein und hinüber in das Basislager des Mount Vinson, um dort weitere Bergsteiger aufzunehmen. Das Basislager des Vinson liegt an einem schönen Platz, es gibt dort sogar eine richtige Infrastruktur wie beispielsweise isolierte Hütten. Wir kamen aus der totalen Einsamkeit, während am Mount Vinson ziemlicher Betrieb herrschte. Als wir dann weiterflogen, fühlte ich mich erneut in meinem Plan, die zweithöchsten Gipfel gewählt zu haben, vollauf bestätigt. Während Christian und ich in der Gletscherstation weitere sechs schier endlose Tage warten mussten, bis uns die Iljuschin nach Punta Arenas brachte, orientierte sich Robert neu. Er buchte einen Gletscherflug und ging dann in ein paar Tagen Fußmarsch mit seinem Schlitten allein zum Südpol. Ich gönnte ihm dieses Erlebnis.

Wir hingegen mussten in Punta Arenas abermals Geld investieren, denn wir brauchten neue chilenische Inlandsflugtickets, um über Santiago de Chile und Paris nach München zurückzufliegen. Am 17. Januar landeten wir dort: Nur ein paar Leute, nicht einmal mein Berater oder meine Mitarbeiterin Birgit im Büro wussten, dass wir an diesem Tag und zu diesem Zeitpunkt zurückkommen würden. Umso erstaunter war ich, als mich daheim, kaum war die Haustür hinter mir ins Schloss gefallen, bereits der Anruf eines deutschen Journalisten erreichte, der mir – wie schon bei einem Anruf wenige Wochen zuvor – erneut vollmundig mitteilte, dass ich wohl im Mai 2010 am Mount Logan den »falschen« Gipfel bestiegen habe und deshalb auch nicht für mich in Anspruch nehmen könne, der erste Bergsteiger der Welt zu sein, der die Seven Second Summits bestiegen hat.

Mit diesem Anruf wurde eine Lawine losgetreten …

Epilog

Über Berge um die Welt

Gefangen zwischen Schlagzeilen –
die Besteigung des Mount Logan

Am 30. Mai 2012 erschien in der *Süddeutschen Zeitung*
eine 26 Zeilen lange Meldung. Unter dem Titel »Leute«
veröffentlichte die angesehene deutsche Tageszeitung folgende Nachricht:

»Hans Kammerlander, 55, Südtiroler Bergsteiger, hat
es mit seinem Seilpartner Markus Neumair nun endgültig
auf den Gipfel des 5959 Meter hohen Mount Logan in
Kanada geschafft. Kammerlander stand damit als erster
Mensch auf den sogenannten Seven Second Summits,
den jeweils zweithöchsten Bergen der sieben Kontinente.
Erst vor wenigen Wochen waren in verschiedenen Medien
und Internetforen Zweifel geäußert worden, ob er bei seinem ersten Versuch 2010 tatsächlich bis zum Hauptgipfel
gestiegen war. Auf einem Beweisfoto war nämlich nichts
von jenem alten Eispickel zu sehen gewesen, der den
höchsten Punkt des Mount Logan markiert. Tatsächlich
hatte sich der Südtiroler bei seiner Premiere am Mount
Logan laut eigener Aussage nur auf eine Militärkarte verlassen – und war deswegen auf einem wenige Meter nied-

rigeren Nebengipfel gelandet. Um jedem Irrtum vorzu-
beugen, überschritt Kammerlander mit seinem Begleiter
dieses Mal das gesamte Gipfelplateau von etwa zehn Kilometer Länge.«

Mit diesem kurzen Text wurde, wenn man so will, ein
medialer Schlusspunkt gesetzt. Alles andere, was in den
Wochen und Monaten zuvor veröffentlicht worden war,
erschien in den Medien bedeutend länger, größer und pla-
kativer.

Als ich am 3. Januar 2012 auf dem Gipfel des Mount Tyree
ankam, wähnte ich mich am Ziel. Ich sah Christian Stangl
und Robert Miller von diesem höchsten Punkt aus ein gutes Stück weit von mir entfernt und ein paar Meter tiefer
stehend. Der eine hantierte mit seinem GPS-Gerät, der andere filmte mit einer kleinen Videokamera. Ich war oben
angelangt und hatte nun alle sieben zweithöchsten Gipfel
der sieben Kontinente bestiegen. Das gab mir ein gutes
Gefühl, aber ich brach deswegen nicht in Freudenschreie
aus, was ohnehin nicht meine Art ist. Ich freute mich auch
dieses Mal eher innerlich. Und weil das Wetter nicht sehr
einladend war, begannen wir rasch mit dem langen Abstieg. Selbst auf dem Flug zurück nach Europa war ich der
Überzeugung, dass mein Projekt nun endlich abgeschlos-
sen sei. Christian Stangl saß in derselben Maschine, in
der Sitzreihe neben mir. Er hatte noch immer den K2 vor
sich. Folglich war ich der erste Bergsteiger, dem die zweithöchsten Gipfel gelungen waren. Christian Stangl hatte
wohl einmal zu mir gesagt, dass er sich nicht ganz sicher
sei, ob ich am Mount Logan 2010 wirklich den richtigen
Gipfel des großen Massivs bestiegen habe. Er erklärte mir

damals, er habe diese Information von einem Journalisten, der ihn kontaktiert habe. Aber dieses Thema war während unserer gemeinsamen Expedition in die Antarktis von ihm nicht wieder angesprochen worden.

Kurz vor Weihnachten 2011, unmittelbar bevor ich von Hamburg nach München geflogen war, um mich dort mit Christian Stangl und Robert Miller zu unserem Flug nach Chile zu treffen, hatte mich der Anruf eines in Berlin lebenden freiberuflichen Journalisten erreicht. Ich kann mich nicht mehr ganz genau an den Wortlaut dieses Gesprächs erinnern, sehr wohl aber an die fast schon unverschämt freche Nachdrücklichkeit dieses Telefonats. Im Lauf dieser zunehmend gereizter geführten Unterhaltung wollte mir der Journalist erklären, dass ich bei meiner Reise zum Mount Logan den falschen Gipfel bestiegen habe. Ihm lägen entsprechende Erkenntnisse und inzwischen auch Beweise vor. Wie ich später erfuhr, hatte er die gleiche Unterhaltung bereits mit meinem Berater Sigi Pircher geführt. Ich möge ihm doch nun alle meine Gipfelfotos zur Verfügung stellen, damit er weitere Überprüfungen und Recherchen vornehmen könne. Dazu war ich natürlich nicht bereit. Denn wie komme ich dazu, meine Gipfelfotos einfach so zur Verfügung zu stellen?

Vielleicht unterschätzte ich die Situation und ihre Auswirkungen ein wenig. Ich hatte bis dahin nicht allzu viele schlechte Erfahrungen mit Journalisten gemacht. Mein Verhältnis zu Medienvertretern basierte stets auf Vertrauen. Mir wurde im Lauf dieses Gesprächs vorgehalten, dass auf dem Foto, das wir auf meiner Homepage veröffentlicht hatten, im Hintergrund Gebirgszüge zu sehen seien, die auf den Gipfelbildern anderer Bergsteiger ganz anders aussähen. Und auf meinem Foto sei ein Pickel, der am höchsten Punkt in den Schnee gerammt und von einem Bergsteiger dort zurückgelassen worden war, nicht zu erkennen. Ich räumte ein, dass ich auf dem Gipfel auch gar keinen Pickel gesehen habe und folglich auch keiner auf den Fotos sein könne. Eine spätere Überprüfung all meiner Gipfelbilder brachte das Ergebnis, dass dort oben tatsächlich kein Pickel war, als wir ankamen. Das erklärte auch mein Partner Konrad Auer, als er von dem Berliner Journalisten bald darauf ebenfalls zu diesem Thema gefragt wurde. Wir hatten beide diesen Pickel nicht gesehen.

Als ich nun an jenem 17. Januar aus der Antarktis nach Hause zurückkehrte, erhielt ich einen weiteren Anruf dieses Journalisten. Nach wie vor war der Mann davon überzeugt, dass ich am Logan den falschen Gipfel bestiegen hatte. Ich zeigte mich erneut sehr verwundert über seine Sichtweise, versicherte gleichzeitig aber auch noch einmal nachdrücklich, dass ich die Angelegenheit überprüfen wolle, und falls mir am Mount Logan tatsächlich ein Fehler unterlaufen sei, sei ich natürlich daran interessiert und bestrebt, ihn umgehend zu korrigieren.

Ich weiß noch ganz genau, dass ich bereits damals selbst Zweifel äußerte und die Möglichkeit eines Fehlers einräumte. Denn etwas anderes konnte es schließlich nicht sein. Weder Absicht noch Kalkül, nicht Unvermögen und auch nicht Überforderung. Der Mount Logan ist kein Berg, der eine gewaltige, nur unter größten Schwierigkeiten zu bewältigende Aufgabe darstellt, wie beispielsweise der K2 in Pakistan. Der Mount Logan ist ein Berg, den ein guter Alpinist mit guter Kondition, bei guten Verhältnissen und guter Akklimatisierung ohne Weiteres besteigen kann, denn er ist ganz gewiss keine sehr große Herausforderung.

Aber der Mount Logan ist enorm groß. Auf seinem etwa 8,5 Kilometer langen Plateau gibt es wenigstens acht Gipfel, die höher als 5000 Meter sind. Wir hielten damals, am 20. Mai 2010, auf den markantesten dieser Gipfel zu und bestiegen ihn erfolgreich. Es wäre uns gar nicht ernsthaft in den Sinn gekommen, dass eine der anderen Erhebungen höher hätte sein können. Denn sonst hätten Konrad Auer und ich an jenem Tag bei schönstem Wetter, mit großen Zeitreserven und bei besten Verhältnissen überhaupt keine Mühe gehabt, das gesamte Plateau zu überschreiten. Doch wir begannen vollkommen arglos den Abstieg, weil wir sicher waren, alles richtig gemacht zu haben.

Selbst als ich nun erfuhr, dass ein alter Pickel den höchsten Punkt und somit den Hauptgipfel des Mount Logan markierte, maß ich dem noch immer nicht allzu viel Bedeutung zu. Es kommt leicht vor, dass Gegenstände, die auf einem Gipfel zurückgelassen werden, schon nach ein paar Wochen nicht mehr dort sind. Weil sie entweder ein anderer Bergsteiger mitgenommen hat, sie vom Sturm davongetragen wurden oder einfach vom Berg gefallen sind. Nein, dieser Pickel konnte wirklich nicht das alleinige Kriterium sein. Der Berliner Journalist beharrte indes auf seiner Meinung. Ich fragte ihn mehrmals, woher er seine Informationen habe und inwieweit er selbst auf Alpinismus spezialisiert sei. Ich wollte unbedingt mit diesen Informanten sprechen und sie selbst fragen, was genau da los sei. Aber der Mann wollte seinen Informanten nicht preisgeben. Es war wie beim Schattenboxen. Ich kam dagegen einfach nicht an und beendete dieses inzwischen für mich sehr ärgerliche Telefonat, als es sich immer wieder neu im Kreise drehte. Ich erklärte dem Journalisten, dass es wohl mein gutes Recht sei, seine Vorhaltungen und Recherchen selbst zu überprüfen, denn beim Bergsteigen gebe es nun mal kein Schiedsgericht für solche Fälle.

Ich habe in all den vielen Jahren meiner Bergsteigerei immer versucht, die Wahrheit im Alpinismus hochzuhalten, denn sie ist ein wichtiges Gut. Mir war schon einmal an der Shisha Pangma ein Missgeschick passiert. Dort war ich, wie so viele andere Bergsteiger auch und ohne es wirklich zu bemerken, auf den Mittelgipfel und nicht auf den Hauptgipfel gestiegen. Selbst dem von mir sehr hochgeschätzten Südtiroler Bergführerkollegen Maurizio Lutzenberger aus Sterzing war es am Tag vor meiner Besteigung ebenso ergangen. Es dauerte, bis dieser Irrtum aufgeklärt wurde. Allerdings war er für mich insofern bedeutungslos, als ich nie ernsthaft vorgehabt hatte, alle vierzehn Achttausender zu besteigen. So gesehen war mir der Hauptgipfel der Shisha Pangma nicht wichtig, denn dieser Berg war nur eine Vorbereitungstour für meine Besteigung und die Skiabfahrt vom Mount Everest gewesen.

In den Tagen nach dem leidigen Telefonat wendete ich mich den Arbeiten in meinem Büro zu, und wir überarbeiteten vor allem meinen Vortrag über die Seven Second Summits, mit dem ich bereits im Herbst 2011 ein paarmal öffentlich aufgetreten war. Mir gefiel dieses Thema gut, und ich spürte, wie interessiert mir die Menschen zuhörten, wenn ich im Anschluss an meinen damals aktuellen Vortrag über den Jasemba in Nepal noch ein wenig von den sieben zweithöchsten Gipfeln erzählte. Dass mir im Herbst 2011 der Mount Tyree noch fehlte, störte offenkundig niemanden. Im Gegenteil, das Interesse stieg dadurch nur noch mehr. Alle wollten wissen, wann ich den letzten Gipfel angehen würde, und viele wünschten mir dazu

Glück. Nun, im Januar 2012, bauten wir das neue Bild- und Filmmaterial vom Tyree noch in den Vortrag ein, und damit waren die sieben Teile der Multivision fertig.

Vom 29. Januar bis zum 1. Februar 2012 fand in München die Internationale Sportartikelmesse (ISPO) statt, eine der größten Fachausstellungen der Welt. Dort bin ich jedes Jahr für einen Tag zu Gast, um mich mit meinen Sponsoren zu treffen, Neuigkeiten anzuschauen, Gespräche zu führen und für Interviews mit Journalisten zur Verfügung zu stehen. Am Stand des Deutschen Alpenvereins nahm mich der Redakteur Clemens Kratzer, Redakteur des deutschen Magazins *Alpin*, zur Seite und erklärte mir, dass seiner Fachzeitschrift ein zwölfseitiges Dossier vorliege, demzufolge ich am Mount Logan nicht den richtigen Gipfel bestiegen habe. Clemens Kratzer übergab mir eine Kopie dieses Papiers und erklärte weiter, dass seine Redaktion übereingekommen sei, mich zuerst anzuhören, bevor man auf die Behauptungen in diesen Unterlagen näher einginge. Dafür war ich sehr dankbar und erklärte den Machern von *Alpin* meinen Standpunkt und auch, dass ich jederzeit zum Mount Logan zurückkehren wolle, sollte sich herausstellen, dass wir den Hauptgipfel verfehlt hätten. Schließlich fragte ich Clemens Kratzer, von wem er dieses Papier erhalten habe. Darauf antwortete er mir: »Von Christian Stangl.« Ich fiel fast aus allen Wolken. Ausgerechnet Christian Stangl, mit dem ich erst wenige Wochen zuvor auf Expedition am Mount Tyree gewesen war, der ohne auch nur ein einziges Wort des Widerspruchs zur Kenntnis genommen hatte, wie mir Robert Miller unter dem Gipfel des Tyree überschwänglich zur ersten erfolgreichen Besteigung der Seven Second Summits gratuliert hatte. Für einen Moment war ich fassungslos. Ich bat Clemens Kratzer, diese Datei doch bitte auch noch einmal an mein Büro und an die Mail-Adresse meines Beraters Sigi Pircher zu senden.

Dieses zwölfseitige Dossier ist eine PDF-Datei mit dem Dateinamen »Stangl_Kammerlander war NICHT am Mount Logan_second seven summit von Nordamerika. pdf«. Das sagt an sich noch gar nichts aus. Vor allem nicht, ob diese Datei von Christian Stangl angelegt worden ist oder ob dieses gesamte Dossier von ihm zusammengestellt wurde. Einen Dateinamen kann man jederzeit ändern. Aber es war klar, dass er dieses anonym gehaltene Papier dem Magazin *Alpin* zugeschickt und die Redaktion aufgefordert hatte, dieser Angelegenheit »einmal nachzugehen«. Dafür hatte ich die Bestätigung von Clemens Kratzer. Hier der Wortlaut der Mail von Christian Stangl an Clemens Kratzer:

»Hi Clemens,
im web 2.0 bleibt offenbar nichts mehr verborgen.
Kannst du dir den Bericht mal anschauen? Was ist
dran? (…)
Danke!
lg
Christian«

In dieser E-Mail empfahl Christian Stangl überdies, einen in Lörrach ansässigen Bergchronisten zu befragen. Diese E-Mail hat Christian Stangl am 29. Dezember 2011 an Clemens Kratzer verschickt. Also vier Tage nachdem Robert Miller, Christian Stangl und ich von München in Richtung Punta Arenas am südlichsten Zipfel Chiles abgeflogen waren. Der 29. Dezember war genau der Tag, an dem wir von Punta Arenas aus ins Union Glacier Camp geflogen wurden. Unmittelbar bevor wir in der Antarktis zusammen einen Berg besteigen wollten, hatte Christian Stangl quasi Journalisten »auf mich angesetzt«. Als ich alle diese Informationen in den Tagen Anfang Februar 2012 nach meinem Besuch auf der ISPO Stück für Stück zusammenfügte und sich ein Gesamtbild daraus ergab, war ich maßlos enttäuscht, und in mir braute sich fast so etwas wie Wut und Zorn zusammen.

Bei näherer Betrachtung des Dossiers kamen mir jedoch inzwischen selbst Zweifel, ob wir nicht tatsächlich einen Fehler gemacht hatten. Womöglich war ich die Besteigung in Kanada etwas zu lasch angegangen. Ich hatte keine vernünftige Karte bestellt, obwohl ich in Deutschland meinen Partner Aree Greul habe, von dem ich jede Karte, selbst von entlegenen Orten der Welt, bekommen könnte. So aber hatten wir nur eine zugegeben nicht sehr genaue Militärkarte zur Verfügung, in der nicht einmal die Gipfelnamen und auch keine genauen Höhenangaben verzeichnet waren. Diese Karte hatte ich als Fotokopie von unserem Gletscherpiloten Paul Claus erhalten. Eine echte Unterstützung war das nicht.

Ab Ende Februar ging ich mit dem Vortag »Seven Second Summits – Über Berge um die Welt« auf eine lange Tournee. Was hätte ich auch anderes tun sollen? Ich konnte unmöglich so viele Vorträge absagen wegen einer Vermutung, die bislang nicht einmal eindeutig belegt und von mir selbst abschließend überprüft war. Doch ich muss zugeben, immer mal wieder ging mir während dieser Zeit der Gedanke an den Mount Logan durch den Kopf, Ich telefonierte mit Konrad Auer. Er versicherte mir, dass er keinen Pickel gesehen habe, und berichtete, wie intensiv ihn der Berliner Journalist über jedes Detail befragt habe. Und eben weil mir das alles schon zu diesem Zeitpunkt keine Ruhe ließ, sagte ich am Ende eines jeden Vortrags, noch auf der Bühne und vor allen meinen Zuhörern, den immer gleichen Satz: »Es könnte unter Umständen sein, dass uns am Mount Logan ein Fehler unterlaufen ist. Möglicherweise haben wir einen Gipfel bestiegen, der 34 Meter niedriger ist. Wenn das so ist, werden wir natürlich sofort ins Flugzeug steigen und noch einmal auf den richtigen Gipfel klettern.« Ich habe das Lachen der Menschen noch im Ohr und auch ihren Applaus. Ihnen schien mein Umgang mit dieser Angelegenheit zu gefallen.

Anderen gefiel er offenbar schon länger nicht mehr. Ohne dass es noch weitere Anzeichen gegeben hätte, brach die Lawine am 16. März 2012 los. Sie löste sich im Internet und überzog danach fast flächendeckend die deutschsprachige Medienlandschaft. An diesem 16. März erhielt ich einen Anruf meines Koautors Walther Lücker, mit dem zusammen ich bis dahin zwei Bücher geschrieben hatte. Ein weiteres, *Zurück nach Morgen – Augenblicke an den 14 Achttausendern*, hatten wir so gut wie fertig, und wir steckten mitten in der Schreibarbeit an dem hier vorliegenden Buch über die Seven Second Summits. Während dieses Telefonats erfuhr ich, dass auf dem Diskussionsforum der österreichischen Internetplattform »bergsteigen.at« ein Benutzer unter dem Pseudonym »gabhub80« einen Beitrag verfasst hatte. Dort war unter dem Titel »Hans Kammerlander betrügt uns mit seinen ›Second Seven Summits‹« zu lesen:

»Hallo!

Die Sache ist sehr ernst!

Hat schon jemals wer Kammerlanders ›Gipfelbild‹ vom Mt. Logan (zweithöchster Gipfel von Nordamerika) überprüft?

Das Bild stammt mit Sicherheit nicht vom Hauptgipfel. Auf Google earth kann jeder selber nachprüfen dass die Achse Saxon Peak und Mt. Bona im Hintergrund nicht stimmt. Kammerlander stand maximal auf einem westlichen Vorgipfel (Philppe peak oder West peak), an die drei Kilometer vom Hauptgipfel entfernt.

Rich Prohaska (Canada) und Joe Stock (US), mehrmalige Logan Besteiger haben das bereits bestätigt.

Abgesehen davon sieht man in Kammerlanders Bild eben nicht das Eisgerät das dort laut Rich schon Jahre oben steckt und den Gipfel markiert.

Ich denke wir haben einen neuen Fall Miss OH – Seriensiegerin der 14 x 8000 … und dann waren es doch nur 13 x 8000. (Kanchenjönga – nicht am Gipfel)

Ich habe Hans Kammerlander nach einem seiner gut besuchten Vorträge (second seven summits) darauf angesprochen. Und? Er hat sich mir einfach abgewandt …

Da ist was faul.

Warum gibt es eigentlich keine Gipfelbilder von Puncak Trikora und Dykh Tau? Habt ihr jemals eines gesehen?

Ich habe aber unter info@kammerlander.com welche angefordert. Fazit: Nicht mal eine Rückantwort und das Beste: Das falsche Gipfelbild ist jetzt auch von seiner Homepage verschwunden. Warum wohl? Leute, da ist was faul!

Das falsche Gipfelbild vom 20. Mai 2010 Mt. Logan
findet sich aber noch im WEB. Checkt es selbst!
lg
Gab«

Dieser Beitrag, hier wörtlich mit allen Fehlern übernommen, verwunderte mich bei näherer Analyse gleich in mehrerer Hinsicht. Es war wieder die gleiche, recht selten gebräuchliche Formulierung »Second Seven Summits« und nicht »Seven Second Summits« – wie schon in dem Dossier, das Christian Stangl an *Alpin* geschickt hatte. In dem Internetbeitrag waren auch dieselben Argumente verwendet worden, dieselben Verweise auf entsprechende Fotos, und es wurden dieselben Bergsteiger genannt, die den Pickel auf dem Gipfel gesehen hatten. Ich konnte mich auch nicht daran erinnern, dass nach einem meiner Vorträge mich jemand ganz gezielt auf diese Gipfelgeschichte am Mount Logan angesprochen hatte. Auch nicht daran, dass ich jemanden einfach habe stehen lassen, weil das überhaupt nicht meine Art ist.

Doch viel schlimmer als all das war es für mich, in der Öffentlichkeit von einer mir unbekannten Person, die sich hinter einem Pseudonym versteckte, als Betrüger hingestellt zu werden, als jemand, der bewusst vorgibt, einen Berg bestiegen zu haben, obwohl er gar nicht oben war. Wir begegneten diesen schwerwiegenden Anschuldigungen mit zwei Stellungnahmen am 17. und am 19. März. Allein, die Lawine war nicht mehr zu stoppen. Viele Kommentare, die als Reaktion auf den Internetbeitrag des Unbekannten im Diskussionsforum von »bergsteigen.at« veröffentlicht wurden, versuchten mich in Schutz zu nehmen, von »Hexenjagd« war da zu lesen, von »unterstem

Niveau«, von einem »Schmierfinken« und von einem »Affront sondergleichen« gegen mich. Aber es ergossen sich auch Häme und Spott über mich. Ein fast wortgleicher Beitrag, ebenfalls unter dem Namen »gabhub80«, erschien in einem weiteren österreichischen Bergsteigerforum. Dort wurde nicht minder heftig diskutiert. An einigen Stellen wurde nun auch der Wert dieser Besteigungsserie erörtert.

Doch es schien, als sei dieser kleine Beitrag im Internet nur ein Startschuss gewesen, als sei aus einem Haarriss der Bruch eines ganzen Staudamms entstanden. Am 3. April, also achtzehn Tage nach dem »gabhub80«-Auftritt, erschien sowohl auf dem Onlineportal als auch in der Printausgabe der *Frankfurter Allgemeinen Zeitung* ein Artikel mit dem Titel »Hans Kammerlanders scharfer Grat«. Verfasser dieses Berichts war jener Berliner Journalist, der mich unmittelbar nach meiner Rückkehr aus der Antarktis daheim angerufen und mit all den Argumenten konfrontiert hatte, die ich später in dem Dossier und danach in dem Internetbeitrag ebenfalls deckungsgleich wiedergefunden hatte.

Inzwischen wusste ich bereits, dass dieser Journalist mehrere Interviews mit Christian Stangl geführt hatte, die beiden sich also kannten. Nun hatte er die Ergebnisse seiner Recherchen veröffentlicht. In diesem Artikel stand zu lesen, dass »erhebliche Zweifel« an meiner Leistung aufgekommen seien, dass ich in der Besteigungsserie zweimal nicht auf dem richtigen Gipfel gewesen sei und dass ein Foto »im Zentrum des Zweifels« stünde. Erneut wurden dort dieselben anderen Bergsteigernamen genannt, die den Pickel fotografiert hatten. In dem Artikel wurde auch wieder jener selbst ernannte Bergchronist aus Lörrach zitiert, den Christian Stangl der Zeitschrift *Alpin* als Experten empfohlen hatte: »Dieses Foto kann nicht auf dem Gipfel des Mount Logan entstanden sein.« Gemeint war mein Gipfelfoto.

Der Berliner Journalist berichtete überdies, dass der britische Bergsteiger »Sean James und der Österreicher Christian Stangl am 10. Mai 2010 und am 22. Mai 2010 auf dem Gipfel« gewesen seien und Fotos von der »Eisaxt« gemacht hätten. Das war also kurz vor und unmittelbar nach meiner Besteigung. Das bedeutet, Christian Stangl vermutete nicht nur, wie er mir im November 2011 bei unserem Treffen zu verstehen gab, dass ich am Mount Logan womöglich falsch gewesen sein könnte, er wusste es zu diesem Zeitpunkt bereits ganz genau. Denn er war nur zwei Tage nach mir dort, und er kannte mein Gipfelfoto ohne den Pickel. Wie schon in dem Dossier, so berief sich nun auch die *Frankfurter Allgemeine Zeitung* auf einen norwegischen Bergsteiger: »Der Mount Logan hat eine Reihe von Gipfeln mit deutlichen Satteln dazwischen. Von der Normalroute aus ist der Westgipfel einfacher zu erreichen als der Hauptgipfel. Daher gehen einige Expeditionen nicht auf den Haupt-, sondern auf den Westgipfel.« Damit sollte wohl der Eindruck erweckt werden, als hätten Konrad Auer und ich es nicht bis auf den Hauptgipfel geschafft. Tatsächlich hat der Mount Logan ein beeindruckend großes, vergletschertes Gipfelplateau. In dem Bericht hieß es nun: »Im Westen erhebt sich daraus der Westgipfel, 5925 Meter hoch, etwa zwei Kilometer weiter östlich der Hauptgipfel, nur 34 Meter höher.«

All diese Informationen, Namen und Details deckten sich auffällig mit den Inhalten aus dem Dossier, das bereits auch *Alpin* zugespielt worden war. Ich konnte es verschmerzen, dass der Journalist mitten in seiner Analyse der Fakten folgenden Satz sehr geschickt einflocht, mit dem er mich offenbar in eine bestimmte Ecke stellen wollte: »Doch für gewöhnlich wird eine solche Expedition genau geplant, es gibt Karten, Routen, Foren im Netz. Kammerlander gilt zwar als etwas nachlässig, als Lebemensch, der nicht zu viel Zeit mit großen Vorbereitungen verschwendet. Doch auch sein Seilpartner Konrad Auer, ein ausgebildeter Bergführer, müsste sich getäuscht haben.«

Man konnte in den Tagen nach der Veröffentlichung in der *FAZ* den Eindruck gewinnen, als würde der Berliner Journalist die Medien in Deutschland flächendeckend bedienen. Denn nun erschien der fast identische Artikel auch in den *Stuttgarter Nachrichten*, auf dem Onlineportal des *Spiegel* und sogar im *Schwarzwälder Boten*. Medien, die von dem Journalisten nicht bedient wurden, »kupferten« unterdessen munter voneinander ab. Das heißt, andere Journalisten sprangen auf den fahrenden Zug auf und schrieben ab, um auch etwas von diesem Kuchen abzubekommen, der sich inzwischen fast zu einem Medien-Hype entwickelt hatte. Dabei ging es bei der ganzen Geschichte doch »nur« ums Bergsteigen. Um nichts mehr. Aber die Geschichte vom sonst so ehrlichen Hans Kammerlander, der auf einmal nicht mehr die Wahrheit sagt, schrieb sich offenbar leicht und gut.

Ich war in diesen Tagen entsetzt, tief enttäuscht und fühlte mich gekränkt. Und beinahe hätten die Anwürfe es auch geschafft, mir die wunderschönen und vielseitigen Erlebnisse auf allen sieben Kontinenten, diese bereichernden Erfahrungen mit so unterschiedlichen Völkern, geografischen und klimatischen Bedingungen, zu vermiesen. Natürlich waren die Medien nicht so unverschämt direkt wie dieser »gabhub80« mit seinem wüsten Betrugsvorwurf, aber Zeitungen und Magazine versteckten zwischen den Zeilen und mit der Kunst der gut gewählten Formulierung schon reichlich Nadelstiche. Es interessierte offenbar kaum jemanden, dass ich inzwischen schon längst entschlossen war, noch einmal zum Mount Logan zurückzukehren und ihn erneut zu besteigen. Zum einen, um mir das alles selbst vor Ort anzusehen, und zum anderen, um den Fehler sofort zu korrigieren, wenn ich zu der Überzeugung gelangen sollte, dass ich tatsächlich auf dem falschen Gipfel angekommen gewesen war. Aber ich wollte, dass es meine Entscheidung ist, meine Überprüfung der Sachlage und mein Entschluss, den Berg noch einmal zu besteigen. Ich wollte mich weder von einem Internetschreiber noch von den Medien oder einem Bergchronisten dazu zwingen lassen.

Von Tag zu Tag wurde es immer spannender. Am 11. April befasste sich die Schweizer Outdoor-Bloggerin Natascha Knecht auf der Internetplattform der *Basler Zeitung* und des *Tagesanzeiger* sehr ausführlich mit dem Thema. Am 13. April ließ sich ein juristischer Web-Blog über meine »Tatsachenbehauptungen« und mögliche rechtliche Konsequenzen im Zusammenhang mit dem Mount Logan aus. Am selben Tag gab ich dem Diskussionsforum von »bergsteigen.at« ein langes Interview. Ebenfalls an diesem Tag las ich in der Wiener Tageszeitung *Die Presse*: »Bergsteigen: Nächster Gipfelrekord entlarvt sich als Lüge.« Die *Tiroler Tageszeitung* titelte »Emotionaler Streit um Gipfelhöhen«, und schließlich drehte das Bayerische Fernsehen sogar eine Reportage für die Bergsteigersendung »Bergauf – Bergab«. Bemerkenswert empfand ich einen Artikel im Hamburger Wochenblatt *Die Zeit*. Unter dem unterhaltsamen Titel »Das ist doch der Gipfel – oder?« nahm sich der Autor Urs Willmann darin der weltweit wetteifernden Alpinisten und auch des jüngsten Gerangels um die Höhen der Seven Second Summits an. Am Ende seines Artikels schrieb Willmann: »Mit der Idee, die Zweithöchsten zu seinem Ziel zu machen, hatte Kammerlander einst naiv geglaubt, einen Kontrapunkt zu den üblichen Superlativen setzen zu können. Doch längst ist er wieder mitten drin in der Rekordjagd, spürt seinen Kontrahenten Christian Stangl im Nacken, der schneller auf den Zweithöchsten sein und danach gleich die sieben Third Summits meistern will. Und wer macht zuerst die Fourth Summits?«

So berechtigt diese Frage auch sein mag, auf gewisse Weise fand ich es bedauerlich, dass das Bemühen zweier Alpinisten, einfach nur ein paar Berge zu besteigen, nun in die Nähe eines schon fast grotesken Treibens gerückt wurde. In der Öffentlichkeit jedenfalls musste dieser Eindruck entstehen.

Dieser Medienspiegel repräsentiert nur einen sehr kleinen Teil dessen, was in dieser Zeit publiziert wurde. Und eines ist klar: Der Gipfel des Mount Logan brachte mir binnen kürzester Zeit mehr Schlagzeilen ein als 1996 meine Skiabfahrt vom Mount Everest. Das finde ich dann doch bezeichnend.

Dass eine meiner Leistungen in der Öffentlichkeit bewertet und sehr kontrovers oder auch nur einseitig diskutiert wird, damit kann ich leicht und gut leben. Das akzeptiere ich sofort, wenn die Diskussion nur halbwegs sachlich bleibt. Würde ich das nicht akzeptieren, gehörte ich nicht in die Öffentlichkeit. Denn diese Öffentlichkeit suche ich ja durchaus, weil ich sie brauche. Es war im März und April

2012 vielmehr die Art und Weise, wie mit diesem Thema umgegangen wurde. Die Wortwahl, die Inhalte der Kritik. Nicht die Kritik als solche. Ganz selten nur war davon die Rede, dass ich von Beginn an immer gesagt hatte, dass ich unter den gegebenen Umständen noch einmal nach Kanada gehen, mir das anschauen und einen möglichen Fehler dann sofort korrigieren wolle. Berechtigte Kritik nehme ich bereitwillig zur Kenntnis, die daraus gewonnene Polemik, der Zynismus und die Häme waren mir in dieser Zeit aber einfach zuwider. Ebenso wie die Hinterlist, mit der ich in die Medien gezerrt wurde. Ein zwölfseitiges Dossier, von dem ich bis heute nicht weiß, wer es verfasst hat, und Christan Stangl waren maßgeblich dafür verantwortlich. Ich weiß nicht, was ihn dazu bewogen hat, von Punta Arenas aus dieses Papier an *Alpin* zu schicken.

Es war in dieser Zeit ganz offenbar nicht der einzige Versuch von Christian Stangl, diese ganze Angelegenheit medienwirksam zu verbreiten. Während ihrer Expedition zum Nuptse im Mai 2012 bekam die österreichische Spitzenbergsteigerin Gerlinde Kaltenbrunner im Basislager des Mount Everest Besuch von der bayerischen Alpinistin Billi Bierling, die 2009 den höchsten Berg der Erde bestiegen hat. Das Multitalent Billi Bierling, die als Übersetzerin, Pressesprecherin bei der UNO und Journalistin arbeitet, ist auch Assistentin der weltweit hoch geschätzten Himalaja-Chronistin Elizabeth Hawley in Kathmandu. Im Frühjahr 2012 war Gerlinde Kaltenbrunner auf dem Weg zum Nuptse-Gipfel, Billi Bierling bestieg den Lhotse. Während ihres Besuchs in einem kleinen Zelt unter dem Everest berichtete Billi Bierling Gerlinde Kaltenbrunner davon, dass Christian Stangl sie unmittelbar vor unserer Expedition zum Mount Tyree kontaktiert habe mit dem Ziel, sie zu animieren, sich meiner Angelegenheit am Mount Logan anzunehmen. Dabei wurden auch entsprechende Unterlagen übermittelt. Gerlinde Kaltenbrunner hat mir erzählt, dass Billi Bierling von dieser Entwicklung eher seltsam berührt gewesen sei und mit der Sache nichts zu tun haben wollte. Nach einem kurzen E-Mail-Wechsel mit Christian Stangl zwischen dem 19. und 22. Dezember lehnte Billi Bierling das »Angebot« ab, in dieser Sache journalistisch tätig zu werden. Dass ich überhaupt davon erfuhr, war eher ein Zufall. Aber: Wie hatte Christian Stangl in seiner E-Mail an *Alpin* geschrieben? »Dem Web 2.0 bleibt nichts verborgen.« Das gilt nicht nur für das Internet, sondern auch für den inneren Zirkel des Alpinismus und des Höhenbergsteigens.

Es interessiert mich inzwischen nicht mehr, warum Christian Stangl dies alles in so einer ungewöhnlichen, fast schon hinterlistigen Form vorantrieb. Hätte er mir damals all seine »Beweise« offen und gezielt vorgelegt, hätte ich sicher sofort gesagt: »Christian, wenn das so ist, dann muss ich da wohl noch mal hin.« Es wäre also ganz einfach unter Bergsteigern auszumachen gewesen. Ich glaube nicht, dass mich Christian Stangl in die Ecke der Lügner und Betrüger stellen wollte. Das sicher nicht, weil er aus eigener Erfahrung weiß, wie man sich dort fühlt. Aber vielleicht wollte er Zeit gewinnen, um den unsinnigen Wettlauf um die Seven Second Summits doch noch für sich zu entscheiden. Am 4. August 2012 hat Christian Stangl nach so vielen Anläufen endlich den K2 bestiegen und ist damit seinem Ziel, die »Triple Seven Summits«, also die höchsten, zweithöchsten und dritthöchsten Gipfel auf allen sieben Kontinenten zu besteigen, bis auf den dritthöchsten Gipfel Europas erstaunlich nahe gekommen. Dazu gratuliere ich ihm.

Wenn Christian Stangl jedoch schon mit Zentimetern und vielleicht bald mit Millimetern spielen will, dann muss ich ihm etwas vorhalten, und das wird er dann wohl auch zugeben müssen, weil es dafür einen Zeugen gibt: Christian Stangl war am 3. Januar 2012 am Mount Tyree in der Antarktis nicht auf dem Hauptgipfel. Er machte etwa fünfzig Meter vor dem Gipfel halt. Und es trennten ihn noch mindestens fünf bis sechs Meter vom höchsten Punkt. Er stand unter mir im Schnee, während ich ganz oben einen Stein aufhob. Dort betätigte er sein GPS-Gerät für seine Messungen. Allerdings frage ich mich, wie genau diese Messungen denn dann eigentlich sind, wenn man sie fünfzig Meter vom entscheidenden Punkt entfernt und fünf oder sechs Meter darunter vornimmt?

Und dennoch, es dürfte dauern, ehe diese außergewöhnliche Leistung Stangls einmal wiederholt werden wird. Ebenso wie die Seven Second Summits, denn dieses Projekt ist wirklich nur etwas für Enthusiasten mit entsprechenden finanziellen Möglichkeiten. Und ganz ehrlich, nicht alle Gipfel sind eine große alpinistische Herausforderung für einen ambitionierten Bergsteiger. Aber darum ging es mir nie wirklich. Ich wollte die Kontinente sehen, die Länder, die Menschen und ihre Kulturen. Die Berge interessierten mich nur, weil ich halt Bergsteiger bin. Aber bei dieser Reise um die Erde habe ich die Wüste gesehen und den Urwald, das faszinierende Eis der Antarktis und schroffe Felsen in Afrika. Es waren bereichernde Erlebnisse, und ich möchte kaum eine Stunde davon missen. Wäre es mir allein um Schlagzeilen und spektakuläre Bilder gegangen, hätte ich mir leicht andere Ziele aussuchen können. Aber diese Reisen auf die sieben Kontinente haben viel zu meiner Beruhigung nach all den Jahren im Achttausender-Wettlauf beigetragen. Und auch zu noch mehr Gelassenheit und innerem Frieden. Es ist schade, dass ausgerechnet diese Aneinanderreihung wunderbarer Erlebnisse mit negativen Schlagzeilen enden musste. Mir wäre lieber gewesen, wenn ich meinen Fehler am Mount Logan auf meine Weise hätte korrigieren können. Getan hätte ich es auf jeden Fall.

Im Zusammenhang mit den Diskussionen und der Berichterstattung in den Medien über meine Besteigung oder Nichtbesteigung des Mount Logan tauchte auch immer wieder die Meldung auf, ich hätte in Australien/Ozeanien ebenfalls den falschen Gipfel bestiegen. Tatsache ist, dass ich am 18. April 2011 den Gipfel des Puncak Trikora erreicht habe. Das Tourismusministerium in Neuguinea hat mir schriftlich versichert, dass dies der zweithöchste Gipfel des Kontinents sei. Das ist für mich eine offizielle Aussage. Weder Christian Stangl mit seinem GPS-Gerät noch ein Karten lesender und Bilder vergleichender Chronist sind für mich, trotz aller Wertschätzung ihrer beider Arbeit, offizielle Stellen, auf die ich mich berufen kann und will. Also zählt für mich ausnahmsweise einmal das Wort eines Beamten. Und wenn man schon glaubt, diese Besteigungsserie der Seven Second Summits irgendwo als Ereignis führen und auflisten zu müssen, dann von mir aus mit dem Zusatz »Besteigung nach der Kammerlander-Liste«. Immerhin gibt es das bei den Seven Summits auch.

Ich bestieg den Mount Logan am 23. Mai 2012 noch einmal. Sehr viel mieser hätten das Wetter und die Verhältnisse am zweithöchsten Berg Kanadas kaum sein können. Es war so denkbar schlecht, dass alle anderen parallel verlaufenden Expeditionen ihr Vorhaben irgendwann aufgaben.

Auch der Pole Piotr Pustelnik, der dritte Pole, der alle vierzehn Achttausender (an sieben Gipfeln mithilfe von Flaschensauerstoff) bestiegen hat, kehrte dem Berg schließlich resigniert den Rücken. Trotz all der Widrigkeiten erreichte ich mit meinem Partner Markus Neumair diesmal den Hauptgipfel. Markus Neumair stammt aus meiner Heimatgemeinde, er ist Bergführer im Hauptberuf, 46 Jahre alt, sehr konditionsstark und technisch perfekt. Fast zwanzig Jahre lang hat er sich den Wind in den steilsten Wänden der Dolomiten und der Westalpen um die Nase pfeifen lassen. Er ist den schwierigen Freney-Pfeiler im Mont-Blanc-Gebiet als Tagestour geklettert, mit einem Ausgangspunkt auf 1400 Metern. Den »Weg durch den Fisch« in der Marmolada-Südwand, die Originalroute von Reinhold Messner am Mittelpfeiler des Heiligkreuzkofel in den Dolomiten, den Walkerpfeiler an den Grandes Jorasses in den französischen Alpen und natürlich fast sämtliche Gipfel unserer heimatlichen Zillertaler Alpen und in der Rieserfernergruppe – Markus Neumair hat also viel erlebt. Doch er war bis dahin noch nicht außerhalb des Alpenbogens unterwegs gewesen. Als ich ihn ansprach, ob er Lust und Zeit habe, mich bei diesem Unternehmen zu begleiten, das aufgrund der gesamten Umstände außergewöhnlich und deswegen nicht ganz so einfach war, sagte er sofort und begeistert zu. Markus Neumair ist unter anderem auch darauf spezialisiert, Hochseilgärten zu bauen. Und er ist Hubschrauberpilot. Das allein befähigt ihn schon zum zuverlässigen Umgang mit einem GPS-Gerät. Für mich ist klar, ich werde niemals ein GPS-Alpinist werden. Derlei Gerätschaften haben in meinem Rucksack einfach keinen Platz. Aber an diesem Tag war ich froh, dass Markus ein GPS dabeihatte. Denn ohne das hätten wir sicher erhebliche Mühe gehabt, uns auf dem großen Gipfelplateau des Logan zu orientieren. Bei starkem Sturm und dichtem Nebel tasteten wir uns den Grat entlang, bis wir schließlich auf dem Gipfel waren.

Ich konnte es auch an diesem Tag fast nicht glauben, dass dieser Spitz höher sein soll als der andere, den ich mit Konrad Auer 2010 bestiegen hatte. Damals hatte ich meinen Thommen-Höhenmesser, eines der besten und zuverlässigsten Geräte dieser Art, unmittelbar nach der Gletscherlandung exakt auf die Höhe eingestellt, die auch der Höhenmesser des Flugzeugs anzeigte. Als Konrad Auer und ich später oben auf dem Logan ankamen, zeigte mein Höhenmesser bei bestem Wetter sechzig Meter über dem höchsten vermessenen Punkt des Mount-Logan-Massivs an. Dabei hätte er bei schönem Wetter eigentlich aufgrund der Luftdruckwerte eine niedrigere Höhe anzeigen müssen. Mag sein, dass die GPS-Messungen genauer sind und wir damals wirklich nicht den richtigen Gipfel erwischt hatten. Es fällt mir nicht schwer, das zuzugeben. Doch die Begleitmusik, die dazu angestimmt wurde, gefiel und gefällt mir bis heute nicht. Wenn ich inzwischen darüber nachdenke, erinnere ich mich an die Worte jenes Chronisten aus Lörrach, der zu Protokoll gegeben hatte, dass es bei gutem Wetter fast nicht denkbar sei, den Gipfel des Mount Logan zu verwechseln. Wenn er tatsächlich dieser Meinung ist, dann hat er wohl vergessen, dass selbst Christian Stangl auf seiner Homepage einräumt: »Das Gipfelplateau nimmt kein Ende, von dort geht es dann 1,3 km in südöstliche Richtung. Ohne GPS und die vorher eingespeicherten Wegpunkte hätte ich an dieser Stelle noch immer nicht gewusst, welchen Gipfel ich nun ansteuern sollte.« Es ärgerte mich einfach, dass da ein Chronist aus dem

Schwarzwald, der hinter dem warmen Ofen sitzt, mir erklären wollte, dass es fast nicht möglich ist, den Gipfel am Mount Logan zu verfehlen.

Es ist sehr mühsam, mit solchen Kritikern und ihren Anschuldigungen leben zu müssen. Doch für die Medien ist er offenbar ein wertvoller Informant gewesen. Erfolgsmeldungen gibt es viele, Heldengeschichten auch. Aber in dem Fall war es offenbar überaus interessant, mich anzugreifen, obwohl ich bereits deutlich signalisiert hatte, dass ich bereit war, meine Besteigung noch einmal zu überprüfen. Doch dieser Chronist wurde in vielen Veröffentlichungen über den richtigen oder falschen Gipfel als Beweisführer und wie ein Sachverständiger aufgerufen. Dabei hatte er in einem Interview mit *Zeit online* auf die Frage, welchen Berg er zuletzt bestiegen habe, noch selbst gewitzelt: »Den Tüllinger Berg, der ist 460 Meter hoch. Von dort hat man eine wunderbare Aussicht auf Basel, und bei gutem Wetter sieht man sogar die Alpen. Zu mehr Höhe und Aussicht komme ich leider nicht: Mir fehlt einfach der Mut, die Zeit, die nötige Kraft und die Fitness, um Berge zu besteigen.«

Liz Hawley, eine wirklich anerkannte Bergchronistin, lebt in Kathmandu, und es gibt keinen einzigen Spitzenbergsteiger der Welt, dem sie nach einer Achttausender-Besteigung nicht auf den Zahn gefühlt hat. Sie kennt sie einfach alle. Daraus sind ihre Beurteilungen entstanden und ihre beeindruckende Himalaja-Chronik, die heute Beleg dafür ist, ob einer tatsächlich auf dem Gipfel eines Achttausenders gewesen ist – oder eben nicht. Auch Liz Hawley hat nie einen Berg bestiegen, aber sie ist eine hoch geachtete Instanz geworden. Durch offene Gespräche und klare Worte, nicht durch Diskussionen mit und über Bergsteiger, die in den Medien und mit geheimnisumwitterten Dossiers geführt werden.

Wir fanden schließlich am 23. Mai 2012 auch bei diesen schwierigen Witterungsverhältnissen den inzwischen berühmt gewordenen Pickel. Er war also tatsächlich da. Dieses Ding hatte mich so viele Nerven gekostet, und ich hatte in den Auseinandersetzungen darüber so viel Energie verpulvert. Jetzt wollte ich ihn auch haben. Ich zog den Pickel aus dem harten Schnee und nahm ihn mit nach Südtirol. Markus Neumair ließ stattdessen seinen Pickel zurück. Ich selbst hatte an diesem Tag auf dem Logan gar keinen Pickel dabei. Nun war ich also nach dem Westgipfel auch auf den Hauptgipfel gestiegen, und die Angelegenheit war damit endgültig für mich erledigt. 34 Meter Unterschied. Immerhin.

Ich empfand die Wochen und Monate, in denen ich diese sieben Gipfel bestieg, und die Länder, in denen sie sich erheben, bereiste, ebenso unterhaltsam wie atemberaubend schön. Es sind sehr starke Erlebnisse, wenn man einen Berg erst suchen muss. Mit dem Himalaja und dem Karakorum hatte ich mich im Lauf vieler Jahre vertraut gemacht. Wenn ich dorthin flog und eine Expedition unternahm, dann war das meist ein bisschen wie heimkommen. Als ich nun in die Wüste Südamerikas kam und in die Urwälder Afrikas und Indonesiens, in die riesigen Eisparadiese der Antarktis oder die schroffen Gebirgslandschaften des Kaukasus, hatte ich manchmal beinahe das Gefühl, als sei ich ein wenig betriebsblind geworden. Das Wettrennen

Gefunden: *Auf dem Hauptgipfel des Mount Logan finden* ▶
Markus Neumair und ich den alten Eispickel (im Bild rechts) und tauschen ihn gegen einen von unseren aus.

262

um die ganz hohen Gipfel unserer Erde, der innere Antrieb, immer noch höher hinaufzuwollen und immer noch weniger Sauerstoff zu spüren, hatten mir wohl manchmal auch den Blick für die etwas andere Schönheit unserer Berge auf der ganzen Welt verstellt.

Ich glaube, ich habe die Kurve noch rechtzeitig bekommen. Es ist vergleichweise leicht, an den ganz hohen Bergen zu sterben. Aber ich lebe noch, es schmerzt nicht einmal etwas an meinem Körper. Dafür bin ich dankbar und empfinde eine große Demut. Als meine Tochter geboren wurde, hatte ich das Gefühl, ich müsse mich etwas von den ganz gefährlichen Sachen zurückziehen. Auch deshalb habe ich diese Seven Second Summits bestiegen. Um zu zeigen, dass es mit etwas mehr Gemütlichkeit ebenfalls möglich ist, recht interessante Dinge zu erleben. Deshalb ist es aber nicht langweiliger geworden.

Der Blick für Schönheit ist ein wichtiger Antriebsfaktor beim Bergsteigen. Berge, die einen Alpinisten ganz besonders reizen und herausfordern, sind meist sehr ästhetisch anzuschauen. Sie sind entweder von sehr schlanker Gestalt oder haben ein pyramidenförmiges Aussehen. Wenn sie beides in sich vereinigen, wenn die Natur es also gewollt hat, dass Berge von Wind und Wetter, Erosion und den Jahrmillionen zu einem Obelisken geformt wurden, ausgestattet mit steilen Wänden und messerscharfen Graten, dann ist besondere Schönheit geschaffen. Und es entsteht unwillkürlich der Antrieb, diese Berge auch zu besteigen.

Ich war früher Holzschnitzer und habe schon in der Kindheit scharfe Kanten geformt. Daher rührt wohl ein wenig mein Blick für besondere Berge. Als ich vor vielen Jahren in 24 Stunden das Matterhorn über seine vier Grate bestieg, tat ich das nicht allein, um meinen sportlichen Ehrgeiz zufriedenzustellen. Ich wollte auch diese vier Grate anfassen und sie ganz bewusst erleben.

Während der Seven Second Summits, als ich so viel Neues und so viel ästhetisch Schönes gesehen habe, entstand ein neuer, fast zauberhafter Plan. Ich will nun die »Matterhörner« dieser Welt suchen und sie besteigen. Es gibt sie fast überall. Man sollte es nicht für möglich halten, wie viele frei stehende Berge auf der ganzen Welt dem Matterhorn in der Schweiz ähneln. Ich habe sie in Südamerika entdeckt und in den Rocky Mountains, in Norwegen, in Russland und sogar im Allgäu. Den Shivling, das Matterhorn Indiens, habe ich bereits bestiegen, auch die Ama Dablam und den Jasemba – meine »Matterhörner« im Himalaja. Ein Anfang ist also bereits gemacht. Nun werde ich mich erneut auf eine weite Reise machen und die in meinen Augen schönsten Berge der Erde besteigen. Dann werden die Höhen einerlei sein, es werden mich keine Chronisten aufklären müssen, ich muss nicht auf die NASA achten und auch nicht auf GPS-Messungen. Dann zählen nur noch Berge, meine geliebten Berge. Eine großartige Aussicht, die ich gern genießen will.

In einem Interview mit dem deutschen Fachmagazin *Bergsteiger* habe ich im Juli 2012 auf die Frage, ob ich mich nun wieder mehr auf das besinnen würde, was mich eigentlich ausmacht, geantwortet: »Ich gehe einfach die Treppe schön langsam wieder runter, die ich früher hochgeklettert bin. Vielleicht lande ich mit achtzig Jahren wieder an meinem Hausberg, dem Moosstock, an dem ich mit acht Jahren begonnen habe. Das wäre ein schöner Kreis.«

MALIK

Hans Kammerlander

Zurück nach Morgen

Augenblicke an den 14 Achttausendern.
340 Seiten mit 230 farbigen Fotos und einer Karte.

Leben und Überleben an den höchsten Bergen der Welt:
Mit außergewöhnlichen Bilddokumenten und reich an sehr
persönlichen Erfahrungen schildert der Extrembergsteiger
Hans Kammerlander in diesem aufwendig gestalteten Bild-
Text-Band die einschneidendsten Erlebnisse seiner Achttausender-Expeditionen. Oft genug waren dabei nicht die Gip-
felereignisse emotional am stärksten, sondern die Episoden
direkt daneben. Ehrlich und geradlinig berichtet Hans
Kammerlander von Triumphen und Tragödien und bündelt in
ausführlichen Chroniken Berghistorie und Besteigungsdaten
aller 14 Achttausender bis heute.

02/1142/01/R

MALIK

Hans Kammerlander

Abstieg zum Erfolg

282 Seiten mit zahlreichen Farbfotos.

»Zum Gipfel gehört das Tal, zum Aufwärts das Abwärts, zum Ziel die Rückkehr«, sagt der weltberühmte und erfolgreiche Extrembergsteiger Hans Kammerlander. In diesem Buch erzählt er Geschichten von lebensgefährlichen Situationen, von Glück und Zufall, aber auch vom Scheitern und Aufgeben – denn die Eroberung des Gipfels allein ist nicht das Entscheidende. Er berichtet von seinen ersten Erfahrungen im Extremklettern, von den Überschreitungen der beiden Achttausender Gasherbrum I und II zusammen mit Reinhold Messner, von der Durchkletterung der Annapurna-Nordwestwand, von Begegnungen mit dem Tod in den Bergen. Ergänzt und bereichert werden seine packenden Darstellungen durch zahlreiche Fotos und durch Berichte und Erzählungen von Freunden und Weggefährten wie Reinhold Messner, Michl Dacher, Friedl Mutschlechner und dem Bruder Alois Kammerlander.

02/1019/02/L

MALIK

Hans Kammerlander

Bergsüchtig

Klettern und Abfahren in der Gefahrenzone. Unter Mitarbeit
von Walther Lücker. 349 Seiten mit 56 Schwarzweiß- und
85 Farbfotos.

Den Ortler, den Montblanc, das Matterhorn und die berüch-
tigte Eigernordwand bezwang er, bevor er 20 wurde. Mit
Reinhold Messner war er auf sieben Achttausendern, weitere
sechs (zuletzt auch den K2) hat er inzwischen geschafft.
Hans Kammerlander aus Südtirol ist einer der erfolgreichsten
Extrembergsteiger der Welt. Als erster Mensch ist er vom
Nanga Parbat und vom Mount Everest mit Skiern abgefahren.
Wer ist dieser Mann, der am Berg fast Übermenschliches
leistet? Warum ist er noch immer bergsüchtig, trotz seiner vielen Erfolge? Packend erzählt Kammerlander von seinem
abenteuerlichen Leben in Fels und Eis, vom Umgang mit den
eigenen Grenzen, dem Risiko, dem Tod, von den Schönhei-
ten seiner Heimat Südtirol, vom Unsinn des Himalaja-Touris-
mus. Er läßt die Leser miterleben, warum es ihn immer
wieder in die steilsten Wände und auf die höchsten Gipfel
treibt.

02/1144/01/R

MALIK

Hans Kammerlander
und Ingrid Beikircher

Unten und oben

Berggeschichten. 203 Seiten mit 12 Illustrationen von
Raimund Prinoth und einer Abbildung.

Der Südtiroler Hans Kammerlander hat fast alle Ziele
eines Bergsteigers erreicht: die großen Wände der Alpen,
13 Achttausender, Skiabfahrten vom Nanga Parbat
und vom Mount Everest. Von seinen Abenteuern und
»Heldentaten« hat er in unzähligen Multimedia-Vorträgen
und in zwei erfolgreichen Büchern erzählt. In seinem
dritten Buch, das in Zusammenarbeit mit Ingrid Beikircher
entstanden ist, will er ausdrücklich nicht den Triumphen
und dem Gipfelstürmen ein Denkmal setzen, sondern den
vielen kleinen Erlebnissen auf dem Weg dorthin. Nicht die
harte Seite seines Sport ist also das Thema, vielmehr das
Vergnügen, der Spaß mit Freunden, die kleinen Fehler, die
bizarren Zufälle, die Erlebnisse »unten und oben«. So
erzählt er von nächtlichen Kletterpartien, von Sherpa-
Freunden, allerlei Pannen, ob mit vertauschten Skischuhen,
falschen Routen, alten Seilen oder seinem ersten
Cinquecento. Und natürlich von Glücksmomenten, die
»bergsüchtig« machen.

02/1017/03/L

MALIK

Hans Kammerlander
Am seidenen Faden

K2 und andere Grenzerfahrungen. Unter Mitarbeit von
Walther Lücker. 354 Seiten mit 88 Abbildungen und
3 Farbbildteilen.

Er hat dreizehn Achttausender und zahllose Gipfel bestiegen,
ist extreme Routen geklettert und hat waghalsige Skiabfahrten vom Nanga Parbat und Mount Everest riskiert. Gerade ist er am Nuptse East gescheitert und plant schon den
nächsten Versuch. Oft muß er an seine Grenzen gehen, oft ist
das Überleben reines Glück. Von solchen Grenzsituationen
erzählt er in seinem neuen Buch. Zentrales Thema sind die
fünf Anläufe zum »Berg der Berge«, dem K 2 im Karakorum, den Kammerlander endlich am 22. Juli 2001 bezwingt.
Während er den langen Weg zum K 2 erzählt, geraten viele
andere Erlebnisse wieder ins Blickfeld, in denen er durch eigene Fehler, zu hohe Risikobereitschaft, durch Material-
probleme, durch das Wetter oder durch Zufälle in schier aus-
weglose Situationen geht. Wie er sie bewältigt hat, was er
daraus gelernt hat, darüber schreibt Hans Kammerlander in
aller Offenheit.

02/1143/01/R